海绵城市建设与黑臭水体综合治理及工程实例

主　编　李冬梅
副主编　任　毅　杜青平

中国建筑工业出版社

图书在版编目（CIP）数据

海绵城市建设与黑臭水体综合治理及工程实例/李冬梅主编. —北京：中国建筑工业出版社，2017.11
ISBN 978-7-112-21336-8

Ⅰ.①海… Ⅱ.①李… Ⅲ.①城市建设-研究-中国②城市污水处理-研究-中国 Ⅳ.①F299.2②X703

中国版本图书馆 CIP 数据核字（2017）第 248817 号

本书内容共 12 章，包括海绵城市建设的提出背景及其内涵；海绵城市建设的途径；海绵城市建设的基本要求；我国海绵城市建设的经验成效；黑臭水体治理的提出背景及内涵；黑臭水体治理的技术方法及途径；黑臭水体治理技术选择；黑臭水体治理例析与经验成效；海绵城市建设与黑臭水体治理的内在联系；黑臭水体综合整治在“海绵城市”建设要求下的设计特点；海绵城市建设与黑臭水体治理同步实施例析与经验成效；海绵城市建设与黑臭水体治理存在的误区与建议措施。

本书适合从事黑臭水体治理和海绵城市建设的人员参考使用，也可供相关院校大中专学生参考。

责任编辑：张　磊
责任设计：李志立
责任校对：焦　乐　姜小莲

海绵城市建设与黑臭水体综合治理及工程实例

主　编　李冬梅
副主编　任　毅　杜青平

*

中国建筑工业出版社出版、发行（北京海淀三里河路 9 号）
各地新华书店、建筑书店经销
北京科地亚盟排版公司制版
北京建筑工业印刷厂印刷

*

开本：787×1092 毫米　1/16　印张：13　字数：321 千字
2017 年 12 月第一版　2017 年 12 月第一次印刷
定价：**40.00** 元
ISBN 978-7-112-21336-8
(31041)

本书编委会

主　编　李冬梅

副主编　任　毅　杜青平

参　编　吴翠如　冯俊辉　程志华　梁金玲

谢　昱　黄　俊

作者简介

李冬梅，女，1972年生，湖南娄底人。现任广东工业大学土木与交通工程学院城市公用设备系主任，教授，硕士生导师。1999年4月至今，在广东工业大学从事给排水科学与工程、环境科学、环境工程专业的教学与科研工作，于2009年晋升为教授。第四批广东省“千百十”工程校级培养对象，是广东水处理产业技术创新联盟单位之一的负责人。受广东工业大学和国家留学基金委委派，分别在2011年和2014年赴丹麦Aalborg大学和美国加州大学进行2个月和12个月的访问研究。

研究领域：高效低能耗的水质控制理论与技术、环境友好高效水处理功能性材料研发、水污染控制与资源化利用、基于水环境生态治理的海绵城市生态建设、饮用水安全保障技术与工程示范、纳米材料与技术研发及应用等。近10年，主持国家自然科学基金2项、博士后科学基金1项、粤港关键领域重点突破招标项目（微污染原水处理及饮用水深度处理技术与装备）1项、广东省自然科学基金等省级项目5项；参与国家与省级项目6项；发表论文60余篇（SCI与EI收录10余篇）；已授权发明专利2项，实用新型专利4项；编写教材2本，参与专著译本1部；主持省级教改项目1项；指导校级与省级大学生“挑战杯”科技竞赛等，荣获奖项20余次，参赛人数达120余人；开设双语教学课程3门，PBL创新教学课程4门，是广东工业大学的“十佳授课”教师。

前　言

在城镇化的大背景下，城市地表径流量大幅度增加，引发洪涝积水、河流水系生态恶化、水污染加剧等严重问题，水环境污染和水系统生态退化已经成为我国水资源开发利用与水环境保护中最突出的水问题。

2013 年 12 月的中央城镇化工作会议上，习总书记提出要大力建设自然积存、自然渗透、自然净化的“海绵城市”理念。2014 年 11 月，住房和城乡建设部发布《海绵城市建设技术指南》，提出海绵城市的建设要综合采取“渗、滞、蓄、净、用、排”等措施，最大限度地减少城市开发建设对生态环境的影响。2015 年 8 月，住房和城乡建设部发布《城市黑臭水体整治工作指南》，提出了黑臭水体治理的“控源截污、内源治理、生态修复”技术路线，大力推进黑臭水体整治和海绵城市建设。环保部环境规划院吴舜泽副院长在 2015 年 4 月 17 日的《新华访谈》中提过：《水污染防治行动计划》（简称“水十条”）中难度最大的可能就是城镇黑臭水体的治理目标。2016 年 12 月，中央办公厅和国务院办公厅印发《关于全面推行河长制的意见》，以完善水治理体系和保障国家水安全。2017 年 5 月，住房城乡建设部和国家发展改革委发布《全国城市市政基础设施建设“十三五”规划》，提出“加快推进海绵城市建设，实现城市建设模式转型；全面整治城市黑臭水体，强化水污染全过程控制；建立排水防涝工程体系，破解‘城市看海’难题”的目标和任务。2017 政府工作报告如是说启动消除城区重点易涝区段三年行动，推进海绵城市建设，使城市既有“面子”、更有“里子”。

可见，河湖水系作为海绵城市的蓄水体，同时也是纳污主体。随着污染物不断稀释净化作用逐渐削弱，超过了河道水体自净界限，水污染已成为推进海绵城市建设的死结，河湖水体治理势在必行。

黑臭水体整治是海绵城市建设的突破口。它涉及控源截污、内源治理、生态修复以及其他方面。控源截污是本，必须把污染源切断；内源是标，最后恢复水道功能时要通过生态修复加以维持。因此海绵城市建设也有源头的削减、过程控制、系统治理，包含了黑臭水体的整治问题。黑臭水体依赖于海绵城市进行控源截污和内源治理。也就是说，海绵城市能够有效地控制黑臭水体的面源污染来源。

黑臭水体的治理不仅要在河流治理方面有明显成效，它还需要给城市和居民带来更加综合的生态环境效益。通过对河流的原始景观进行保存与修复，构建优美怡人的景观水体、增加城市绿空间、减少城市热岛效应、调节城市小气候、改善城市人居环境，同时也为更多的生物特别是水生动植物提供栖息地，提高城市生物多样性水平，最终建成生态型海绵城市。

本书在遵循住房和城乡建设部发布的《海绵城市建设技术指南》、《城市黑臭水体整治工作指南》、国务院“水十条”中提出的黑臭水体治理的明确目标，以及“十三五”规划提出的加快改善生态环境与水安全保障目标要求的基础上，力求全面地、系统地为读者阐述三个方面的内容：一是海绵城市生态建设与城市河道生态治理的内涵、紧迫性和难点；二是海绵城市建设城市与黑臭水体综合治理的案例、方法与经验成效；三是海绵城市建设与黑臭水体综合治理的关系及常见问题分析、拟解决的措施与经典案例的实践成效。第一、二章由黄俊、任毅、李冬梅编写；第三、四章由谢昱、任毅、李冬梅编写；第五、六章由梁金玲、李冬梅、任毅、杜青平编写；第七、八章由吴翠如、李冬梅、任毅、杜青平编写；第九、十章由程志华、李冬梅、任毅、杜青平编写；第十一章由冯俊辉、李冬梅、任毅、杜青平编写。

本书受到国家自然科学基金、广东省自然科学基金、广东省质量工程教改项目等项目的支持，特此感谢。

本书可作为工科类高等学校学生教材，也可适用于设计院、科研院所等相关专业技术人员的参考工具书。

目　　录

上篇　海绵城市建设

1　海绵城市建设的提出背景及其内涵 …… 3

1.1　“海绵城市建设”理念的提出背景 …… 3

1.2　海绵城市建设的内涵 …… 4

1.3　中国特色“海绵城市”建设的重要性 …… 6

2　海绵城市建设的途径 …… 8

2.1　海绵城市与排水系统 …… 8

2.2　海绵城市建设途径 …… 11

3　海绵城市建设的基本要求 …… 14

3.1　海绵城市建设的基本要求 …… 14

3.2　海绵城市建设绩效评价与考核指标 …… 23

4　我国海绵城市建设的经验成效 …… 26

4.1　建筑与小区海绵城市建设例析——天津市中新天津生态城 …… 26

4.2　市政道路海绵城市建设例析 …… 30

4.3　公园与绿地海绵城市建设例析 …… 39

4.4　城市广场海绵城市建设例析 …… 45

中篇　黑臭水体治理

5　黑臭水体治理的提出背景及内涵 …… 55

5.1　黑臭水体治理的提出背景 …… 55

5.2　黑臭水体治理的内涵 …… 61

5.3　中国特色黑臭水体治理的必要性 …… 65

6　黑臭水体治理的技术方法及途径 …… 69

6.1　产生原因及机理 …… 69

6.2　黑臭水体治理的主要技术方法 …… 69

6.3　黑臭水体治理的途径 …… 75

7　黑臭水体治理技术选择 …… 79

7.1　应急阶段 …… 79

7.2　水质改善阶段 …… 81

7.3　长效保持 …… 87

8　黑臭水体治理例析与经验成效 …… 91

8.1　黑臭水体综合治理例析 …… 91

8.2　常见问题与解决措施 …… 118

下篇　海绵城市建设与黑臭水体治理的关系

9　海绵城市建设与黑臭水体治理的内在联系 …… 129
9.1　海绵城市建设和黑臭水体治理的背景 …… 129
9.2　城市黑臭河治理与海绵城市建设的相互关系 …… 132
10　黑臭水体综合整治在“海绵城市”建设要求下的设计特点 …… 135
10.1　分散性污染控制技术 …… 135
10.2　集中性污染控制技术 …… 149
11　海绵城市建设与黑臭水体治理同步实施例析与经验成效 …… 159
11.1　同步实施案例 …… 159
11.2　国内外经验 …… 184
12　海绵城市建设与黑臭水体治理存在的误区与建议措施 …… 189
12.1　海绵城市建设误区与建议 …… 189
12.2　黑臭水体治理误区与建议 …… 191
参考文献 …… 194

上　　篇

海绵城市建设

1 海绵城市建设的提出背景及其内涵

1.1 “海绵城市建设”理念的提出背景

虽然我国的淡水资源总量为28000亿m^3，占全球水资源的6%，仅次于巴西、俄罗斯和加拿大，名列世界第四位。但是，我国的人均水资源量只有2300m^3，仅为世界平均水平的1/4，是全球人均水资源最贫乏的国家之一。我国位于太平洋西岸，地域辽阔，地形复杂，大陆性季风气候非常显著，造成水资源在时间与空间上的分布很不均匀，它与土地资源在地区组合上不相匹配，呈现出“夏多冬少，东多西少，南多北少”的分布状态。

根据《2016中国环境状况公报》，在全国1940个地表水国控断面（点位）中，Ⅰ～Ⅲ类、Ⅳ～Ⅴ类和劣Ⅴ类水质断面分别占67.8%、23.7%和8.6%。6124个地下水水质监测点中，水质为优良级的监测点比例仅为10.1%，较差级与极差级的监测点比例高达60.1%。工业化和城市的迅速发展，使水污染危机加剧，河道水系功能丧失，城市水体黑臭，断流干涸，不少城市出现水质型缺水现象。

随着城市规模不断扩大，人口在增加，不少湖泊被填埋，水资源越发紧缺。城市的硬质不透水路面比例显著增加，水循环路径发生较大的变化，雨水下渗量减少，地表径流增加，洪水流量增加，洪峰形成时间缩短。加之过去的城市排水管网设计以“快速排除”和“末端集中”控制为主要设计理念，难以应对城市内涝[1]。正是在这样的一个城市状况下，近年来极端气候现象频发。由于极端气候造成降水不均匀和局部降雨过强，使得我国城市内涝愈发严重。比如：2012北京的“7·21”特大暴雨事件，暴雨疯狂肆虐，雨量历史罕见，全市平均降雨达190.3mm，全市受灾人口达190万人，其中79人遇难，经济损失近百亿元；2014年惠州“5·16”暴雨事件，几小时内市区多处遭水浸街，低洼地方变成一片汪洋；2015年上海市“6·18”特大暴雨事件，造成20多条段马路积水，未能发挥作用的虹口港泵站一度加剧了虹口地区道路积水；2016年1月，广州市第一场暴雨来袭，几乎所有城区主干道都拥堵，市内多个水浸黑点沦陷。其中位于白云区怡新路一处工地旁边的马路由于长期水浸，突然“爆”开一道50m长且超过1m深的裂痕，有些城市甚至出现“逢雨必涝、雨后即旱”的现象[2]。暴雨引起的洪涝灾害不仅对城市水利、交通等造成巨大经济损失，也对自然资源减少、环境污染和生态退化等造成难以估量的影响。这些问题已引起政府管理层的高度重视，成为科研人员与技术人员关注的重要课题，引起社会各界人士的广泛关注。

国际经验和实践表明，在提升城市排水系统的运行能力时，可以优先考虑把有限的雨水留下来，更多地利用自然力量排水，把自然和城市建设融合起来，这对于控制面源污染、防治内涝灾害、提高雨水利用程度是有效的。美国、澳大利亚以及欧洲的城市建设和雨水利用实践，为我们提供了很好的借鉴案例[1]。这些国家提出了低影响开发、水敏性城市设计、水资源综合管理等理念，在城市规划设计与建设中得到了很好的应用。澳大利亚研究人员提出了城市洪水、供水、排水、污水、雨水利用和中水回用系统治理的水资源综合管理软件系统工具包（IWM Toolkit），在悉尼波特尼地区应用后，通过模型计算和优化分析，市政供水需求减少55%，污水向河流排放减少80%，实现了节水、减排与防洪的综合目标，促进了悉尼的水环境改善[1]。据美国波特兰大学“无限绿色屋顶小组”（Green roofs unlimited）对占地723英亩的波特兰商业区进行分析，将219英亩的屋顶空间——即三分之一商业区修建成绿色屋顶，可截留60%的降雨，每年将保持约6700万加仑的雨水，可以减少11%～15%的溢流量[3]。

我国正面临水资源短缺、水质污染、城市内涝等一系列水危机，城市用水和水安全等问题急需有效解决。为此，我国在新型城镇化建设和水生态文明建设的时代背景下，学习借鉴国外的先进知识和技术，综合我国城市化基本特征，提出了海绵城市建设理念。作为人与自然和谐共存，引导城市可持续发展的有效途径，海绵城市建设理念成为我国各级政府控制面源污染、防治内涝灾害、提高雨水利用程度的指导方针和战略目标，即城市能够像海绵一样，在适应环境变化和应对自然灾害等方面具有良好的“弹性”，下雨时吸水、蓄水、渗水、净水，需要时将蓄存的水“释放”并加以利用。海绵城市建设应遵循规划引领、生态优先、安全为重、因地制宜和统筹建设的原则，将自然途径与人工措施相结合，在确保城市排水防涝安全的前提下，最大限度地实现雨水在城市区域的积存、渗透和净化，促进雨水资源的利用和生态环境保护[4]。

1.2　海绵城市建设的内涵

1.2.1　广义的海绵城市建设

2014年10月，住房和城乡建设部印发的《海绵城市建设技术指南——低影响开发雨水系统构建（试行）》，明确海绵城市建设的核心是实现控污、防灾、雨水资源化和城市生态修复等综合目标。通过机制建设、规划调控、设计落实、建设运行管理等全过程、多专业协调与管控，保护和利用城市绿地、水系等空间，优先利用绿色基础设施，同时科学地结合灰色雨水基础设施，共同构建弹性的雨水基础设施，实现雨水径流的“渗、滞、蓄、净、用、排”，应对极端暴雨和气候变化，恢复城市良性水文循环，保护或修复城市的生态系统。

我国现阶段实施的低影响开发（LID）建设，多指狭义的LID建设理念，是指进入市政管道之前，在场地规模上应用一些源头分散式小型设施。这些设施主要有生物滞留（雨水花园）、绿色屋顶、透水铺装、植草沟、雨水桶设施等。主要针对中小降雨事件进行径流总量和污染物的控制，以年径流总量控制率及设计降雨量作为重要的控制目标和设计依据[5]。

然而，狭义的LID设施对于大流域、特大暴雨事件的应对能力不足，涵盖措施也不够全面。任何一个大、中城市都面临径流污染、排水防涝、防洪减灾、水资源短缺等错综复杂的雨洪问题和严峻挑战。上述典型的基于狭义LID设施无法应对全部上述挑战。必须将雨水管渠、调蓄池等灰色基础设施考虑进去。即，这些具有绿色特征和生态功能的、符合低影响开发理念的绿色基础设施加上排水防涝等灰色基础设施，就是《指南》所包含的广义的低影响开发概念和雨水系统。

1.2.2 以水科学为主体的海绵城市建设

当前，海绵城市建设多集中在雨洪系统方面。在海绵城市建设中强调的水科学体系主要包括“水生态、水安全、水环境、水资源、水文化”这五方面。

下面，从这五个方面阐述以水科学为主体的海绵城市建设内涵：

1. 从水生态的角度

保护现有的水生态系统和恢复被破坏的水生态系统是海绵城市建设的核心目标。通过科学合理划定开发边界和保护区域，最大限度地保护原有生态体系，维持城市开发前的自然水文特征。对传统粗放城市建设模式下已经受到破坏的城市绿地、水体、湿地等，综合运用物理、生物和生态等的技术手段，使其生态功能逐步得以恢复和修复，并维持一定比例的城市生态空间，促进城市生态多样性提升。

2. 从水安全的角度

在海绵城市建设过程中，应当重视水安全体系，应研究城市水污染、洪水、干旱的危害机理及安全调控，提升水安全保障能力。

3. 从水环境的角度

海绵城市建设的重要目标之一是解决城市面源污染问题。在建设海绵城市的同时，应研究海绵城市建设引起的水环境变化机理及其引起的水环境效应，进行水环境调查和评价，确立污染物控制指标。

4. 从水资源的角度

海绵城市建设所包括的低影响开发雨水系统、再生水系统等能够极大程度的缓解城市水资源紧缺的问题，实现水资源的高效利用。

5. 从水文化的角度

海绵城市建设是对城市文化、水文化的传承和创新，是生态文明建设的重要组成部分。因此，应大力发展海绵城市建设文化、挖掘工程建设的文化底蕴、开发水文化旅游景点。

“水生态、水安全、水环境、水资源、水文化”不是单独某一个水领域就能完成的，必须有污水系统、再生水系统、给水系统、雨水系统和水利系统等水领域内的广泛协同和配合[6]。广义的海绵城市建设不应局限在雨洪系统，要从城市涉水领域更广的角度审视海绵城市建设。海绵城市的雨、污管网建设要求对直接排入水体的污染点源采取截污措施，完善污水收集系统；雨水系统的建设要求，是对初期雨水采取收集、初步净化并与再生水系统联合起来，实现中水回用的目标。综合考虑“水生态、水安全、水环境、水资源、水文化”这五个系统，减少了城市点源与面源污染，提高了水资源的利用率，控制污染水体向自然水体排放，推进了黑臭水体治理“控源截污”的目标。

在海绵城市建设热潮的今天，一定要明确海绵城市建设的核心，掌握城市给水系统、污水系统、雨水系统、内涝系统、防洪系统等的客观规律、相互关系和它们在海绵城市建设中的位置和作用。针对不同流域、城市，以及项目的具体问题和条件，根据系统关系和轻重缓急，实现各种复杂情况下的有效衔接。不能借着海绵城市建设热潮随意创造“新概念”、模糊系统关系、忽视重点和难点，造成不必要的混乱，影响海绵城市的可实施性、可操作性和目标的可达性。

1.2.3　多专业共同构建海绵城市

海绵城市建设一定需要多专业跨领域的协调配合，才能有效推进实施进程。因此，还需要从多专业、跨领域进行多角度审视，这是国内外城市雨洪管理领域的重要经验。除水专业外，海绵城市还涉及城市规划、土地利用、园林绿地、道路、生态等许多相关专业和领域。

城市总体规划作为顶层设计，在进行城市总体布局时，需明确海绵城市建设的总体目标及相关指标，编制海绵城市建设专项规划，对现有的城市各相关专项规划（如道路、绿地和水系统等的专项规划）、控制性详细规划及修建性详细规划进行修编。同时，还需调整自身在具体施工方面上的不足，最终将海绵城市建设的理念、原则、方法及技术措施等内容分层纳入到各规划中。给水排水专业负责前期研究、总体目标和指标的确定及分解；规划专业负责协调与其他专业的关系和建设管控；道路园林等专业负责各指标的落实与详细设计等。

由于硬化道路和广场是降雨产生汇流的主要源头，因此，在设计构建海绵城市的具体方案时，建筑专业设计应与市政管网的竖向设计、园林设计相结合，实现源头减排。园林绿地是主要的“海绵体”，在消减其自身产流的基础上，还应接受来自周边地块的雨水，并与管网系统衔接，达到海绵城市建设要求。构建园林绿地系统时，还应与环境生态工程等专业结合，对绿地内植物进行规划设计。目前，在新型城镇化发展模式转型的大局和潮流下，与海绵城市建设相关的专业，需要有创新和变革的思维，克服存在的问题，弥补不足，拓展各自专业的功能，同时加强专业间的沟通和协作，共同应对城市化进程中产生的雨水问题及其水生态环境问题。长期的研究和实践充分表明，这一系列问题不是某一个专业单独面对的问题，也并非一个专业可以解决[6]。各专业之间切不可“各自为政”和“相互冲突”。其实，从城市环境和生态等更高的角度和建成海绵城市的终极目标看，各专业在建成海绵城市的目标应当是一致的，需要互相理解、团结合作和相互融合，在海绵城市建设过程中遇到矛盾时需要协商，而不是画地为牢。

1.3　中国特色“海绵城市”建设的重要性

海绵城市建设是在生态文明建设背景下，具有中国特色的新型城市发展理念，国际通用术语为“低影响开发雨水系统构建”，指在城市开发建设过程中采用源头削减、过程控制、末端处理等多种手段，通过渗透、滞留、调蓄、净化、回用、排放等多种技术，控制面源污染、防治内涝灾害、提高雨水利用程度，实现城市良性水文循环[8]。

我国人均淡水资源贫乏。但随着城市规模的发展扩大，人均需水量不断增加，匮乏的淡水资源仍不断被污染，呈现出水质型缺水状况，城市水资源危机日益严重。城市水安全作为国家安全战略的重要组成部分，亦是城市可持续发展的基本条件。因此，水资源危机成为政府急需解决的问题。

解决城市水资源危机有两条途径，一是增加水资源供给量，二是减少城市用水量。城市用水量的减少只能是提高节约用水技术，这在工业用水和居民生活用水方面能产生一定的效果，对于城市生态用水和城市景观用水方面节约的潜力十分有限。在没有跨地区调水的情况下，某一城市区域水资源的供给量是一定的。只能通过调节城市中径流的时间分配，来增加城市水资源供给量。建设海绵城市，就是通过采取适当的措施调节城市径流的季节分配。在雨季，将可能造成洪涝灾害的地表径流量储存在城市水生态系统中，在缺水季节时再把蓄存的水释放出来，供城市经济社会系统或自然生态系统利用，解决当前城市水资源短缺的突出问题。

我国海绵城市建设的重大意义，在于能够“弹性”适应环境变化和应对自然灾害。近年来，极端气候频发。由于极端气候造成降水不均匀和局部降雨过强，使得我国暴雨洪涝灾害愈发严重，直接造成经济损失和人员伤亡。城市发生内涝，一般是由于城市地下排水系统落后于城市建设。但从根源上说，是城市建设和建筑改变了地表径流量，增加了地下管网的负担。通过海绵城市建设，能有效控制地面径流量，使城市排水对地下管网的建设要求相应变低，从而有效缓解城市内涝，保障城市安全。海绵城市建设改变了城市粗放型的发展模式，通过对城市原有生态系统的保护、生态恢复和修复及低影响开发，逐步恢复城市自然的“海绵”功能，为居民营造一种更加宜居的生态环境。

建设海绵城市，还可以带来综合生态环境效益。比如，通过城市植被、湿地、坑塘、溪流的保存和修复，可以明显增加城市的“蓝”、“绿”空间，减弱城市热岛效应，改善人居环境。同时，为生物提供栖息地，提高城市生物多样性。

2 海绵城市建设的途径

2.1 海绵城市与排水系统

2.1.1 海绵城市与低影响开发雨水系统

狭义的低影响开发雨水系统（Low Impact Development，LID），是指在场地开发过程中采用源头、分散式措施维持场地开发前的水文特征，也称为低影响设计（Low Impact Design，LID）或低影响城市设计和开发（Low Impact Urban Design and Development，LIUDD）。如图 2-1 所示，LID 系统的核心是维持场地开发前后水文特征不变，包括径流总量、峰值流量、峰现时间等[4]。1990 年由美国马里兰州乔治王子郡环境资源署首次提出该理念。

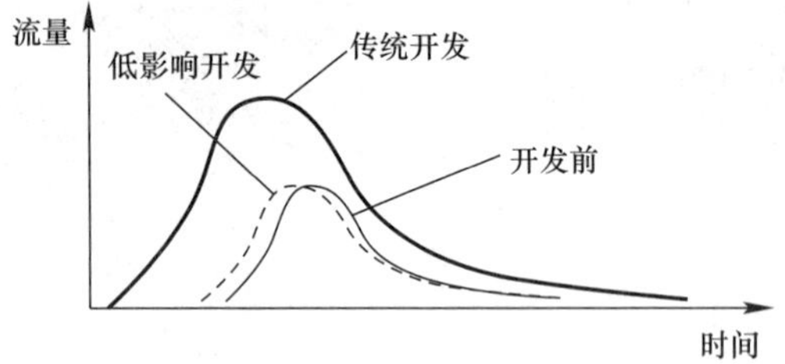

图 2-1 低影响开发水文原理示意图[4]

近些年低影响开发理论在发达国家的应用实例表明，LID 设计通常是在雨水进入市政管道之前，充分利用场地上一些源头分散式小型设施进行径流总量和污染物的控制。这些小型设施主要有生物滞留（雨水花园）、绿色屋顶、透水铺装、植草沟、雨水桶等，主要针对中小降雨事件进行径流总量和污染物的控制，以年径流总量控制率及设计降雨量作为重要的控制目标和设计依据[5]。另外，在干旱少雨、水资源匮乏和地下水过量开采地区，如何收集和储存雨水也格外重要。因此，LID 概念内涵得到了进一步的拓展。在水量控制（雨水收集）以及水质控制（水质净化）的基础上，进一步纳入了雨水的资源化利用这一理念。因为雨水资源化利用的同时，LID 能减少对环境水体的污染，并能减少对淡水资源的使用和地下水资源的开采。也因此减少了人为活动对于自然水资源的干扰，依靠水生态系统的自我调节能力达到水生态修复的目的。同时，雨水的源头下渗、收集和蒸发同样能减少进入污水处理厂的水量，从而降低其运行负荷、能源消耗以及产生的气体污染物，最终实现区域良性水文循环。

2.1.2 海绵城市与城市雨水排水系统

与发达国家相比，我国大部分城市土地开发强度普遍较高。按照国际惯例，一个地区的国土开发强度达到 30%已经是警戒线。超过该强度，人的生存环境与生态环境就会受到影响。发达国家人口密度小，土地开发强度较低，绿化率较高。例如，英国伦敦的开发强度仅为23.7%，日本东京的开发强度最高也只有29.4%，使得在场地源头，能够预留充足的空间来滞留和消纳场地开发后径流的增量。

但是，我国大多数城市土地开发强度普遍较大。北京、上海、深圳等城市的土地开发强度均超过30%，珠三角和长三角无锡等地区开发强度均在30%以上。2011年，东莞的土地开发强度已超过43%，是香港土地开发强度的两倍多。土地资源十分紧张，仅在场地源头采用分散式措施，难以实现开发后径流总量和峰值流量低于开发前的目标。所以，必须借助于城市雨水排水系统，综合实现开发后水文特征接近于开发前的状态[9]。将现有或适当新建的雨水管渠系统、调蓄池、泵站等构成的城市雨水排水系统，与LID共同组成雨水管渠设计重现期的暴雨径流的收集、转输与排放。

2.1.3 海绵城市与内涝防治系统

在我国，LID的含义已延伸至场地开发的源头、中途和末端不同尺度的控制措施。城市建设过程应在城市规划、设计、实施等各环节融入低影响开发内容，并统筹协调城市规划、排水、园林、道路交通、建筑、水文等专业，共同落实低影响开发控制目标。因此，广义地来讲，“低影响开发”是指在城市开发建设过程中采用源头削减、中途转输、末端调蓄等多种手段，通过渗、滞、蓄、净、用、排等多种技术，实现城市良性水文循环，提高对径流雨水的渗透、调蓄、净化、利用和排放能力，维持或恢复城市的“海绵”功能[4]。

必须明确的一点是，狭义的低影响开发雨水系统以及城市雨水排水系统并不能很好的应对内涝防治设计重现期暴雨强度下的雨水径流量[5]。科学的海绵城市专项规划包含狭义的低影响开发雨水系统、城市雨水排水系统，以及暴雨内涝防治系统。内涝防治系统是用来应对强降雨或连续降雨超过城镇排水能力，导致城镇地面产生积水灾害的现象，一般通过综合选择自然水体、多功能调蓄水体、行泄通道、调蓄池、深层隧道等自然途径或人工设施构建。

对于城市总体规划、排水防涝规划、水系规划、绿地系统规划等，主要通过广义LID设施，兼顾和衔接管渠及调蓄池，通过科学的“源头-中途-末端”结合和“绿色-灰色”基础设施的结合，统筹低影响开发雨水系统、城市雨水管渠系统及超常规雨水径流排放系统，才能很好地实现管渠、绿地、水系等空间协同作用，发挥净化、调蓄和安全排放等多功能，实现排水防涝与海绵城市的综合控制目标[5]（如图2-2所示）。这三个系统并不是孤立的，也没有严格的界限。三者相互补充、相互依存，是海绵城市建设的重要基础元素[4]。

2.1.4 海绵城市与雨污分流

当今，有相当一部分城市的排水体制仍以合流制为主。下雨时，经常会发生管道溢流，严重污染了受纳水体，影响了水生生物的生长繁殖，造成了水体富营养化，制约了城市的可持续发展。要解决城市水系统污染的问题，同时有效应对暴雨径流量，提高城市内涝防治能力[10]，最关键的是解决城市现状合流制污染以及初期雨水污染问题。在合流制管道系统的分流改造过程中，引入海绵城市建设理念，运用“渗、滞、蓄、净、用、排”设施及其组合系统，集成透水路面、生态滞留设施、雨水罐和雨水回用池等多种技术。

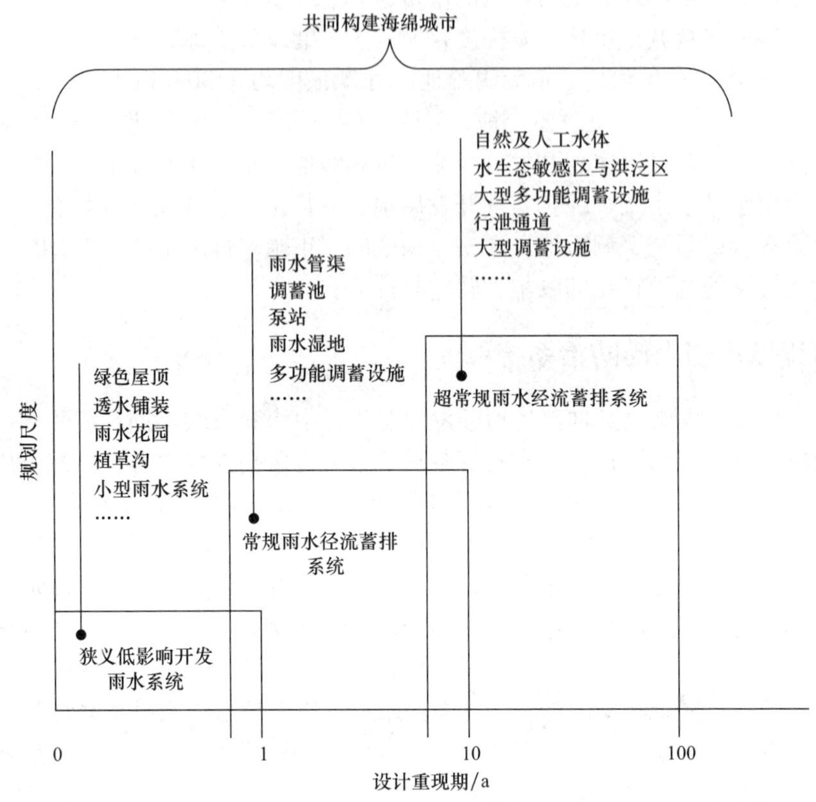

图 2-2　海绵城市与低影响开发等系统的关系[5]

所谓的雨、污分流，是指用不同的管渠系统分别收集、输送污水和雨水的排水方式[11]。污水需要经过污水管网收集后，送到污水处理厂。处理后水质达到相应排放标准后，再排到河道水体。这样能够避免河道被污染。

雨污分流便于雨水收集应用和生活污水以及工业废水的集中处理。经过分流后，雨水污染轻，通过海绵城市的“渗、滞、蓄、净、用、排”设施与系统，使得降落在屋面（普通屋面和绿色屋面）的雨水进入高位花坛和雨水调蓄设施，并溢流进入下凹式绿地。在雨水调蓄设施中，雨水作为绿化用水就近使用；降落在道路等其他硬化地面的雨水，可利用透水铺装、下凹式绿地、渗透管沟、雨水花园等设施对径流进行净化、消纳，超过设计重现期的雨水可就近排入雨水管道。经处理后的雨水，一部分可下渗或排入雨水管，进行间接利用；另一部分可进入雨水池和景观水体进行调蓄、储存，经过滤消毒后集中配水，用于绿化灌溉、景观水体补水和道路浇洒等。

雨污分流最大的优点，在于提高了污水处理效率，节省污水处理成本。现有的合流制管道系统会加大污水处理厂的处理规模，增加建设用地。更为突出的一个弊病是，近年来极端气候加剧，超过市政管网设计重现期的暴雨频发，由于合流制管道系统中截留管的作用，雨污混合的污水直接排放到城市自然水体中，造成城市水环境的极大污染。而且，由于合流制排水管渠的过水断面很大，晴天流量很小，流速很低，容易在管底造成淤积。降雨时，雨水将沉积在管底的大量污物冲刷起来带入水体，导致水体遭受污染。而雨污分流管道系统，可以完全杜绝溢流混合污水对自然水体的污染，实现“控源截污”，从源头进行海绵城市建设。同时雨污分流系统加快了污水收集率，进一步提高了污水处理率，降低城市污水处理厂的规模，直接减少建设用地，降低投资。经过污水厂处理后的中水，可用于市政杂用水、景观绿地、消防、公厕冲洗等，实现污水再生利用。

2.2 海绵城市建设途径

海绵城市建设强调综合目标的实现，注重通过机制建设、规划统领、设计落实、建设运行管理等全过程、多专业协调与管控，利用城市绿地、水系等自然空间，优先通过绿色雨水基础设施，并结合灰色雨水基础设施，统筹应用“渗、蓄、滞、净、用、排”等手段，实现多重径流雨水控制目标，恢复城市良性水文循环[12]。

2.2.1 优先保护和科学开发相结合

为了实现多重雨水径流控制目标，恢复城市良性水文循环，应采用优先保护和科学开发相结合的低影响开发措施。

首先应保护城市原有的生态系统。最大限度地保护城市开发前的海绵要素，如原有的河流、湖泊、湿地、坑塘、沟渠、林地、草地等自然海绵生态系统，维持城市开发前的自然水文特征。

其次是恢复和修复生态。在传统粗放式城市建设模式下，水体和其他自然环境已经受到破坏，应运用生态的手段进行恢复和修复，并使生态空间维持在一定比例。

最后是低影响开发。按照对城市生态环境影响最低的开发建设理念，合理控制开发强度，保留足够的生态用地。并通过低影响开发设施建设控制城市不透水面积比例，同时根据需求适当开挖河湖沟渠、增加水域面积，以促进雨水的渗透、储存和净化，最大限度地维持或恢复城市开发前的自然水文循环。

2.2.2 统筹低影响开发雨水系统、城市雨水管渠系统及内涝防治系统

实现海绵城市建设的综合目标，将有限的雨水留下并加以利用，应统筹以下三个雨水系统：

（1）低影响开发雨水系统，可以通过对雨水的渗透、储存、调节、转输与截污净化等功能，有效控制径流总量、径流峰值和径流污染。狭义的低影响开发雨水系统主要控制高频率的中小降雨事件，以生物滞留设施（雨水花园）、绿色屋顶等相对小型、分散的源头绿色雨水基础设施为主。广义的低影响开发雨水系统主要控制内涝防治设计重现期暴雨，包含了湿塘、雨水湿地、多功能调蓄设施等相对大型、集中的末端绿色-灰色结合雨水基础设施。

（2）城市雨水管渠系统，即传统排水系统，主要通过管渠、泵站、调蓄池等传统灰色雨水基础设施来控制雨水管渠设计重现期的降雨，也可结合狭义的低影响开发雨水系统来提升其对雨水的收集、转输与排放能力。

(3) 内涝防治系统，也称为大排水系统，包括自然水体、多功能调蓄水体、行泄通道、调蓄池、深层隧道等自然途径或人工设施，可与广义的低影响开发雨水系统共同应对超过雨水管渠系统设计标准的雨水径流。并可通过叠加狭义的 LID 雨水系统与雨水管渠系统，共同达到内涝防治设计重现期暴雨的防治目标。

综上所述，以上三个系统并不是孤立的，也没有严格的界限。三者相互补充、相互依存，不能截然分割，须通过综合规划设计进行整体衔接，是海绵城市建设的重要基础元素。

2.2.3　遵循 LID 理念、明确建设目标

在城市各层级、各相关规划中均应遵循低影响开发理念，明确低影响开发控制目标，结合城市开发区域或项目特点确定相应的规划控制指标，落实低影响开发设施建设的主要内容。

在设计阶段，应对不同低影响开发设施及其组合进行科学合理的平面与竖向设计，在建筑与小区、城市道路、绿地与广场、水系等规划建设中，应统筹考虑景观水体、滨水带等开放空间，建设低影响开发设施，构建低影响开发雨水系统。低影响开发雨水系统的构建与所在区域的规划控制目标、水文、气象、土地利用条件等关系密切。因此，选择低影响开发雨水系统的流程、单项设施或其组合系统时，需要进行技术经济分析和比较，优化设计方案。低影响开发设施建成后，应明确维护管理责任单位，落实设施管理人员，细化日常维护管理内容，确保低影响开发设施运行正常[13]。

2.2.4　多部门多专业高度协作

目前，许多城市都存在一个现象，行业与行业间、部门与部门间为了撇清责任，条块分割，互不干涉，协作能力较差[7]。在我国，低影响开发的含义已延伸至源头、中途和末端不同尺度的控制措施。城市人民政府作为落实建设海绵城市的责任主体，应统筹协调规划、国土、排水、道路、交通、园林、水文等职能部门，在各相关规划编制过程中落实低影响开发雨水系统的建设内容。在城市建设过程中，应在城市规划、设计、实施等各环节纳入低影响开发内容，并统筹协调城市规划、排水、园林、道路交通、建筑、水文等各专业，共同落实低影响开发控制目标。

通过编制海绵城市相关规划，要求各专业协同配合，认真落实规划目标和各指标，充分利用“绿色与灰色”、“地上与地下”、“蓄与排”结合的技术路线，发挥最大效能，实现排水防涝与海绵城市的综合控制目标。如硬化道路和广场是降雨产汇流的主要源头，应尽可能与竖向设计、园林设计相结合，实现源头减排；园林绿地是主要的“海绵体”，在削减其自身产流的基础上，还应接受周边地块的客水，并与管网系统衔接，达到海绵城市建设要求。见图 2-3。

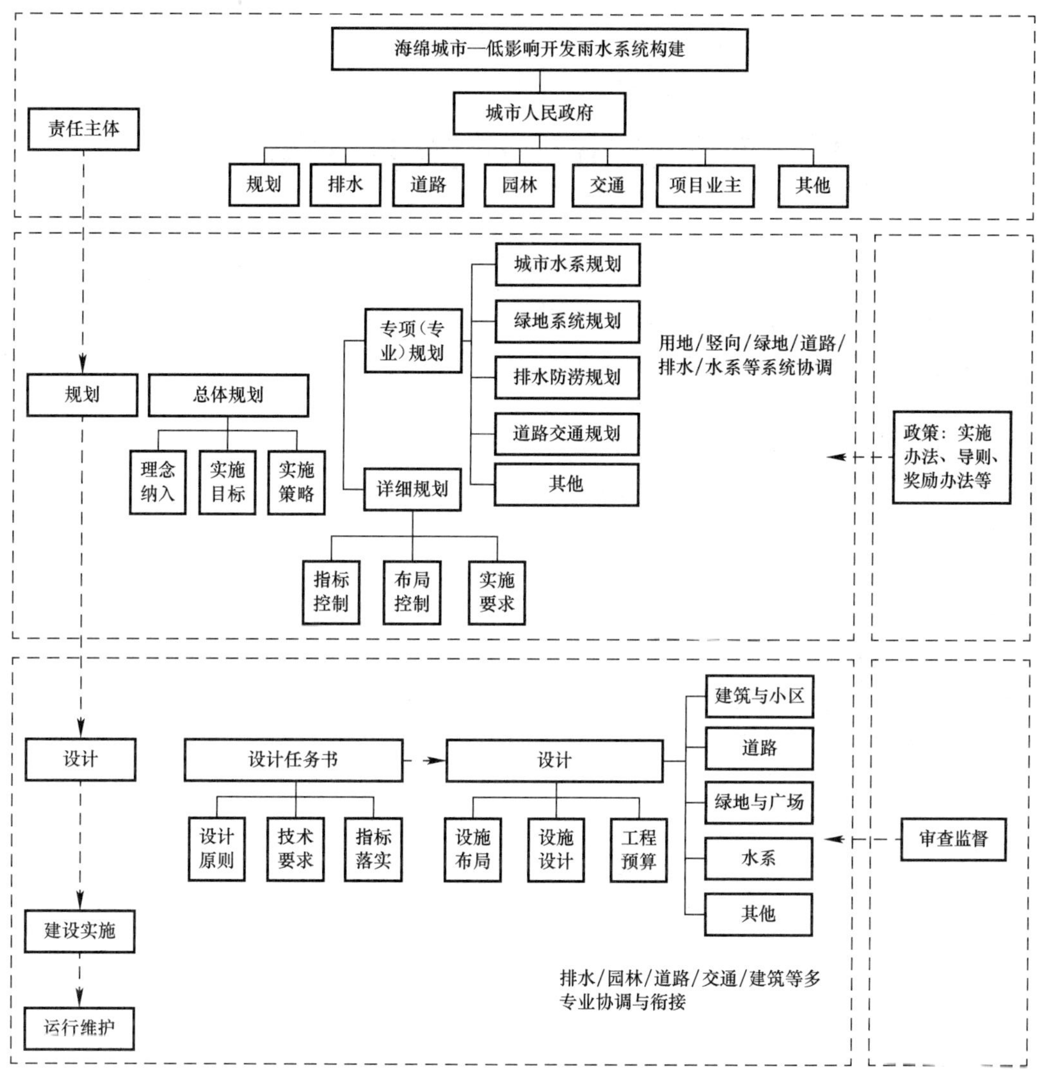

图 2-3 海绵城市—低影响开发雨水系统构建途径示意图

3 海绵城市建设的基本要求

近年来，许多城市都面临内涝频发、径流污染、雨水资源大量流失、生态环境破坏等诸多雨水问题，在城市建设中构建完善的雨洪管理系统刻不容缓。2013 年 12 月 12 日，习近平总书记在中央城镇化工作会议上提出：建设自然积存、自然渗透、自然净化的“海绵城市”。2014 年 11 月 2 日，住房和城乡建设部继《住房和建设部城市建设司 2014 工作要点》中提出的“海绵型城市”概念后，又发布了《海绵城市建设技术指南——低影响开发雨水系统构建（试用）》，为各地新型城镇化建设中海绵城市的建设提供了指导[12]。

2015 年 10 月 11 日，国务院办公厅以“国办发〔2015〕75 号”文公布《国务院办公厅关于推进海绵城市建设的指导意见》，提出海绵城市建设工作目标为：“综合采取‘渗、滞、蓄、净、用、排’等措施，最大限度地减少城市开发建设对生态环境的影响，将 70％的降雨就地消纳和利用”，并要求城区在 2020 年和 2030 年分别有 20％、80％达到该指标。该指导意见明确要求，编制城市总体规划、控制性详细规划以及道路、绿地、水等相关专项规划时，要将雨水年径流总量控制率作为其刚性控制指标。

2017 年 3 月 5 日，第十二届全国人民代表大会第五次会议在北京人民大会堂开幕，国务院总理李克强作政府工作报告。2017 年，城镇化进程将进一步加快。文中多处强调水生态建设的重要性。海绵城市建设成为 2017 年政府工作报告中的重点工作任务之一。李克强总理强调，要统筹城市地上地下建设，再开工建设城市地下综合管廊 2000km 以上，启动消除城区重点易涝区段三年行动，推进海绵城市建设，使城市既有“面子”，更有“里子”。

3.1 海绵城市建设的基本要求

3.1.1 控制水量与净化水质

2017 年 6 月，环境保护部发布了《2016 中国环境状况公报》，全国地表水 1940 个评价、考核、排名断面中，Ⅰ类、Ⅱ类、Ⅲ类、Ⅳ类、Ⅴ类和劣Ⅴ类水质断面分别占 2.4％、37.5％、27.9％、16.8％、6.9％和 8.6％。以地下水含水系统为单元，潜水为主的浅层地下水和承压水为主的中深层地下水为对象的 6124 个地下水水质监测点中，水质为优良级、良好级、较好级、较差级和极差级的监测点分别占 10.1％、25.4％、4.4％、45.4％和 14.7％。338 个地级及以上城市 897 个在用集中式生活饮用水水源监测断面（点位）中，有 811 个全年均达标，占 90.4％。春季和夏季，符合第一类海水水质标准的海域面积均占中国管辖海域面积的 95％。近岸海域 417 个点位中，一类、二类、三类、四类和劣四类分别占 32.4％、41.0％、10.3％、3.1％和 13.2％。

有质无量的水不够用，有量无质的水不能用。然而，海绵城市就像一块海绵一样，可以把雨水留住，从而减小地表径流量，削减雨水径流中的污染负荷。经验表明，在正常的气候条件下，海绵城市可以截流80%以上的雨水。随着城市化的发展，不透水面积增加，地表径流量大幅度增加，水污染加剧，河流水系生态问题也日益严重。海绵城市建设也逐渐成为河流水质保持及水污染控制的重要举措。见图3-1。

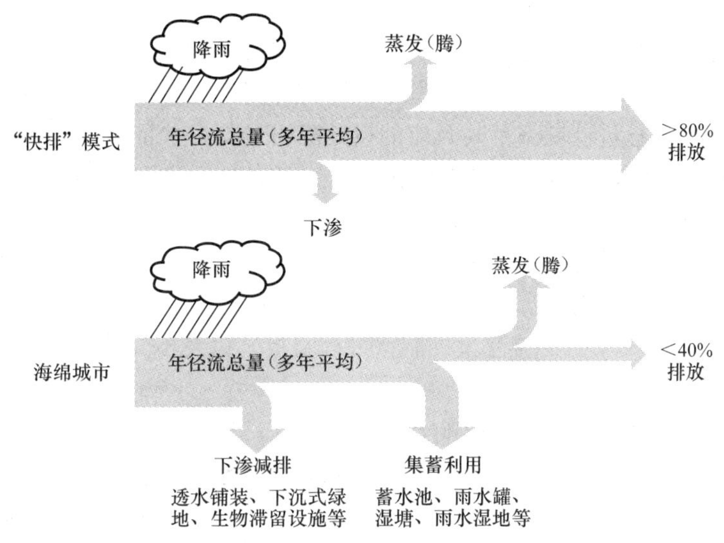

图3-1　年径流总量控制率概念示意图

1. 水量控制方法

基于雨水收集、输送和排放的空间流向，可构建全过程的径流量控制体系（如图3-2所示）。城市雨水径流量控制方法总体包括两类：（1）基于低影响开发理念的雨水径流源头削减；（2）雨水径流的调蓄[14]。

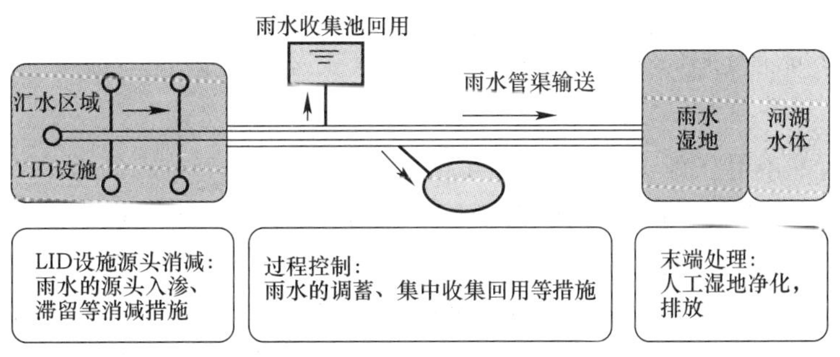

图3-2　基于LID理念的雨水径流全过程控制示意图

（1）基于低影响开发理念的雨水径流源头削减

雨水径流源头削减，即在建设项目的开发建设过程中，通过在建设项目各类下垫面综合运用多种LID设施，让更多的雨水入渗、蒸发或蓄存，使雨水在进入排水管道之前就能得到有效的削减。LID设施主要结合城市景观设施（如绿地、绿化带）、开放空间、建筑屋顶等进行建设。

（2）雨水径流的调蓄

雨水径流的调蓄，即在雨水的输送过程中，结合城市公园、湿地、水体等开放空间，综合考虑竖向、景观等要求规划布局雨水调蓄设施，用以削减向下游排放的雨水洪峰流量、延长排放时间。雨水调蓄设施不仅限于上述类型，可借鉴日本、德国等发达国家的雨水管理经验，学校的运动场地、公园广场、蓄水模块等均可作为雨水调蓄设施。

2. 水量控制指标

海绵城市建设规划控制目标，一般包括径流总量控制、径流峰值控制、径流污染控制、雨水资源化利用等。由于径流污染与雨水资源化常常通过控制径流总量实现。同时，通过源头消减有助于实现径流峰值控制目标。因此可将径流总量控制作为主要的规划控制目标，并采用年径流总量控制率及其对应的设计降雨量作为水量控制指标。

由于我国地域辽阔，气候特征、土壤地质等天然条件和经济条件差异较大，径流总量控制目标需考虑以下因素因地制宜地确定：

（1）考虑设计降雨量的地域分布特征。

（2）考虑不同地区对雨水资源化利用及排水防涝的特殊需求。

（3）考虑80％～85％的径流总量控制率最佳目标，以及不同地区自然条件的不同，如土壤渗透性等。

（4）考虑绿地空间与布局对低影响开发设施实施难易程度的影响。

为便于各地因地制宜地制定径流总量控制目标，《海绵城市建设技术指南——低影响开发雨水系统构建（试行）》给出了我国大陆地区径流总量控制区域划分图，即Ⅰ区（85％≤α≤90％）、Ⅱ区（80％≤α≤85％）、Ⅲ区（75％≤α≤85％）、Ⅳ区（70％≤α≤85％）、Ⅴ区（60％≤α≤85％）。同时，还给出了各分区的年径流总量控制率最低与最高限值。各地应参照此限值，因地制宜地确定本地区径流总量控制目标。

3. 水质控制方法

前已述及，径流量的控制是基于LID理念的雨水径流源头削减、过程控制和末端控制来实现的。与此相对应，径流污染的控制也是通过源头削减、过程控制和末端治理来实现。源头削减即基于LID理念的雨水径流污染源头控制；过程控制是对初期雨水进行截流和处理；末端治理是在雨水管渠末端、排放水体之前采用雨水湿地等设施对雨水进行净化。

（1）基于低影响开发的雨水径流污染源头控制

国外大量研究表明，LID设施能有效削减雨水径流中的SS、COD、TN、TP、油脂类、重金属等。美国弗吉尼亚大学对雨水花园的监测结果显示，一般新建的雨水花园可以去除86％的TSS、90％的TP、97％的COD和67％的油脂；Singhal N. 等人对植被草沟的研究结果表明，植被草沟可截留雨水径流中93％以上的SS，同时可消纳部分有机污染物、油类物质和Pb、Zn、Cu、Al等金属离子。表3-1所示为雨水过滤设施对污染物的去除率监测结果统计。

雨水过滤设施对典型污染物的去除率[14]　　**表3-1**

	监测过滤设施数目	TSS去除率（％）		TN去除率（％）		TP去除率（％）	
		分布	平均	分布	平均	分布	平均
美国数据	18	80～92	86	30～47	32	41～66	59
国际数据	38	—	75	—	44	—	45

（2）初期雨水截流与处理

对于现状建成区（不包括生态保护区），通过截流一定厚度的初期雨水径流，并对其进行处理，达到径流污染控制的目的。如图 3-3，根据设计降雨量与年径流总量控制率的关系，间接分析初期雨水与年径流总量控制率的对应关系，确定初期雨水控制量（一般在 7～25mm 内）。且初期雨水汇流范围应使得汇水面积最远点到排放口的汇流时间不应超过 20～30min。超过此汇流时间的区域，其初期效应已不显著。

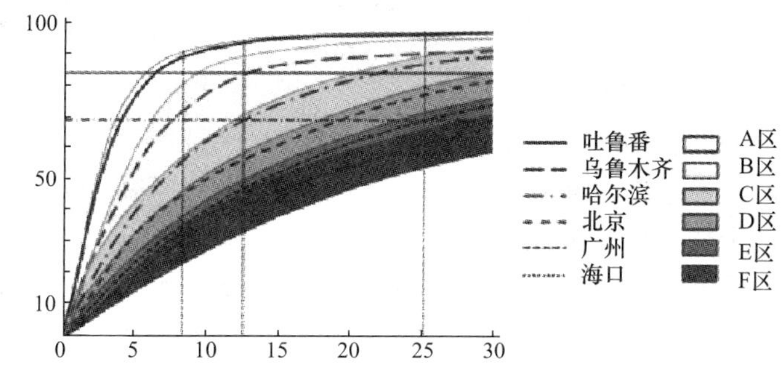

图 3-3 我国典型区域设计降雨量与年径流总量控制率关系曲线图[15]

初期雨水处理设施主要以生态处理设施为主，例如雨水湿地、雨水滞留塘等。雨水处理设施应结合城市公园、水体等开放空间进行布置。

（3）雨水的末端治理

雨水的末端治理是在雨水管渠末端、排放水体之前对雨水进行净化处理。对于直接排入河道的排水管渠，在用地许可的情况下，主要利用河道蓝线内用地可以建设雨水处理设施，如雨水湿地、雨水滞留塘等（如图 3-4 所示）。对于中、小雨，雨水径流可全部进入湿地或滞留塘进行处理；对于大雨及暴雨，初期径流可排入雨水处理设施进行处理。待处理设施满负荷时，后期雨水径流可直接排放。

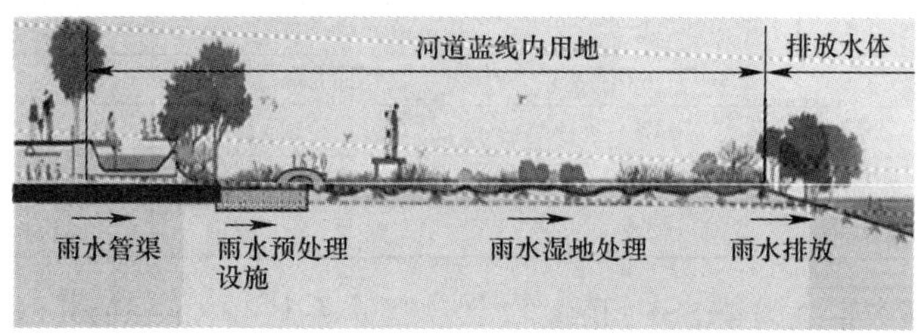

图 3-4 雨水末端治理系统示意图

对于截流式合流制排水系统，对截流井溢流雨污水进行处理是防止河流污染的重要措施。如用地许可，可利用河道蓝线用地建设雨水处理设施；如用地不许可，可暂时蓄存，待降雨过后输送至污水处理厂进行处理。

4. 水质控制指标

径流污染控制是低影响开发雨水系统的控制目标之一，既要控制分流制排水系统下的径流污染物总量，也要控制合流制排水系统下溢流的频次或污染物总量。各地应结合城市水环境质量要求、径流污染特征等确定径流污染综合控制目标和污染物指标。污染物指标可采用悬浮物（SS)、化学需氧量（COD)、总氮（TN)、总磷（TP）等。

在雨水水质监测过程中，SS测试方法相对其他指标的测试较为简单。通过统计方法，给出SS与其他水质指标的相关性，进而计算出其他指标值。因而可以大幅度简化分析测试工作量。

由此看来，分析各污染物指标相关性很有必要。通常，根据如下公式计算径流污染物之间的相关系数R，用于表征其内在关系[16]：

$$R_{x_i x_j} = \left| \frac{C(x_i \cdot x_j)}{\sigma_{x_i} \cdot \sigma_{x_j}} \right|$$

式中　x_i、x_j——污染物；

$R_{xi,xj}$——两种污染物之间的相关系数；

$C(x_i \cdot x_j)$——两种污染物浓度协方差；

σ_{xi}、σ_{xj}——污染物各自的标准差。

从表3-2中可以看出，各污染物之间都保持着良好的相关性。相关系数R介于0.372～0.819之间。以各污染物指标与SS的相关系数为例，R处于0.372～0.691之间。其相关系数$R_{TP,SS} > R_{TN,SS} > R_{NO_3\text{-}N,SS} > R_{COD,SS} > R_{NH_3\text{-}N,SS}$。同时，TP，TN，$NO_3$-N在显著性水平$a<0.01$下显著相关，相关系数$R$分别为0.691，0.662，0.601。这说明SS是主要污染物之一，对于其他污染物指标有明显影响。对于与SS显著相关（$a<0.01$）的TP，TN，NO_3-N，说明TP，TN，NO_3-N部分以非溶解态存在径流雨水中，可以通过去除悬浮物颗粒的方式降低浓度。同时考虑到降雨的随机性以及径流污染物的处理成本，SS可以作为城市道路降雨径流水质的主要控制指标。

降雨径流各污染物指标间的相关系数 *R*　　**表3-2**

污染物指标	相关系数 R					
	SS	COD	TN	TP	NH_3-N	NO_3-N
SS	1	/	/	/	/	/
COD	0.589	1	/	/	/	/
TN	0.662	0.638	1	/	/	/
TP	0.691	0.775	0.769	1	/	/
NH_3-N	0.372	0.443	0.454	0.626	1	/
NO_3-N	0.601	0.819	0.631	0.685	0.586	1

低影响开发雨水系统的年SS总量去除率一般可达到40%～60%。年SS总量去除率可用下述方法进行计算[13]：

年SS总量去除率＝年径流总量控制率×低影响开发设施对SS的平均去除率

城市或开发区域年SS总量去除率，可通过不同区域、地块的年SS总量去除率经年径流总量（年均降雨量×综合雨量径流系数×汇水面积）加权平均计算得出。

3.1.2　分布与集中相结合

海绵城市建设有大小两个尺度。大的尺度就是分布，小的尺度就是集中。既要有海绵小区与海绵公园等分布措施，也要有沿河截污到污水处理厂的集中处理工程，缺一不可，共同组成这个系统。从每家每户、每个源头开始，化整为零，通过生物滞留设施（雨水花园)、透水铺装、绿色屋顶等相对小型、分散的源头绿色雨水基础设施，来控制高频率的中小降雨事件，做到雨水的源头减排；同时，将经过源头削减后的雨水集零为整，通过湿塘、雨水湿地、多功能调蓄设施等这些相对大型、集中的末端绿色雨水基础设施，将收集的雨水进行集中处理。见图 3-5。

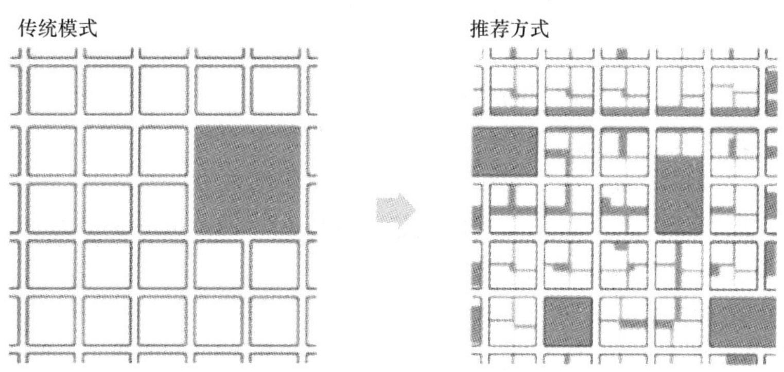

图 3-5 传统模式与海绵城市对比示意图

海绵城市建设的内涵之一是恢复城市良性水文循环，保护或修复城市的生态系统，不是随机组合的一些分割的、互不相关的绿色碎片。不同绿色空间的战略性连接——公园、保护地、河岸地区，湿地和其他绿色空间——是维持重要雨洪与生态功能并保持生物多样性的关键。完整的绿色基础设施系统，应包含城市所有的绿色空间，而源头 LID 应该作为城市大系统的一部分[17]。

上面提到的“连接”，不一定是两个 LID 或绿色空间的直接物理连接，但是整体相连的系统应占主导。雨水及有些物种可以在近距离之间流动（移动）。简单的接近也足以让个别的绿色空间功能融入更广泛的大系统，独立而又分布密切合理的绿色空间，仍然能够集体发挥“海绵城市”的功能。

3.1.3 合理进行城市水系区域规划

1. 城市水系与低影响开发雨水系统

城市水系是城市生态环境的重要组成部分，也是城市径流雨水自然排放的重要通道、受纳体及调蓄空间，与低影响开发雨水系统联系紧密。具体要点如下[4]：

（1）依据城市总体规划划定城市水域、岸线、滨水区，明确水系保护范围。城市开发建设过程中应落实城市总体规划明确的水生态敏感区保护要求，划定水生态敏感区范围并加强保护，确保开发建设后的水域面积应不小于开发前，已破坏的水系应逐步恢复。

（2）保持城市水系结构的完整性，优化城市河湖水系布局，实现自然、有序排放与调蓄。城市水系规划应尽量保护与强化其对径流雨水的自然渗透、净化与调蓄功能，优化城市河道（自然排放通道）、湿地（自然净化区域）、湖泊（调蓄空间）布局与衔接，并与城市总体规划、排水防涝规划同步协调。

（3）优化水域、岸线、滨水区及周边绿地布局，明确低影响开发控制指标。城市水系规划应根据河湖水系汇水范围，同步优化、调整蓝线周边绿地系统布局及空间规模，并衔接控制性详细规划，明确水系及周边地块低影响开发控制指标。

2. 城市绿地规划与低影响开发控制目标

城市绿地是建设海绵城市、构建低影响开发雨水系统的重要场地。城市绿地系统规划应明确低影响开发控制目标，在满足绿地生态、景观、游憩和其他基本功能的前提下，合理地预留或创造空间条件，对绿地自身及周边硬化区域的径流进行渗透、调蓄、净化，并与城市雨水管渠系统、超标雨水径流排放系统相衔接，要点如下[4]：

（1）提出不同类型绿地的低影响开发控制目标和指标。根据绿地的类型和特点，明确公园绿地、附属绿地、生产绿地、防护绿地等各类绿地低影响开发规划建设目标、控制指标（如下沉式绿地率及其下沉深度等）和适用的低影响开发设施类型。

（2）合理确定城市绿地系统低影响开发设施的规模和布局。应统筹水生态敏感区、生态空间和绿地空间布局，落实低影响开发设施的规模和布局，充分发挥绿地的渗透、调蓄和净化功能。

（3）城市绿地应与周边汇水区域有效衔接。在明确周边汇水区域汇入水量，提出预处理、溢流衔接等保障措施的基础上，通过平面布局、地形控制、土壤改良等多种方式，将低影响开发设施融入绿地规划设计中，尽量满足周边雨水汇入绿地进行调蓄的要求。

（4）应符合园林植物种植及园林绿化养护管理技术要求。可通过合理设置绿地下沉深度和溢流口、局部换土或改良增强土壤渗透性能、选择适宜乡土植物和耐淹植物等方法，避免植物受到长时间浸泡而影响正常生长，影响景观效果。

（5）合理设置预处理设施。径流污染较为严重的地区，可采用初期雨水弃流、沉淀、截污等预处理措施，在径流雨水进入绿地前将部分污染物进行截流净化。

（6）充分利用多功能调蓄设施调控排放径流雨水。有条件地区可因地制宜规划布局占地面积较大的低影响开发设施，如湿塘、雨水湿地等，通过多功能调蓄的方式，对较大重现期的降雨进行调蓄排放。

3.1.4　具有景观与功能特性

海绵城市建设包括推广海绵型公园绿地，在这其中一定注意景观和功能并重，不能只有“花架子”。比如，将绿地做成可以盛水的盆，而不是倒扣的碗。同时，公园绿地还要美观，不能只会“傻把式”。

1. 景观设计

景观设计是一个有机的整体，由一系列景观元素构成，包括地形、水景、植物、铺装、景观建筑及小品。对基于海绵城市建设功能下的景观设计，应当把景观设计与海绵城市建设作为一个整体，对原场地的改变不宜过大，应在全面了解当地自然条件的基础上，因地制宜、随形就势进行建设，充分发挥场地优势，两者结合达到整体最优化的状态。以海绵城市建设为景观设计导向，尽可能少的人为干预和土方运作。面对不同的地形，首先应该明确该区域的场地功能，在功能需求的基础上进行建设，来达到环境宜人的景观效果[18]。

海绵城市建设应充分考虑各种景观要素之间的有效组织，形成整体统一的景观格局，同时考虑当地人文特色、地形地貌等方面的因素，把景观与功能真正地结合起来。然而，在海绵城市建设功能下的景观建设中，既有景观节点、建筑群、交通道路基础设施等景观设计之间关系的统筹，也有景观系统性之间内在联系的统筹，还需要把自然景观和基于海绵城市建设功能的人工景观统一考虑。在此基础上，配合市政基础设施进行建造，使雨水管理贯穿到景观设计的各个方面，将二者结合形成一个整体，更好地服务于生态海绵城市。

2. 打造优美的滨河水景观

营建滨河景观，实现河道的观赏功能、体验功能、人文功能和生态功能，使其融入城市整体景观体系中，并成为居民休闲游憩、亲水互动、满足市民观赏性需求和体验性需求、展示城市历史和风貌的廊道和载体，是人类需求层次提升、生存质量提高的重要体现，是提升城市品位价值的重要途径，也是城市中小河流整治的重点。城市水景观的设计应注重如下设计要点[19]：

（1）水景观设计主题应充分彰显水文化的内涵和特色。

（2）充分考虑观赏者可能到达的角度和位置，注意营造各具特色的“流轴景”“对岸景”“水上景”“俯瞰景”。此外，水景观设计应当考虑到整体景观的和谐、景观的个性化、景观的透视效果、景观的耐看程度和居民的接收程度。

（3）河道岸线景观应尽量保持其自然的曲折形态，保留凹岸、凸岸、浅滩、沙洲等地貌单元。

（4）自然水景观应尽可能得到保留。同时，在保留原有溪流、沙洲、滩地、湿地、岸坡、林木的基础上，适当进行人工修饰，如增加木质栈道、加固沙洲、打木桩护岸、恢复受损植被等。

（5）河岸植物景观带，应以当地特色植物物种为基本植物造景，通过水生、湿生、林地植物群落的组合设计，乔、灌、草结合的方式，形成多层次、交叉镶嵌、物种丰富的生态景观带及复层结构植物群落。根据生长条件的不同，河道植物分为常水位以下的水生植物、河坡植物、河滩植物和洪水位以上的河堤有良好的生态环保效果。根据水位和作用的不同，选择适宜该水位生长的植物，达到一定的水利设施功能。在有条件的河岸可以设计开敞式滨水休闲空间（如利用河岸周边空间设计沿河公园）、亲水平台、亲水广场及赏景平台（如观水走廊、视觉回廊）等。在小景观营造上，雕塑题材的选择，要符合当地的风土人情，桥、堤景观的设计，要顺应南北地域的差异，体现当地特色。

（6）主题广场的建设，要充分体现当地的民俗风土人情和具有代表性的历史事件等。此外，还可以考虑设置河堤沿岸、水面的景观照明以及音乐喷泉、水幕等先进科技，以增强夜晚的立体动态和艺术效果。

3.1.5 坚持生态优先、安全为重的理念

在小降雨发生时，要注意留住雨水、涵养生态；而在城市遇到大降雨时，要注重排水防涝，以安全为重。

构建低影响开发、具有自然循环的“绿色海绵”雨水系统，使整个城市容易适应新的环境，遭遇水灾害后能够快速恢复，能够让城市弹性适应环境变化和自然灾害，并且不危及其中长期发展。这不仅有利于修复城市水生态环境，还能为综合生态环境带来效益。从这个角度讲，强化雨水收集与生态利用是符合可持续理念的生态工程，是缓解城市内涝、恢复城市人工消纳雨水能力的关键。

1. 生态优先

我国近些年一直在提倡生态问题。之所以把生态放在这么重要的位置，是因为它不仅仅是植树种草而已，它体现的是自然界良性循环的状态，是关系着物种多样性以及环境安全格局的大问题[18]。要把握生态优先原则，就要让“让自然做功”。通过调查当地的生态本底状况，制定相应的缓解策略，还原自然的自我修复能力以及本能的生产能力，走一条可持续发展的道路。

海绵城市建设强调低影响开发，注重保护自然生态环境，并能对受损的生态环境进行修复。海绵城市建设是人类向生态城市迈进的重要标志，体现了从“人定胜天”到“人与自然和谐共生”的转变。

海绵城市建设应坚持生态优先。一般来说，相比传统的管渠、泵站等灰色雨水基础设施，利用低影响开发绿色雨水基础设施，可带来更高的环境效益和社会效益，尤其对于老旧城区雨水管渠系统的提标改造与合流制溢流污染（CSO）控制带来的巨大财政支出和社会影响，低影响开发雨水系统的优势更加明显[12]。

2. 安全为重

在海绵城市的生态建设基础上，对区域水文生态过程（包括径流产流与汇流过程、洪水淹没过程、暴雨淹没过程、径流污染物负荷与迁移过程、雨水资源化利用等）进行空间分析和模拟，判断出对于区域生态雨洪管理具有战略意义的空间位置、组成及其关系，选择适宜的建设范围与技术措施，强调最低限度的生态结构对于整体生态系统服务的贡献，维护和加强城市自然水文过程的完整和健康，进而保障城市雨洪安全[20]。

3.1.6 灰色与绿色并重

海绵城市建设之前，在现代都市建设进程中，灰色设施被广泛应用。这种项目以单一市政工程为基础，如道路、桥梁、建筑小区等城市经济运行所必需的工程措施。这种灰色基础设施，主要用于应对高负荷水量，成本较高。相对的绿色的设施在城市建设前后均有存在。在城市建设之前，绿色设施以自然生态的形态而存在，比如河流、森林、草地、湖泊等；城市化进程后，这些自然环境遭到破坏，这些绿色设施被大量灰色设施所取代，城市化后的绿色设施通常指城市的景观绿化等。

在海绵城市建设中，为了城市雨洪的有效管理，不能割裂两种设施，而是要实现灰色和绿色的有机结合，平时可应对低负荷水量，又能节约成本，走可持续发展的路线。

1. LID 理念下的灰色与绿色结合

城市雨洪管理并不是灰色和绿色措施的竞争，或场地与流域管理的对立。灰色和绿色是互补色彩，是达到同一目的的两个选项。而灰色与绿色的最佳结合是成功的关键。LID 措施是城市雨水管理的重要组成部分，但需要融于流域的整体框架，与河湖湿地、绿色廊道的保护维护连接在一起；灰色工程措施是城市雨洪管理不可缺少的关键部分。然而，只有和 LID 结合，由“绿色纽带”贯穿，最终和流域自然系统连接成整体，才能发挥最大效益，形成完整的、灰色与绿色结合、局部与整体连接的、可持续的城市雨洪管理基础设施。

2. 人与自然的和谐

海绵城市的规划和实施应该体现人与自然的和谐。既能减少城市洪涝、资源退化的灾害，又可以提高民众的生活质量，同时有利于城市企事业的发展。“低影响开发”不等于“零影响开发”，保护自然不等于让人类远离自然。其真谛在于，将雨水作为人类发展不可缺少的资源，将自然基础设施作为提高人民生活质量、美化环境的根基。因此，在海绵城市进行规划与实施时，应考虑城市用地紧缺的矛盾，可以让绿色基础设施与灰色基础设施相结合，为城市居民的生活和工作提供方便。

3. 发挥海绵城市的多功能特性

海绵城市的规划与实施面临着土地紧缺的重大挑战：如何在已建成的城市环境中恢复被破坏的自然基础设施和功能？彻底摈弃城市开发的理念，拆除一切与自然相搏，完全回归绿色自然是不现实的。相反，城市规划者应探索创新，为已有的“灰色”雨洪基础设施添置绿色新装，使其发挥自然设施所特有的可持续功能。一种设计策略是纵向一体化，使多个功能“堆叠”在一块土地；如，道路下面的野生动物通道，建筑或停车场下面的蓄滞、入渗设施，绿色屋顶等。

雨洪基础设施的多用途也可以利用时间维度实现。该类设施调度使用的例子包括一些高强度降雨时可以避免或限制使用的场地：如体育、娱乐、休闲场地，一些次要社区街道，以及一些公共及商业场地等。绿色基础设施多功能规划，也是一种提高本金和收益比值的有效方法，有利于建立广泛的公众支持[17]。

3.2 海绵城市建设绩效评价与考核指标

2015年7月，住房城乡建设部办公厅发布了《海绵城市建设绩效评价与考核办法（试行）的通知》。该通知明确了海绵城市建设绩效评价与考核指标分为：水生态、水环境、水资源、水安全、制度建设及执行情况、显示度六个方面，具体指标、要求和方法见表3-3。

海绵城市建设绩效评价与考核指标（试行） **表3-3**

类别	项	指标	要求	方法	性质
一、水生态	1	年径流总量控制率	当地降雨形成的径流总量，达到《海绵城市建设技术指南》规定的年径流总量控制要求。在低于年径流总量控制率所对应的降雨量时，海绵城市建设区域不得出现雨水外排现象	根据实际情况，在地块雨水排放口、关键管网节点安装观测计量装置及雨量监测装置，连续（不少于一年、监测频率不低于15min/次）进行监测；结合气象部门提供的降雨数据、相关设计图纸、现场勘测情况、设施规模及衔接关系等等进行分析，必要时通过模型模拟分析计算	定量（约束性）
	2	生态岸线恢复	在不影响防洪安全的前提下，对城市河湖水系岸线、加装盖板的天然河渠等进行生态修复，达到蓝线控制要求，恢复其生态功能	查看相关设计图纸、规划，现场检查等	定量（约束性）
	3	地下水位	年均地下水潜水位保持稳定，或下降趋势得到明显遏制，平均降幅低于历史同期。 年均降雨量超过1000mm的地区不评价此项指标	查看地下水潜水水位监测数据	定量（约束性，分类指导）

续表

类别	项	指标	要求	方法	性质
一、水生态	4	城市热岛效应	热岛强度得到缓解。海绵城市建设区域夏季（按6～9月）日平均气温不高于同期其他区域的日均气温，或与同区域历史同期（扣除自然气温变化影响）相比呈现下降趋势	查阅气象资料，可通过红外遥感监测评价	定量（鼓励性）
二、水环境	5	水环境质量	不得出现黑臭现象。海绵城市建设区域内的河湖水系水质不低于《地表水环境质量标准》Ⅳ类标准，且优于海绵城市建设前的水质。当城市内河水系存在上游来水时，下游断面主要指标不得低于来水指标	委托具有计量认证资质的检测机构开展水质检测	定量（约束性）
			地下水监测点位水质不低于《地下水质量标准》Ⅲ类标准，或不劣于海绵城市建设前	委托具有计量认证资质的检测机构开展水质检测	定量（鼓励性）
	6	城市面源污染控制	雨水径流污染、合流制管渠溢流污染得到有效控制。1. 雨水管网不得有污水直接排入水体；2. 非降雨时段，合流制管渠不得有污水直排水体；3. 雨水直排或合流制管渠溢流进入城市内河水系的，应采取生态治理后入河，确保海绵城市建设区域内的河湖水系水质不低于地表Ⅳ类	查看管网排放口，辅助以必要的流量监测手段，并委托具有计量认证资质的检测机构开展水质检测	定量（约束性）
三、水资源	7	污水再生利用率	人均水资源量低于500m³和城区内水体水环境质量低于Ⅳ类标准的城市，污水再生利用率不低于20%。再生水包括污水经处理后，通过管道及输配设施、水车等输送用于市政杂用、工业农业、园林绿地灌溉等用水，以及经过人工湿地、生态处理等方式，主要指标达到或优于地表Ⅳ类要求的污水厂尾水	统计污水处理厂（再生水厂、中水站等）的污水再生利用量和污水处理量	定量（约束性，分类指导）
	8	雨水资源利用率	雨水收集并用于道路浇洒、园林绿地灌溉、市政杂用、工农业生产、冷却等的雨水总量（按年计算，不包括汇入景观、水体的雨水量和自然渗透的雨水量），与年均降雨量（折算成毫米数）的比值；或雨水利用量替代的自来水比例等。达到各地根据实际确定的目标	查看相应计量装置、计量统计数据和计算报告等	定量（约束性，分类指导）
	9	管网漏损控制	供水管网漏损率不高于12%	查看相关统计数据	定量（鼓励性）
四、水安全	10	城市暴雨内涝灾害防治	历史积水点彻底消除或明显减少，或者在同等降雨条件下积水程度显著减轻。城市内涝得到有效防范，达到《室外排水设计规范》规定的标准	查看降雨记录、监测记录等，必要时通过模型辅助判断	定量（约束性）

续表

类别	项	指标	要求	方法	性质
四、水安全	11	饮用水安全	饮用水水源地水质达到国家标准要求：以地表水为水源的，一级保护区水质达到《地表水环境质量标准》Ⅱ类标准和饮用水源补充、特定项目的要求，二级保护区水质达到《地表水环境质量标准》Ⅲ类标准和饮用水源补充、特定项目的要求。以地下水为水源的，水质达到《地下水质量标准》Ⅲ类标准的要求。自来水厂出厂水、管网水和龙头水达到《生活饮用水卫生标准》的要求	查看水源地水质检测报告和自来水厂出厂水、管网水、龙头水水质检测报告。 检测报告须由有资质的检测单位出具	定量（鼓励性）
五、制度建设及执行情况	12	规划建设管控制度	建立海绵城市建设的规划（土地出让、两证一书）、建设（施工图审查、竣工验收等）方面的管理制度和机制	查看出台的城市控详规、相关法规、政策文件等	定性（约束性）
	13	蓝线、绿线划定与保护	在城市规划中划定蓝线、绿线并制定相应管理规定	查看当地相关城市规划及出台的法规、政策文件	定性（约束性）
	14	技术规范与标准建设	制定较为健全、规范的技术文件，能够保障当地海绵城市建设的顺利实施	查看地方出台的海绵城市工程技术、设计施工相关标准、技术规范、图集、导则、指南等	定性（约束性）
	15	投融资机制建设	制定海绵城市建设投融资、PPP管理方面的制度机制	查看出台的政策文件等	定性（约束性）
	16	绩效考核与奖励机制	1. 对于吸引社会资本参与的海绵城市建设项目，须建立按效果付费的绩效考评机制，与海绵城市建设成效相关的奖励机制等； 2. 对于政府投资建设、运行、维护的海绵城市建设项目，须建立与海绵城市建设成效相关的责任落实与考核机制等	查看出台的政策文件等	定性（约束性）
	17	产业化	制定促进相关企业发展的优惠政策等	查看出台的政策文件、研发与产业基地建设等情况	定性（鼓励性）
六、显示度	18	连片示范效应	60%以上的海绵城市建设区域达到海绵城市建设要求，形成整体效应	查看规划设计文件、相关工程的竣工验收资料。现场查看	定性（约束性）

4 我国海绵城市建设的经验成效

4.1 建筑与小区海绵城市建设例析——天津市中新天津生态城

4.1.1 城市概况

中新天津生态城致力于建设经济蓬勃、社会和谐、环境友好、资源节约的城市，使之成为可持续发展的楷模。生态城规划中应体现以人为本、社会和谐的目标，提出社会和谐、环境友好、资源节约，“能复制、能实行、能推广”的生态城市发展模式。

2009年中新天津生态城城市规划阶段时，借鉴了新加坡水资源利用的先进经验，引入海绵城市建设的理念。依照科学的规划设计，降雨时，雨水分别从排水孔和透水砖下的砾层先流入道路的隔离绿化带，在保证绿植水量充足后，再流入地下雨水管网，使生态城能够在雨水降临时轻松经受强降雨的考验。同时，生态城通过数字系统对区域内排水系统进行监控管理，根据雨水管网监测系统和雨水泵站监控系统提供的数据，及时调控雨水泵站的水量和在线监控水位，对雨水的收集和排放进行有效的雨、污分流排水，避免产生积水现象，防止内涝发生。

2016年，天津成功入选国家海绵城市建设试点城市名单，中新天津生态城也借此成为最早的试点区。针对生态城状况，将海绵城市建设理念因地制宜地融入中新天津生态城水系统规划编制中，促进了生态城的建设与和谐发展。见图4-1。

图4-1 中新天津生态城鸟瞰图

4.1.2 项目概况

1. 下垫面概况

项目位于中新天津生态城，建筑功能以办公为主，总用地面积为8090m^2，建筑面积为3467m^2，建筑密度为22.8%，建筑层数为2层，绿地率为46%。该项目是天津市第一座以零能耗为目标的建筑，已获得国家绿色建筑三星级运营标识证书[21]。

天津市盐渍化土地面积较大，盐碱地土壤黏紧，透水透气性不良，不利于雨水下渗。因此，在雨水径流总量和峰值流量控制方面，宜以雨水滞蓄为主，雨水入渗为辅。实际项目应根据规划条件因地制宜地选择海绵城市的技术措施及其系统组合。

2. 设计降雨量

天津市多年平均降雨量为574.9mm，降雨主要集中在7、8月份，在设施选择方面应以径流总量控制、峰值流量控制和径流污染控制为主，雨水资源化利用为辅。

按照天津市海绵城市建设的要求，开发过程中年径流总量控制率应为75%～85%。新建区、扩建区项目年径流总量控制率85%以上，改建区年径流控制率70%以上，因此该项目年径流总量控制率应达到75%，场地需要控制的径流总量约为202m^3，场地的综合径流系数为0.39，则场地需要蓄积的雨水量约79m^3。

该项目设置了120m^3的蓄水池/渗水池用于雨水调蓄，使场地的年径流总量控制率达到了85%。以设计标准为3年一遇计算为例，根据当地暴雨强度公式，推算出降雨历时5、15、30、45、60、90、120min时的降雨量，如表4-1所示。

降雨历时不同所对应的降雨量 **表4-1**

降雨历时（min）	5	15	30	45	60	90	120
降雨量（mm）	13.0	28.3	41.4	49.8	56.1	65.4	72.2

4.1.3 工程实例

1. 径流量控制

生态城地处的滨海新区，是一个高盐碱、高地下水位、冬季较寒冷而降雨集中（6～9月降雨达年降雨85%左右）的地区。高种植及维护成本的绿色屋顶在本区推广几无可能；整个滨海新区绿化种植排盐系统的出路往往是雨水管网收集系统，这样导致雨水中含盐分过高（>3000mg/L），即使源头规划雨水调蓄池也会因为绿化排盐的接入雨水难于利用。由此，水系统规划设置雨水调蓄池也不合时宜。生态城淤泥质土壤渗透系数<10^{-4}，如不改良土壤，促渗效果不佳，诸多自然条件给生态城海绵建设添加了不少难度。

生态城水系统规划除源头管控雨水径流外，更为关键的是，生态城结合总体规划及城市竖向规划因地制宜地形成了清净湖及蓟运河故道为核心，以六条生态走廊为骨架，以规划3年一遇的雨水管道为枝丫的大、小排水系统格局，并辅之以城市竖向规划，将超标准的降雨通过地块-道路-生态走廊-六条溪流的排泄通道最终排入蓟运河故道或清净湖。整个生态城规划雨水径流管控路线图见图4-2。

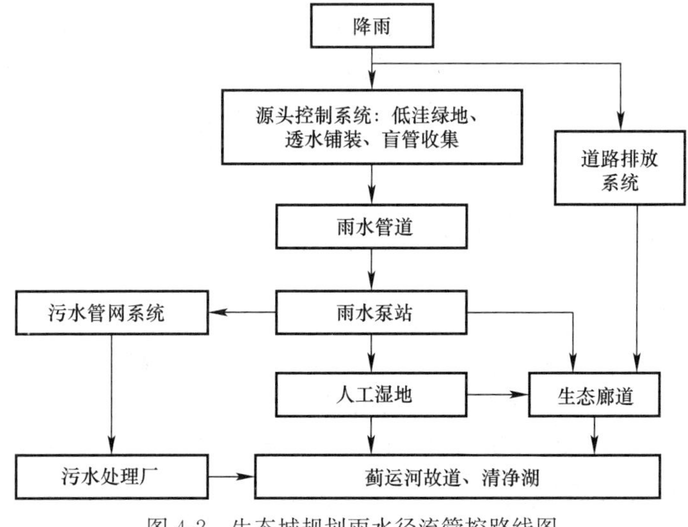

图4-2 生态城规划雨水径流管控路线图

2. 室外雨水设施布局

项目所在场地为平整过的土地，不存在湿地、坑塘和生态沟渠等。该项目为零能耗建筑，在建筑设计之余，充分考虑了建筑的体型和朝向以使建筑的能耗最低。在建筑体型确定的情况下，场地的高程设计和雨水设施的布局充分考虑了雨水的收集排放。

绿地采用坡状，绿地内分散设置碎石集水沟，导流绿地内和硬质铺装路面的雨水；混凝土路面的雨水也通过路面导流槽排至路边的碎石集水沟；将透水地面、碎石集水沟、雨水花园、绿地、蓄/渗水池、雨水管道系统等设施形成一个完整系统。

3. 室外雨水系统

室外雨水系统设计结合整个地块雨水利用综合考虑，绿地内设置碎石集水沟和生态洼地；车行道采用透水混凝土，并设置导水槽，汇集路面未能下渗的雨水至路边的碎石集水沟；人行道采用透水砖，停车场铺装采用植草砖；透水铺装面积占室外硬化地面面积的90%。绿地和人行道下的雨水管和雨水井采用渗透型（见图 4-3）。生态城土壤含盐量高，因此对所有种植区域进行换土，土深 1.2m。

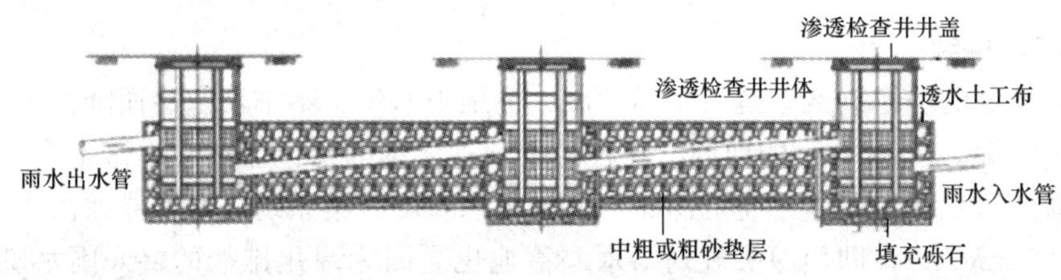

图 4-3　渗透井连接示意图

室外地面雨水一部分通过直接入渗回补地下水，一部分通过碎石集水沟、雨水渗透弃流检查井、渗透排水管进入设置于地面下的渗水池，渗水池容积为 90m^3。渗水池中的水用于回补地下水、压盐碱，同时降低市政雨水管网的压力。渗水池设 1 个 DN500 雨水接口，以满足超限雨水排入市政雨水管网。部分设施实景如图 4-4 所示。

4. 雨水回用

该项目屋面设置了一部分屋顶绿化，可实现对部分初期雨水的滞留和净化。屋面雨水采用虹吸雨水系统，经室外雨水管道和渗透弃流雨水井排至室外地埋雨水蓄水池。

蓄水池采用模块拼装形式，蓄水池中的雨水用于室外绿地灌溉和道路浇洒。因此，蓄水池的容积按满足 3 次绿化灌溉和道路浇洒的用水量确定，水池容积为 30m^3。当蓄水池中的雨水不足时采用市政中水管道供水。蓄水池内设有水表井（计量用于绿地灌溉和道路浇洒的水量）、排泥井和出水井（如图 4-5 所示）。另外在建筑西南两侧，沿建筑外轮廓设置碎石集水沟收集建筑外檐雨水。模块蓄水池实景图见图 4-6。

4.1.4　建设成效

以 3 年一遇标准下 120min 设计暴雨雨型为依据，分析可得，未采取透水铺装、生态洼地和蓄/渗水池之前，场地的降雨径流峰值流量为 85.9L/s，峰值流量出现时间为 30min；采取一系列海绵城市措施后项目的峰值流量降低并延后，降雨径流峰值流量为 57.2L/s，峰值流量出现时间为 45min（见图 4-7），有效减小了对市政雨水管网的压力。

图 4-4　室外碎石集水沟、透水铺装、渗透型雨水井实景

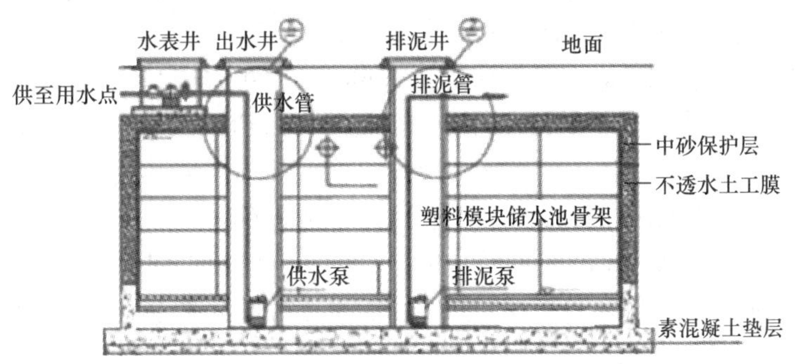

图 4-5　模块蓄水池原理图

图 4-6　模块蓄水池实景图

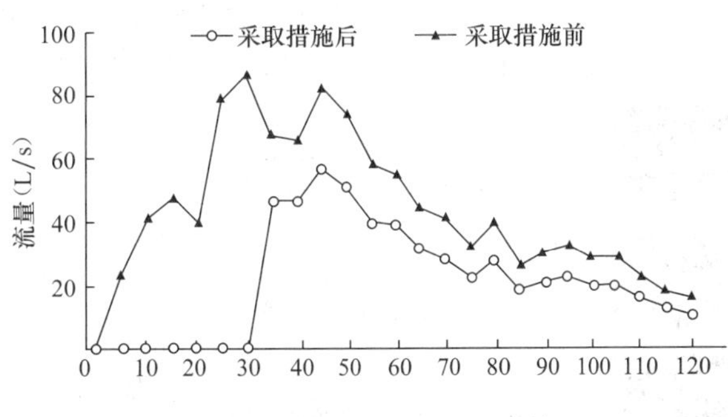

图 4-7　场地径流流量过程线

4.2　市政道路海绵城市建设例析

4.2.1　白城市

1. 城市概况

白城市是吉林省所辖的地级市，位于吉林省西北部，总面积 2.6 万 km^2。总人口 203.2 万人。白城市是全国节水型井灌区建设示范市，被列为全国农业四大开发区之一和国家生态建设示范区。

白城市地处大兴安岭山脉东麓平原区，气候属温带大陆性季风气候。除盛夏短时间内受海洋季风影响外，全年绝大部分时间降水系统来自西风带。四季分明，冬长夏短。降雨集中在夏季，年平均降雨量为 399.9mm，其中作物生长季 5～9 月降雨量为 355.6mm，占全年降雨量的 88%。

白城市生态资源十分丰富，以湿地为主，拥有多个国家级自然保护区，但气候问题一直是白城生态建设的瓶颈。白城市光照充足，降水量变化率大，旱多涝少，缺水不仅让自然环境变得十分脆弱，也极大地影响了市民的生活。

2. 项目概况

白城市海绵城市建设（老城区综合提升改造）是一项重大的民生工程，重点是洮北区、经开区和工业园区、生态新区海绵城市建设区域以及城市出入口总体改造。改造总面积 38km^2（西起运河，东至红旗街，北起民主路，南至辽北路），其中，海绵城市试点区域面积 22km^2（老城区 12.4km^2；生态新区 9.6km^2），扩容面积 16km^2。3 年计划总投资 43.5 亿元，进行包括内涝积水点、污雨水改造，及河道沟渠治理等 9 大类 317 项工程建设。

试点区域共涉及洮北区、经开区、工业园区、生态新区等四个区域：在老城区实施了积水点改造工程、污雨水分流改造工程、再生水与污泥处理工程；在生态新区，鹤鸣湖雨水滞蓄工程、园林绿化生态治理改造工程、行泄通道植草沟改造工程也在平稳推进。

3. 主要技术手段

（1）海绵城市在线监测管理平台

在海绵城市的建设过程中，传统的以规划图、设计图、施工图为静态计算依据的方式是不能满足海绵城市建设考核评估技术要求，为能在政府管理层面考核评估过程中提供重要依据与集中可视化的展示窗口，需要运用海绵项目管理平台来监测（见图 4-8）。

信息化
采集海绵城市所有实时动态数据
在集中监控室进行监控调度管理

自动化
对海绵城市的蓄水进行自动控制
对城市降雨峰值进行自动调控

自动化
自动监测智能分析管网堵塞或泄露
对污染或危险区域进行智能预警

图 4-8　海绵城市在线监测系统

白城海绵城市建设的 16 项重点工程就包括了城市智能化管理指挥中心建设工程。依托白城市云计算数据中心，建设一个总中心（城市综合管理指挥中心），十大分中心（智慧城管、智慧公安、智慧交警、智慧社区、智慧政务、智慧安监、智慧消防、智慧市政、智慧公交、智慧商业）和各种信息采集系统。

全面强化城市应急抢险和综合管理的指挥调度

能力，全面提升城市管理科技化和公共服务水平，达到“提前预警、快速反应、协调联动、高效指挥”的目的，实现城市管理的科学化、精细化、网络化和智能化。

目前平台建设已初见成效。据白城当地媒体报道，今年 6 月白城老城区几次累计降雨量达到了“暴雨”级别，海绵城市在线监测系统云服务平台对降雨及径流数据监测中均发挥较好作用。

（2）高寒地区海绵城市建设

高寒、高纬度、干旱、冻土期长是北方城市的普遍城市特点，白城的海绵城市建设也面临冻融、融雪剂和盐碱地三大难题，其中防冻融技术为世界性难题，其中 3 年建设期内每年有长达半年的冻土期，施工难度极大。

从 2015 年 11 月份起，白城就开始利用最新研究设计的抗冻融能力较高的透水铺装结构。目前已研究出两种具体解决办法：一是增加透水结构垂直和水平方向的延展性；二是在结构层设置排水带，把融化之后的水及时排到管道中，保持透水材料的干燥。同时，他们还研发了自动弃流融雪剂，并利用道路新型生物滞留带、植草沟和盐碱地渗排雨水结构来起到有效的排碱作用。

4. 建设成效

2017 年 6 月 20 日，白城市迎来今年首次较大规模降雨。据白城市海绵城市在线监测系统云服务平台监测数据显示，14 点 10 分到 18 点 30 分老城区累计降雨量为 42mm，达到了“暴雨”级别。在过去像这种雨量的降雨，城区必然会出现“城市看海”现象。然而，与以往不同的是，此次降雨过程中并未发生明显积水，海绵城市建设效果显著。

（1）建筑与小区

已完成海绵城市建设的诚基花园小区、红叶小区、阳光 A 区，改造前后的变化见图 4-9。

图 4-9　已完成海绵城市建设的小区改造前后对比图

在整个降雨过程中，各小区内下沉绿地、雨水花园等海绵设施各显身手，通过采取精准的竖向控制、合理的雨水径流组织，小区路面均未发现积水。同时，下沉绿地、雨水花园还形成了明显水面，对雨水进行蓄存、净化和渗透，效果十分明显。在降雨结束 12h 后，跟踪发现小区内海绵设施中的雨水实现了完全渗透，回补了地下水。

当地居民表示，以前，小区内路面降雨天经常产生积水（见图 4-10）。在小区经过海绵城市改造后，在小区整体环境变好的同时，再也不用担心下雨导致出行困难了（见图 4-11）。据了解，白城市海绵城市已完工小区改造 58 个，占计划的 50%。

（2）城市道路

在城市主干道路上，由于部分道路年久失修、地面不平，且雨水管道设计标准偏低，导致大量雨水在路面滞留（见图 4-10）。通过调整路面平整度和坡度以及增大雨水管径改造后，使管网排水能力大幅提升。

图 4-10 改造前道路积水点情况

海绵城市计划实施海绵化改造的道路新建改造 46 条，现已完工 26 条。据临街商铺反映，已完工的道路在此次降雨中没有明显积水。同时，试点区域内的 10 个积水点改造完成后也未发生积水现象（见图 4-11）。

图 4-11 改造后道路积水点情况

白城市在海绵城市信息化与高寒问题上进行了诸多探索。未来的海绵城市建设对信息化的需求将进一步深化。目前监测平台只满足了海绵城市建设的基础管理和效果评价。而不断出现的行业融合，将促使信息化项目衍生出更负责的系统结构。

当海绵城市建设有了智慧需求，我们就需要有专业水利、市政、园林等背景的人参与协作，需要系统平台支持海绵城市的规划、建设、维护等各个过程，用严谨的科学及大数据能力为海绵城市建设提供智慧化服务。

4.2.2 西咸新区

1. 城市概况

2014年1月6日，国务院正式批复陕西设立西咸新区，西咸新区正式成为国家级新区，是中国的第七个国家级新区。西咸新区位于陕西省西安市和咸阳市建成区之间，区域范围涉及西安、咸阳两市所辖7县（区）23个乡镇和街道办事处，规划控制面积882km^2。该区域是关中-天水经济区的核心区域，区位优势明显、经济基础良好、教育科技人才汇集、历史文化底蕴深厚、自然生态环境较好，具备加快发展的条件和实力。

西咸新区雨水规划以提升城市排水能力为目标，积极推进节水型社会建设。高标准设计雨水设施，制定新区雨水综合利用标准，强化水循环利用，建设完善、畅通、安全的雨水系统与先进、高效、环保的雨水综合利用体系。到2020年，新区雨水管网普及率达到100%，雨水综合利用率要达到国内领先、国际一流水平。

2. 项目概况

西咸新区夏季炎热多雨，冬季寒冷干燥。多年平均降水量520mm。其中，7～9月降雨占全年降雨量50%以上，且多以暴雨形式出现，极易造成洪、涝和水土流失等自然灾害。

秦皇大道位于陕西西咸新区沣西新城核心区，是一条南北向城市主干道。道路北起统一路，南至横八路，全长2.43km，红线宽度80m，红线外两侧各有35m绿化退让。2015年下半年，按照海绵城市建设要求启动了改造工作。秦皇大道整体地势平坦，场地标高最低点387.43m，最高点388.96m，最大纵坡0.75%，最小纵坡0.35%，最小坡长190m。道路纵坡一方面会引导雨水向低点汇聚，在管网传输能力不足时，容易造成积涝。秦皇大道采用分流制排水系统，雨水管网已经建成，主要收集路面及两侧地块径流。雨水管网设计标准2年一遇，管道埋深2～4m，管径$DN500$～$DN1000$，服务面积63hm^2[22]。

3. 问题分析

区域排水过度依赖末端提升，能耗高；雨水受纳体水环境保护要求高，季节性面源污染风险大；传统排水存在局限，控制能力不足，积水频发，威胁区域交通安全。

秦皇大道所在区域原状土壤渗透性能较差，影响LID设施渗蓄功能发挥。如何改良原状土，系统提升其透水、保水及截污净化等性能，成为海绵城市建设首要解决的问题。区域地质属非自重湿陷性黄土，虽等级不高，但浸水发生结构破坏、承载能力骤降、崩解沉降变形的风险依旧很大。这些为开展LID设计时如何处理好雨水下渗和道路基础结构安全的关系带来挑战。

4. 主要技术措施

（1）侧分带LID设施做法

拦污槽：设计时在路牙开口处增设拦污槽（内填10～25mm建筑垃圾再生骨料）可有效滤除雨水杂质、分散径流并消能。侧分带LID设施结构设计如图4-12所示。

L形钢筋混凝土防水挡墙：鉴于湿陷性黄土地质雨水下渗威胁路基安全，改造时在进水口处设计了一种“L”形钢筋混凝土防水挡墙（如图4-12），用于路基侧向支挡及雨水侧渗规避。

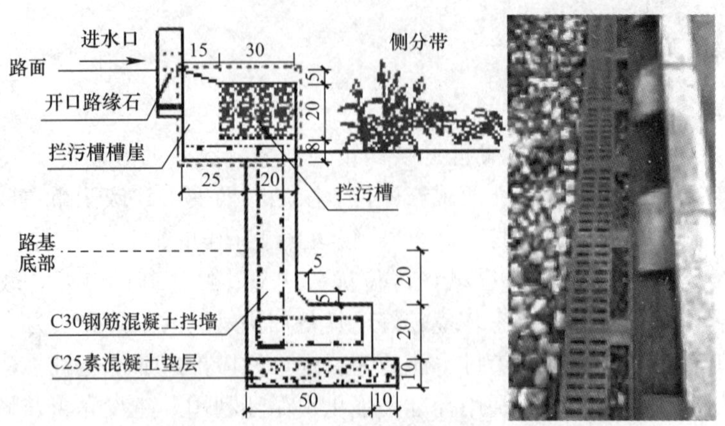

图 4-12　拦污机理及钢筋混凝土防水挡墙示意图

传输型草沟：布置在侧分带起端入流处及树木、检查井等构筑物基础处，用于转输径流。对于传输型草沟，一种是与道路纵坡同坡，只做表面下凹，底部不换填，种植 35～50mm 高地被植物，草沟与车行道或辅道衔接处设置防渗土工布；另一种布置在道路红线外绿化退让内，用于转输透水铺装排出的径流雨水。2 种结构基本相同，做法详见图 4-13。

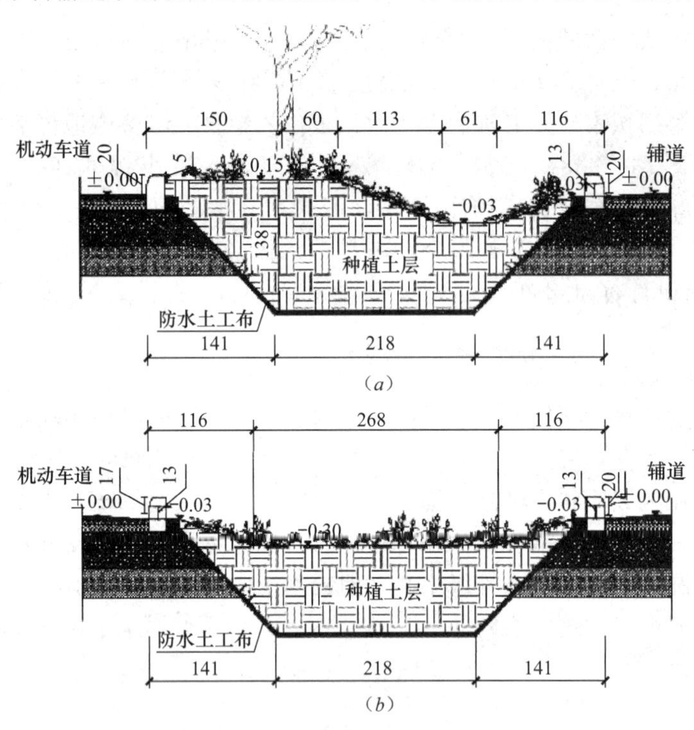

图 4-13　传输型草沟剖面图

(a) 有树；(b) 无树

生态滞留草沟、雨水花园：植物是 LID 设施的重要组成。改造中，侧分带内乔木保持不动，如图 4-14。地被植物优选根系发达、净化力强、既耐涝又抗旱的本土植物栽植，并适当搭配部分外来物种，以实现海绵与景观功能的有机融合（见表 4-2）。改造效果见图 4-15 与图 4-16。

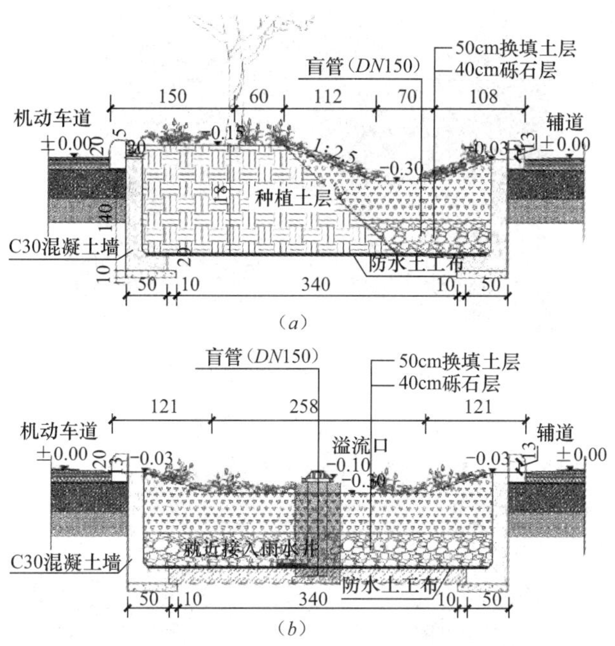

图 4-14　生态滞留草沟（雨水花园）剖面图

（a）有树；（b）无树

侧分带 LID 设施植物配置方案　　　　**表 4-2**

序号	设施类型	植物配置
1	传输型草沟	细叶麦冬、地被石竹、南天竹、紫叶矮樱、红叶石楠、红枫
2	生态滞留草沟	细叶麦冬、铺地柏、狼尾草、细叶芒、葱兰、矮蒲伟、银边草
3	雨水花园	黄菖蒲、灯芯草、鸢尾、狼尾草、细叶芒、葱兰

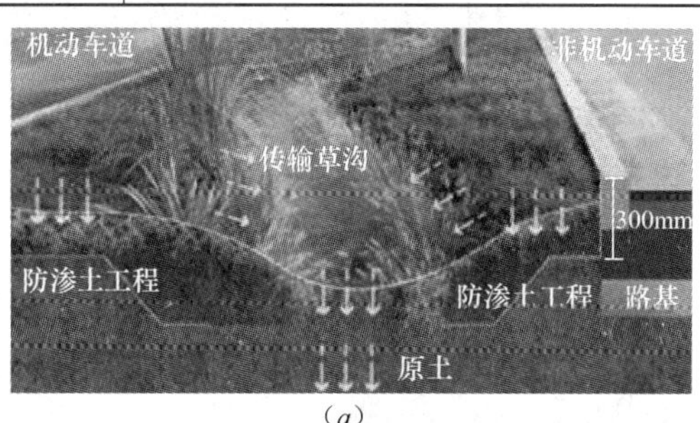

（a）

（b）

图 4-15　秦皇大道侧分带改造效果图（一）

（a）传输型草沟；（b）生态滞留草沟

(c)

图 4-15　秦皇大道侧分带改造效果图（二）

(c) 与市政管线衔接

图 4-16　秦皇大道排涝除险系统平面示意图

(2) 人行道透水铺装做法

秦皇大道两侧人行道下供电通信电缆管沟埋深较浅，仅有 0.3m。设计时，在保障路基强度和稳定前提下，将人行道硬质铺装改造为浅层透水砖铺装结构（兼有孔隙和缝隙透水），透水基层内设置排水管并与红线外传输型草沟衔接，形成局部雨水源头渗滞系统（见图 4-17）。

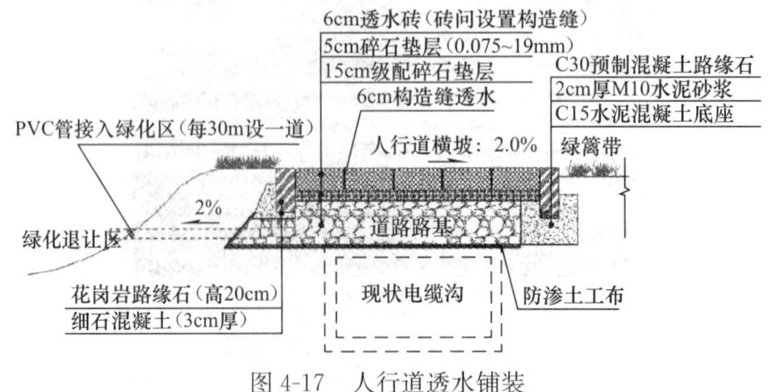

图 4-17　人行道透水铺装

（3）低点行泄通道及调节塘做法

秦皇大道共有 5 处高程低点，采用 SWMM 软件进行内涝模拟发现：下游雨水管网通畅情况下，50 年一遇暴雨发生时，有 3 处低点内涝风险较大。设计时充分利用项目红线外 35m 绿化退让，在三处低点人行道下设置排水暗涵，将路上经 LID 设施消纳、管网转输仍不能及时排除的涝水引至红线外绿化带中，通过分散式调节塘进行涝水调节（见图 4-18）。

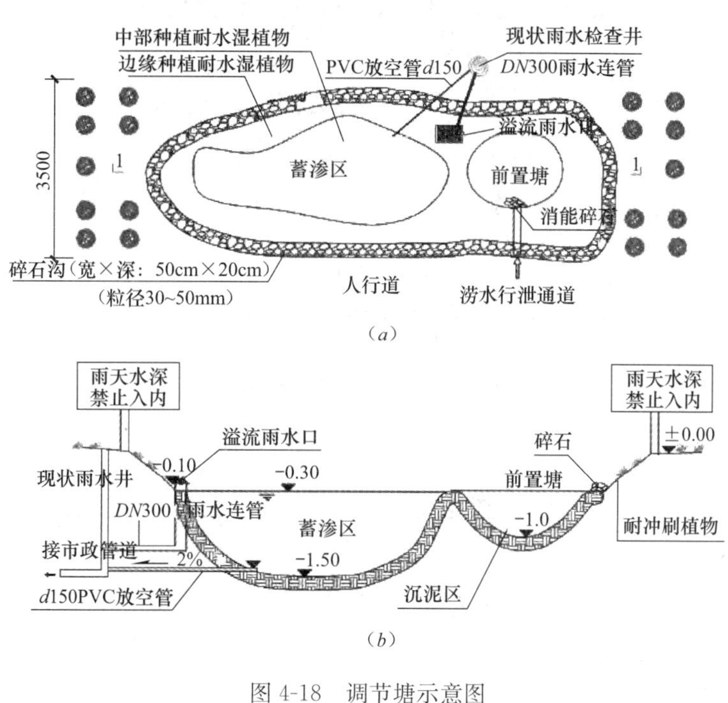

图 4-18 调节塘示意图

（a）平面；（b）Ⅰ-Ⅰ剖面

5. 建设成效

（1）年径流总量控制率

年径流总量控制率基于多年日降雨量统计分析而来。考虑到降雨随机性，该项目采用 LID 设施年径流总量控制率对应的 24h 降雨进行模拟。模拟结果如图 4-19 所示。在设计降雨模拟下，24h 降雨量＜19.2mm 时，传统开发模式秦皇大道汇水区径流峰值流量 q_1＝032m^3/s，LID 改造后外排流量为 0，削峰 100％。

50 年一遇降雨模拟显示，传统开发模式径流峰值流量 q_1＝2.63m^3/s，LID 改造后径流峰值流量 q_2＝2.23m^3/s，削峰 15.2％；峰现时间较传统开发模式滞后约 5min。

（2）道路积水改善情况分析

秦皇大道改造前，1～2 年一遇重现期降雨发生时，积水深度≥15cm，时间≥2h，面积≥500m^2 的内涝积水点共有 3 处（见图 4-20）。LID 改造后，根据 6 场成涝监测数据，确定设计降雨条件下 2 处积水得到消除，1 处积水显著改善。对比改造前 2015 年 8 月 2 日（30.4mm，5h，2 年一遇单峰降雨）与改造后 2016 年 6 月 23 日（31.4mm，6h，2 年一遇单峰降雨）两场相似暴雨发现：①②号积水点基本消除；③号积水点得到明显缓解，最大积水面积减少 70％，积水深度降低 53％，积水时间缩短 85％以上。

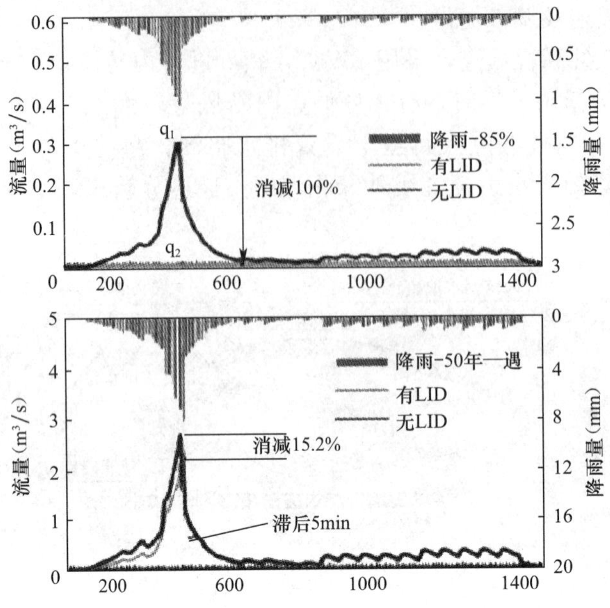

图 4-19 径流控制对比图

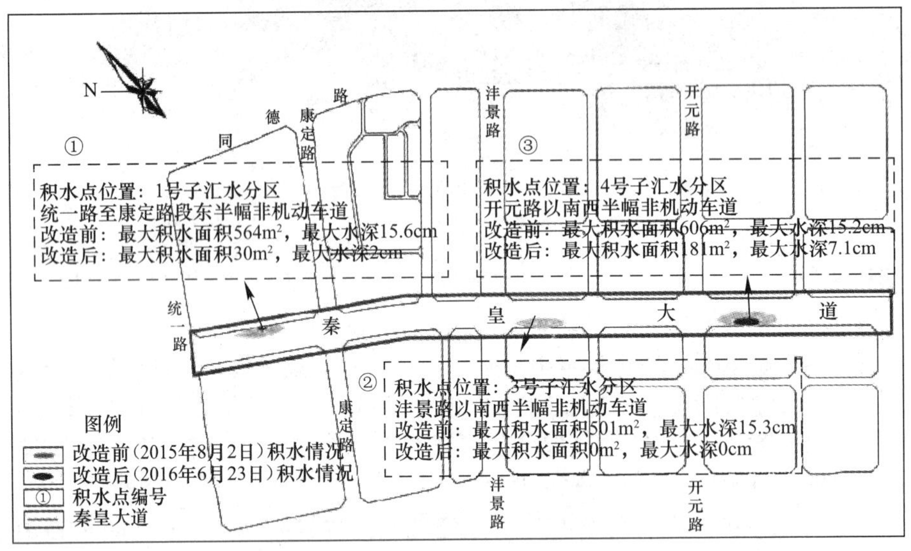

图 4-20 秦皇大道改造前后内涝积水改善情况

(3) 径流污染削减效果分析

秦皇大道主体工程改造完成后，进行了 5 场降雨监测，结果显示（见图 4-21）：侧分带 I，ID 设施对 TSS、TP、COD、NH_3-N 等去除效果明显，径流污染负荷削减率分别可达：64%～89%、56%～74%，49%～64%和 70%～88%。

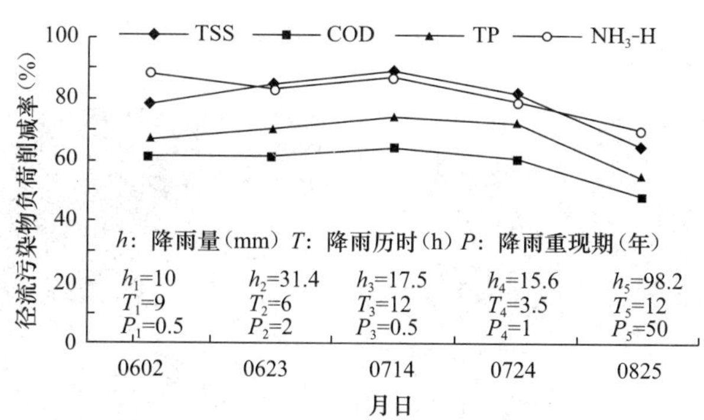

图 4-21 侧分带 LID 设施场降雨径流污染物削减情况

4.3 公园与绿地海绵城市建设例析

4.3.1 青岛市浮山生态公园

1. 城市概况

青岛地处山东半岛东南部沿海，胶东半岛东部，濒临黄海，隔海与朝鲜半岛相望。青岛是全国首批沿海开放城市、中国海滨城市、国家历史文化名城、全国文明城市、国家卫生城市、国家园林城市、国家森林城市，也是中国最具幸福感城市。

青岛地处北温带季风区域，属温带季风气候。市区由于海洋环境的直接调节，受来自洋面上的东南季风及海流、水团的影响，故又具有显著的海洋性气候特点。空气湿润，雨量充沛，温度适中，四季分明。青岛年平均降雨量为 662.1mm，春、夏、秋、冬四季雨量分别占全年降雨量的 17%、57%、21%、5%。年降雨量最多为 1272.7mm（1911 年），最少仅 308.2mm（1981 年），降雨的年变率为 62%。

2. 项目概况

青岛浮山生态公园（崂山区）立足“生态、休闲、健身、便民”的规划定位，浮山是青岛中心城区内面积最大的山林绿地。浮山生态公园将打造一座“山海城”融为一体的高端生态公园，给市民提供家门口休闲、健身的好去处。全力打造城市中地标性生态公园，争创“海绵城市”岛城示范样板。

3. 主要技术措施

（1）生态边沟：用于收集雨水，涵养水源。

如图 4-22 所示，生态边沟位于山地慢跑道一侧，在雨水自然重力溢流的基础上增加雨水虹吸效应，最大程度导流雨水。在满足暴雨行洪的前提下，最大限度地使降水下渗，回补地下水，最大限度的涵养山体地下水源。

（2）雨水花园：用于生态净化，涵养水源。

如图 4-23 所示，雨水花园位于山地低洼地处，主要功能用于汇集周边绿地径流雨水。雨水花园底层铺设碎石及黏土层，面层散铺种植土，并种植半湿生植物。通过低洼地势汇集周边径流雨水，形成雨季池塘景观，旱季湿地景观。在保证雨水下渗的前提下，通过汇集雨水改善局部小气候、小环境从而带动山体公园整体生态系统建立。

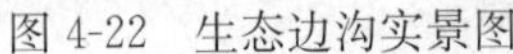

图 4-22 生态边沟实景图

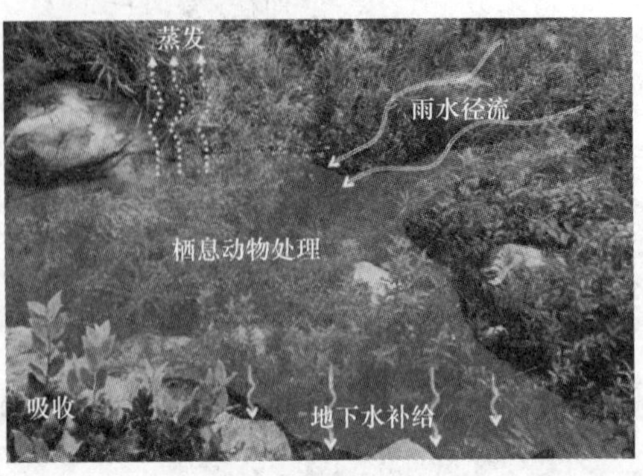

图 4-23 雨水花园实景图

(3) 植草沟：用于雨水收集，净化过滤。

如图 4-24 所示，植草沟位于道路绿化带、坡地边缘或山地绿地中。主要功能用于汇集道路和绿地自身径流雨水及瞬时暴雨截留功能。植草沟具有滞留、净化、蓄存和下渗作用，起到缓减雨涝、涵养地下水源、改善生态环境的功能。造价低、景观效果好、生态效益高。

(4) 拦水坝、溢流堰：用于滞留雨水，美化环境。

如图 4-25 所示，拦水坝、溢流堰位于山地主汇水廊道下游。主要功能用于汇集径流雨水及缓冲山体瞬间暴雨，滞留山洪携带泥沙净化水体。种植半湿生植物，雨量大时可形成叠溪小瀑效果，雨量小时可形成池塘水景效果，旱季形成湿地景观，将山体大流域雨水尽可能长时间滞留，保证雨水下渗回补，同时净化水体缓冲流速，减少山体水土流失。

图 4-24 植草沟实景图

图 4-25 拦水坝实景图

(5) 旱溪水道：用于雨水净化，雨洪调节。

如图 4-26 所示，旱溪水道分布于公园的山体之上，用于收集、输送和排放径流雨水。旱溪水道配合生态堰，达到泄洪及雨水净化的效果。两侧配置植物、配合周边的垒石水岸打造天然原石景观溪床，打造在旱季有景观，雨季有功能的生态水道。

（6）湖泊：用于蓄积雨水，涵养水源。

如图 4-27 所示，湖泊选址位于浮山与城市交界处，利用山体原有采石坑，收集山体径流雨水用于浮山日常山体养护用水及消防用水，同时利用湖泊周边湿地种植湿生、半湿生植物，形成水体型生境。

图 4-26　旱溪水道实景图

图 4-27　湖泊实景图

（7）透水铺砖：用于增加渗透，减少地表径流。

如图 4-28 所示，透水铺砖的铺装方式，主要使用原生透水做法。在满足铺装透水下渗的前提下，铺装中混播草种，使广场铺装更具生态效应，与山体环境融为一体。

图 4-28　生态透水铺砖

4.3.2　南宁市石门森林公园

1. 城市概况

南宁是广西壮族自治区省会，也是“联合国人居奖”获得城市、“全国文明城市”三连冠城市、国家生态园林城市。得天独厚的自然条件，使得南宁满城皆绿，四季常青，有“绿城”的美誉。南宁位于广西的西南部，处于中国华南、西南和东南亚经济圈的结合部，是连接东南沿海与西南内陆的重要枢纽。

南宁市地处低纬度，北回归线横贯辖区北部，属南亚热带季风气候区域。太阳终年辐射强，气温高，降水丰富，降雨天数多，属我国东南部多雨湿润地区之一。年平均降雨量为 1298mm，季节分配不均匀，4 月至 9 月的降雨量高达 1032mm，占全年降雨量的 79.5%。其中，6 月是暴雨发生最多的月份，7 月则是大暴雨出现最多的月份。暴雨发生在北部多于南部，东部多于西部，局部暴雨和局部大暴雨的分布呈外围多中间少。

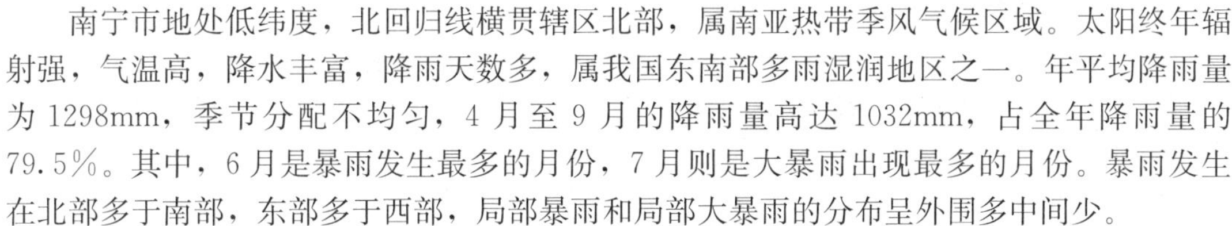

南宁市的土壤类型有赤红壤、水稻土、菜园土、冲积土、紫色土、石灰土、沼泽土 7 个土类，18 个亚类，63 个土属，126 个土种。其中赤红壤占 55.9%，是南宁地带性的代表土类。总体上来说，南宁市土壤渗透性较差。

2. 项目概况

石门森林公园林木茂密，环境幽静，森林覆盖率高达 82.7%，具备良好的海绵城市建设基底条件。通过科学组织雨水产汇流过程，综合利用“渗、滞、蓄、净、用、排”等措施，充分发挥绿地、道路、水体等空间对雨水的吸纳、渗蓄和缓释作用，有效控制径流污染，削减峰值径流量，改善公园内水环境质量。同时，通过吸纳和净化周围客水，进一步提升石门森林公园作为城市核心区海绵体的功能，有助于南宁推进海绵城市建设。

3. 问题分析

园区明湖年久失修，坝体渗漏严重，湖底淤积深度厚，湖体蓄水量降低。目前大部分区域水深 3～4m，最深处约 6m，1997 年建湖以来没有进行过清淤工作。近年来，明湖出现大面积漏水现象，因漏水位置无法查明，水位一直没有能恢复到建成初期的水平线。

近年来明湖水体水质有所下降。目前园区道路和市民活动场地等大部分为硬化地面。同时，由于地形陡峭，部分道路坡度较大，暴雨时，雨水径流污染容易对湖体造成冲击。路面的初期雨水径流直接通过汇集到雨水口后排湖，缺少径流污染控制措施。

园内存在三处内涝点。北门入口处由于地势位于地点，缺少排水出路，暴雨时经常造成内涝现象；公园东南小广场前道路标高较低，且没有出口，造成积水；游乐园场地硬化程度高，地势平坦，排水出路不畅，降雨时，容易产生内涝。

石门森林公园改造前的实景图见图 4-29。

图 4-29 园内改造前实景图

4. 主要技术措施

(1) 雨水花园（渗、滞、净）：将原状东南区老旧泉眼、南门区谷地改造为雨水花园，并预留管道接入外来客水。在雨水花园中，通过三层渗透塘的水生植物净化，雨水、客水得到滞留缓排和净化。

(2) 旱溪（渗、滞）：在原有樱花秀坪新建旱溪，不仅有下渗、滞留雨水的作用，还可传输两个雨水花园净化后的出水，以及暴雨时雨水花园的溢流出水。

(3) 雨水湿地（滞、净）：将废旧泳池改造为雨水湿地，雨水经旱溪输送至雨水湿地，湿地通过跌水、植物塘、梯级湿地，形成分级雨水湿地净化系统。

(4) 植草沟（滞、净）：沿主园路设置，收集路面汇水，雨水经滞留、净化后，排入明湖。

(5) 透水沥青（渗、净）：将原状混凝土路面改造为透水沥青，雨水可通过青路面可下渗，达到下渗、净化的目的。

（6）植草格停车位（渗、净）：将原状混凝土停车位改造为植草格停车位，雨水可通过青路面可下渗，达到下渗、净化的目的。

（7）生物滞留设施（滞、净）：将原状停车场绿化带改造为生物滞留设施，雨水通过路面、停车位进入滞留设施进行滞留、净化，多余的雨水则通过穿孔管排至市政管网。

5. 改造成效

（1）雨水花园（渗、滞、净）

东南雨水花园由原来一个老旧泉眼改造而成，总面积为 1776m^2，用于处理石门森林公园围墙外的四个生活小区和一个公共建筑的雨水客水以及明湖北侧的雨水。东南雨水花园改造前后的效果对比见图 4-30。

（a）

（b）

图 4-30 东南雨水花园改造前后对比图

（a）东南雨水花园改造前；（b）东南雨水花园改造后

南门雨水花园由南门区谷地改造而成，总面积为 1964m^2，用于滞留、缓排和净化雨水及汇入的客水。南门雨水花园改造前后的效果对比见图 4-31。

（a）

（b）

图 4-31 南门雨水花园改造前后对比图

（a）南门雨水花园改造前；（b）南门雨水花园改造后

（2）旱溪（渗、滞）

主要功能为传输两个雨水花园的净化出水和暴雨期间的溢流出水。旱溪的路径根据微地形适当弯曲，以降低流速。旱溪效果图见图 4-32。

(a)

(b)

图 4-32　改造绿地

(a) 改造前的绿地；(b)；改造后的旱溪

(3) 雨水湿地（渗、净）

通过叠瀑跌水、植物塘、梯级湿地，形成梯级雨水湿地净化系统，为多种生物的繁衍创造了良好的生态环境，并提高了雨水的净化能力。废弃泳池改造成为雨水湿地后的效果对比见图 4-33。

(a)

(b)

图 4-33　改造废弃泳池

(a) 改造前的废弃泳池；(b) 改造后的雨水湿地

(4) 生物滞留设施（滞、净）

将停车场绿化带改造为生物滞留设施，可滞留、净化公园入口道路和停车场地面形成径流而进入绿地的雨水。生物滞留设施结构图如图 4-34 所示。

(5) 透水铺装（渗、净）

对入园道路和入口广场原有的水泥路面改造为有效孔隙率不小于 10%的红色透水沥青铺装，与周围景色相得益彰；对于停车位采用有效孔隙率不小于 8%的透水砖铺装。公园广场入口透水铺装改造前后效果对比见图 4-35。

图 4-34　生物滞留设施

(a)　(b)

图 4-35　透水铺装改造

(a) 公园入口广场改造前的水泥地面；(b) 公园入口广场改造后的红色透水沥青

4.4　城市广场海绵城市建设例析

北京市奥林匹克公园：

1. 城市概况

水资源短缺是北京市基本的市情、水情，人均水资源量不足 300m^3，地下水位逐年降低，节约用水是首都经济发展永恒的主题。多年来，北京市委、市政府一直高度重视节水工作。通过实行严格的水资源管理制度，全市年均节水 1 亿 m^3 以上，实现了工业用新水零增长、农业用新水负增长、生活用水控制增长、生态环境用水适度增长，为建设国际一流和谐宜居之都提供了坚实的水资源保障。北京年平均降雨量为 595mm，处于半湿润区，降雨集中在雨季，易出现短时强降雨，城区低洼处易出现内涝、西部山区易出现洪水。

2016 年，北京市被确定为全国第二批海绵城市建设试点，结合城市副中心等重点功能区建设，全力推进了海绵城市建设。北京市规划委相关领导表示，将通州区打造成自然积存、自然渗透、自然净化的“海绵城市”，推进综合管廊建设，实现综合管廊覆盖率达80%、主干路全部敷设市政综合管廊，建设自然积存、自然渗透、自然净化的海绵城市，充分发挥城市绿地、水系、透水地面等对雨水吸纳、蓄渗和缓释作用，有效缓解城市内涝，削减城市径流及污染负荷，节约水资源，保护和改善城市生态环境。

2. 项目概况

北京奥林匹克公园平面图如图 4-36 所示。中心区是 2008 年北京奥运会的核心区域，南临北四环路，北临科荟路，西临景观路，东临湖边东路，占地面积 84.7ha。周边是奥运会的主要场馆，总面积 1150ha；北部是森林公园，面积 680ha。中心区面积 330ha，矗立着“鸟巢”、“水立方”。

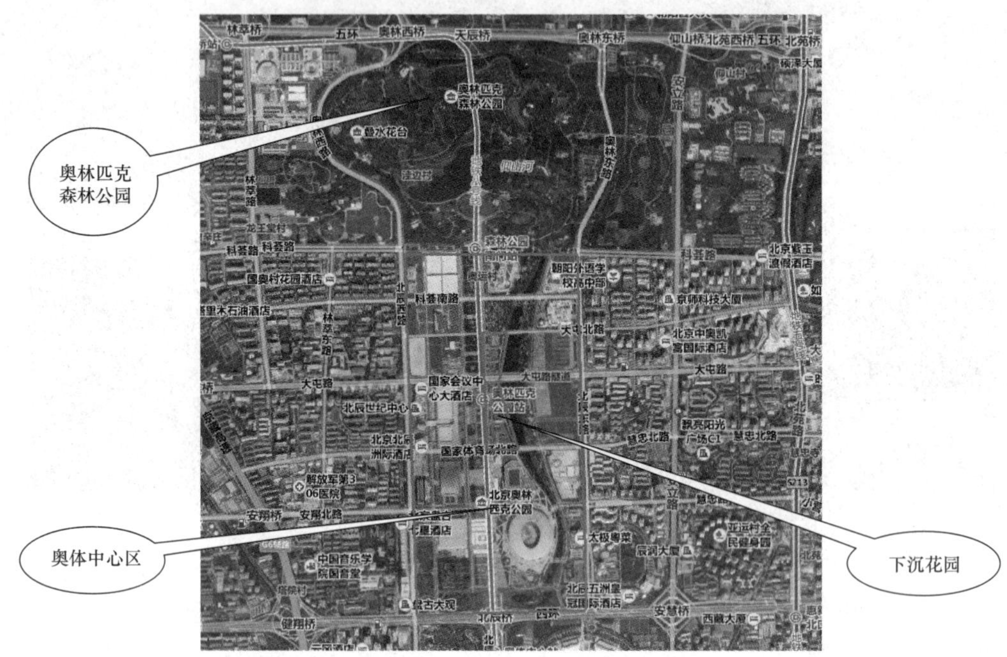

图 4-36 北京奥林匹克公园

在中心区建造了一套全覆盖、规模化、智能化、高标准的雨洪利用示范工程。面积 84.7ha，其中绿化面积 22.64ha，透水铺装面积 17.16ha，非透水铺装面积 19.13ha，水系面积 16.47ha，雨洪集水池 9 个，容积 $7200m^3$，下沉花园蓄洪沟调蓄 $11000m^3$，渗滤、收集管网长 60 多千米，雨水利用新组件研发，共安装 560 套，雨洪利用工程投资 33.76 元/m^3。

3. 主要技术措施

（1）入渗地下（见图 4-37～图 4-39）

（2）收集回用（见图 4-40～图 4-42）

在具有足够承载和防渗能力的屋面，将降落的雨水临时滞留在屋面上，通过限流措施以较小流量排入雨水管道。

初期径流通过流槽流至流量控制井并排入市政管道。降雨后期水位上升后，后期雨水通过侧堰溢流至调蓄池。在调蓄池内经过砂过滤后通过集水管道流至清水池，待降雨结束水位下降后，利用水泵提水回用。

图 4-37 下凹式绿地

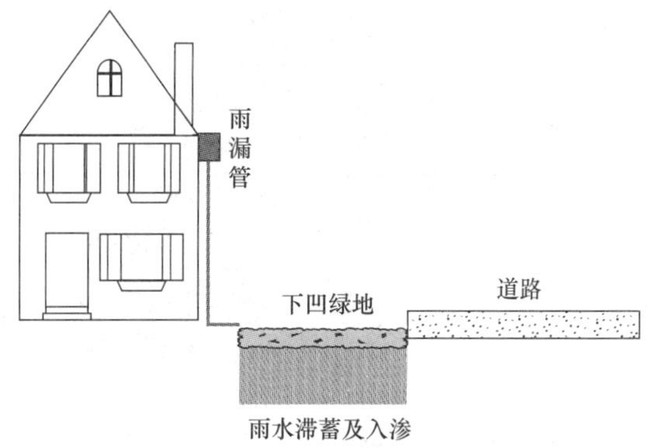

图 4-38 屋顶雨水引入绿地下渗

图 4-39 调蓄式下渗式散水

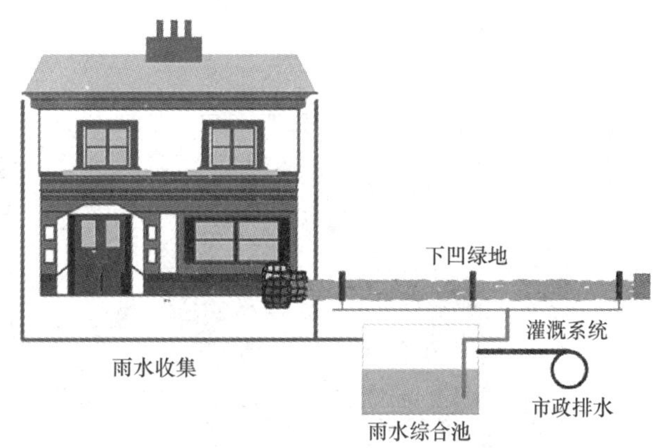

图 4-40 屋顶雨水集中收集回用

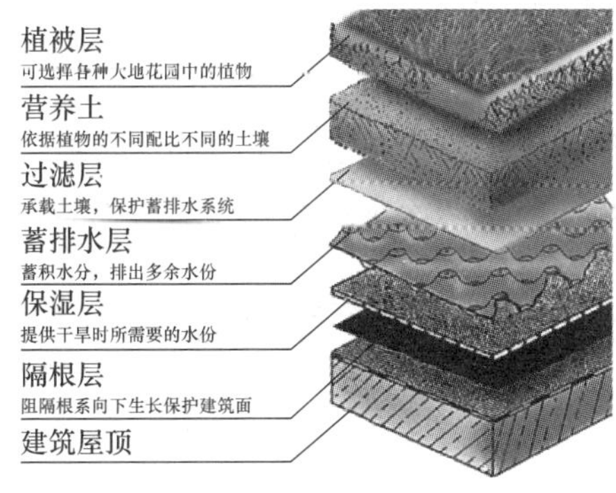

图 4-41 雨养型屋顶绿化

4. 工程实例

遵循海绵城市建设原则，结合当地的实际情况，该项目建设总体思路如下：

（1）以下渗为主，辅助回收利用：充分利用绿地、树阵、透水铺装地面等透水下垫面形式，将雨水自然入渗地下。辅助以收集管道和设施将来不及下渗的雨水回收利用，并减少区域内因开发建设造成的降雨径流系数增大，严格控制外排水量的增加；

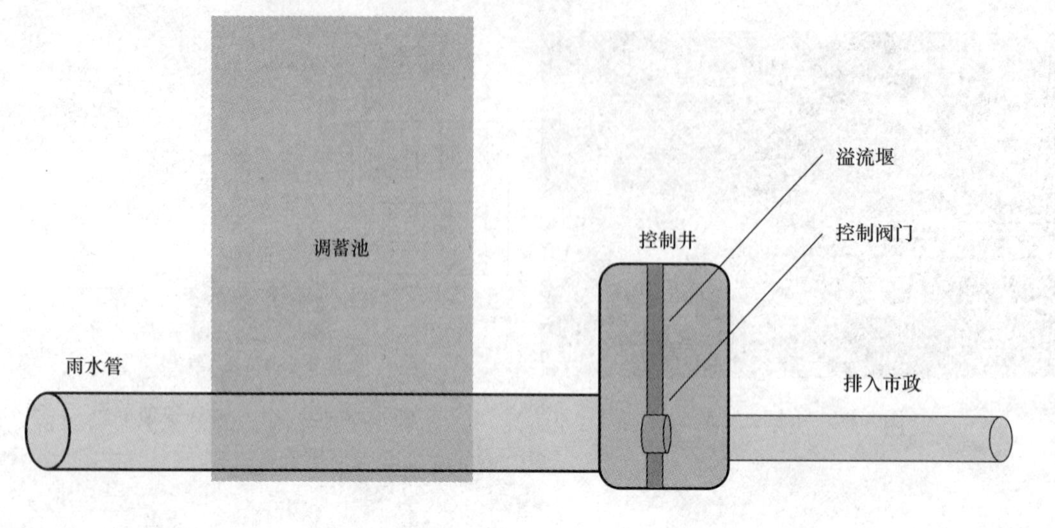

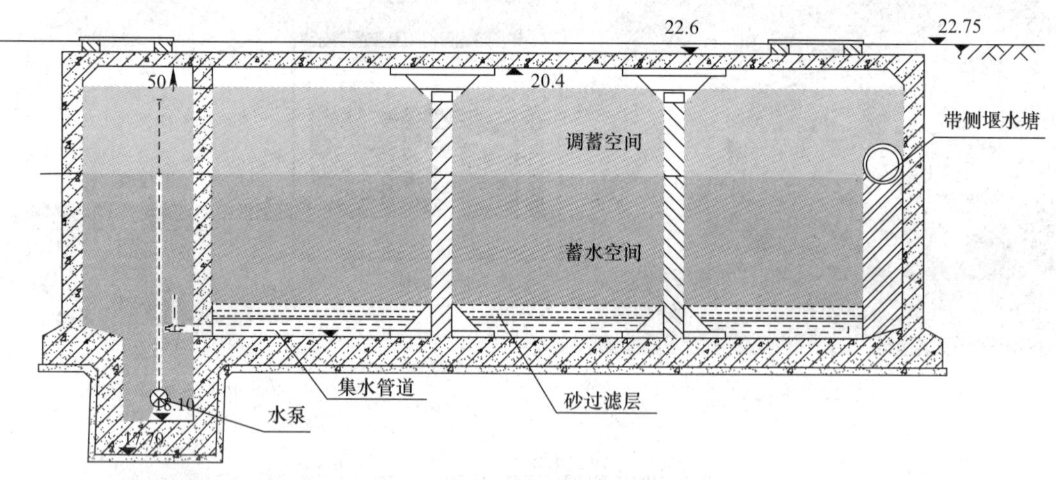

图 4-42　调控排放系统的雨水综合池

（2）先下渗、净化，再收集、回用：有效利用透水面层、垫层、土壤的净化能力，提高入渗雨水的水质，并充分利用树阵、广场、非机动车道的雨水，补充绿地、水系的部分水量消耗；

（3）就近利用，降低成本：标准内雨水通过各区域的雨水收集系统就地回收到蓄水池，净化后就近回用于绿地灌溉，或就近排入水系，降低系统复杂性，减少运行管理难度，合理利用雨水资源[23]。

1）排水沟

排水沟的设置如图 4-43 所示。不透水铺装（石材）的中轴路、庆典广场等重要区域外排雨水设计标准为 10 年一遇，周边线性排水沟的收水标准超过 20 年一遇。由于雨洪利用系统和外排水系统的综合作用，使该区域总的排水能力远大于 10 年一遇。

2）透水铺装

透水铺装的设置如图 4-44～图 4-46 所示。

图 4-43 排水沟实景图

图 4-44 混凝土透水砖地面实景图

图 4-45 风积沙透水砖实景图

图 4-46　露骨料透水混凝土地面

3）树阵雨水自灌系统

考虑到美观问题，每个树池之间采用不透水铺装，其中设有渗滤沟收集雨水。渗滤沟由透水砖和透水垫层铺装而成，其下埋设透水管，将雨水汇集到收集管道后引入蓄水池，用于绿地灌溉。树阵雨水自灌系统结构图及其布局如图 4-47～图 4-48 所示。

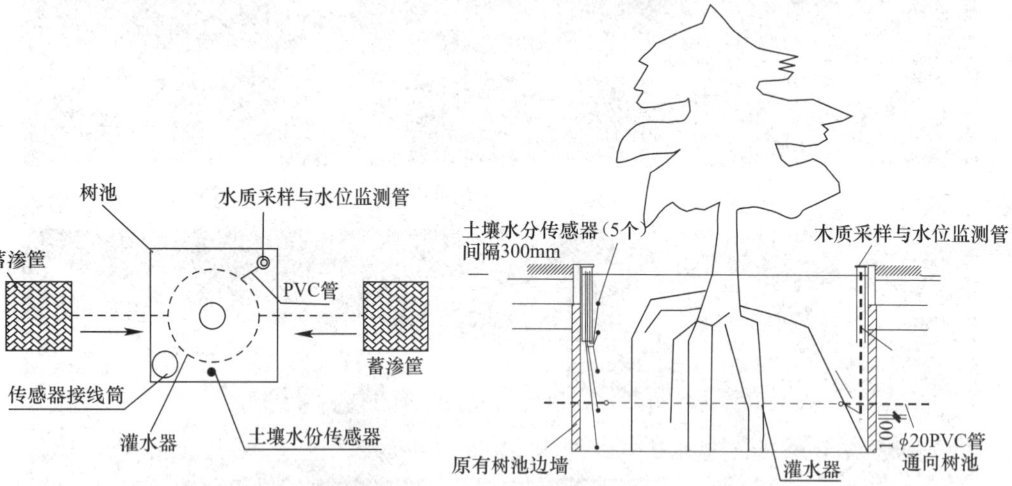

（*a*）

（*b*）

图 4-47　树阵雨水自灌系统

（*a*）平面图；（*b*）剖面图

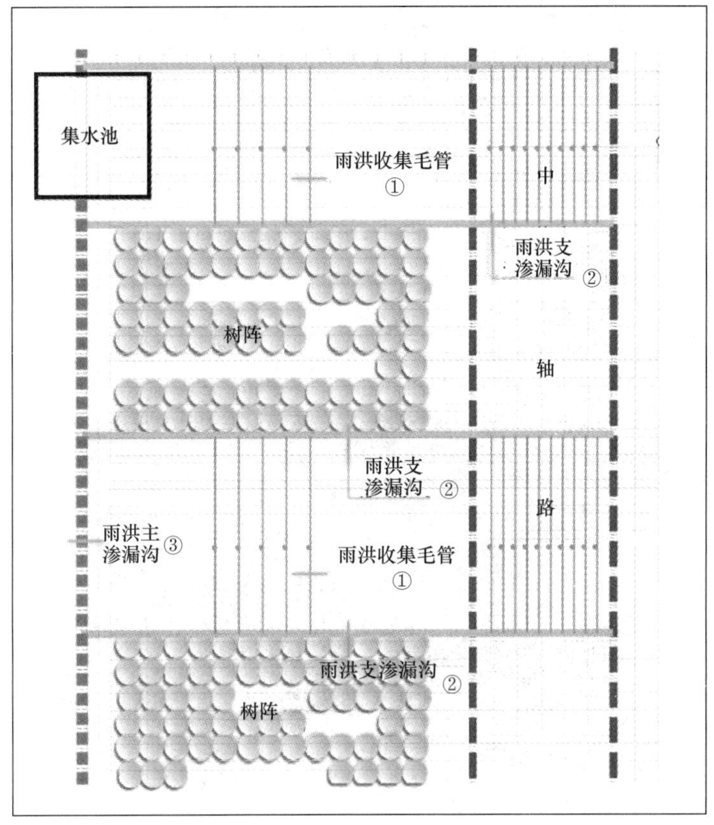

图 4-48 树阵雨水自灌系统布局图

4）下沉花园

在雨洪利用标准内的雨水通过雨水集水沟汇入雨水收集池；超雨洪利用标准的雨水通过排水沟进入蓄洪排水涵；50 年一遇以下的雨水通过泵站提升排至市政管网；当降雨强度超过 50 年一遇标准时，雨水将在蓄洪涵内暂存，暴雨后陆续排放。

下沉花园面积 4ha，有地下蓄水池 10 个，雨洪利用设计标准 5 年一遇 24h 降雨；外排雨水标准 50 年一遇降雨；防洪标准：100 年一遇 24h 降雨不进入室内。

在下沉花园地下土层建设了蓄洪排水综合涵道，如图 4-49 所示。南段蓄洪涵高 2.5m，宽 7m；北段高 3.5m，宽 4m，涵道上部为蓄洪空间，下部为排水渠，蓄洪排水涵道总的容积为 11000m^3。蓄洪涵两侧设雨水集水沟。

5. 建设成效

经降雨试验表明，100 年一遇降雨时预计地面积水深度为 3.1cm。在 20 年一遇暴雨发生后，地面没有出现任何积水的现象。雨后蓄洪涵水深 1.3m，蓄水容量约为 4700 方，水质清澈，就近用于奥运水系补水。

在示范工程控制范围内，67mm 以下日降雨可实现无径流外排，全部滞蓄在区域内；小于 33.55mm 的次降雨量时，蓄水池收不到水。年平均雨洪利用总量 40 万 m^3。收集的雨水主要用于绿化、喷洒道路路面、冲洗广场以及水系补水等。历次暴雨均未见任何积水，雨洪利用率高达 80%。

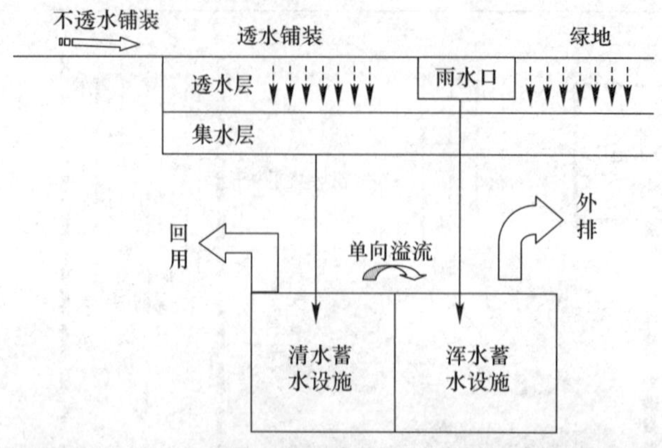

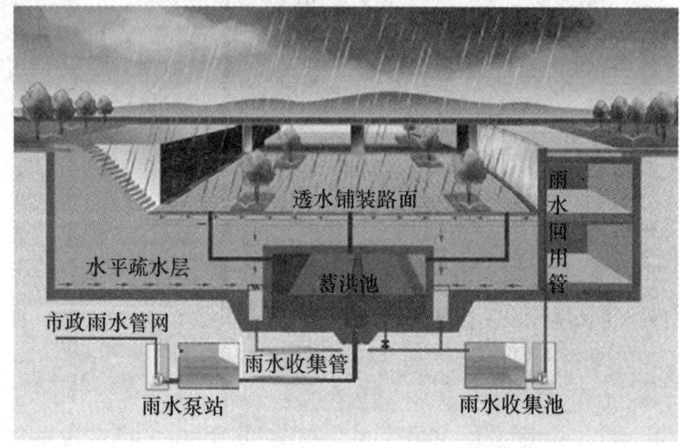

图 4-49　下沉花园雨洪利用工艺流程图

下沉花园建设成效实景图如图 4-50 所示。

图 4-50　下沉花园实景图

中　　篇

黑臭水体治理

5 黑臭水体治理的提出背景及内涵

5.1 黑臭水体治理的提出背景

5.1.1 我国水体水质现状

水是万物之源，是人类生活和生产活动不可缺少的物质，是地球上不可替代的自然资源。作为生态系统的重要组成部分，水体具有水体循环、水土保持、水质涵养、调节温湿度、改善城市气候等多种功能。水体也是承载文明与发展的重要载体。世界上五大文明发源地——古巴比伦、古埃及、古希腊、古印度、古中国都起源大河流域，这些地方自然地理条件都比较优越。尤其是河流提供了肥沃的冲积平原和有利的灌溉条件，极大地促进了农业的发展，从而在此基础上发展了其他科学技术，创造出伟大的古老文明。中华民族热爱江河，不仅用画笔描绘江河，用音乐讴歌江河，还用诗文赞美江河。如今多功能景观水体已成为人们新的精神文化需求，是生态型和谐社会建设的重要组成部分，如图 5-1、图 5-2 所示。

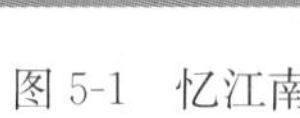

图 5-1 忆江南

图 5-2 长河落日圆

地球上水的总量一定，饮用淡水的总量则更少（如图 5-3 所示）。随着经济的发展和人口的增加，人类对水资源的需求不断增加，再加上存在对水资源的不合理开采和利用，很多国家和地区出现不同程度的水资源短缺现象。水资源短缺分为资源性短缺和水质性短缺。

随着全球工业化和城市化的迅猛发展，水体污染日益严重，污染事件频频发生，城市河流污染问题成为世界普遍问题。在现代生活中，由于工业废水、生活污水等流入江河湖泊，使得水体受到污染。水体污染直接危害人体健康，并对工、农、渔等行业产生危害，对社会生活产生巨大的负面影响。水污染已成为制约和困扰我国可持续发展的一大障碍[24]。治理被污染的水环境和防止水资源进一步被污染，是我国当前迫切需要解决的问题。

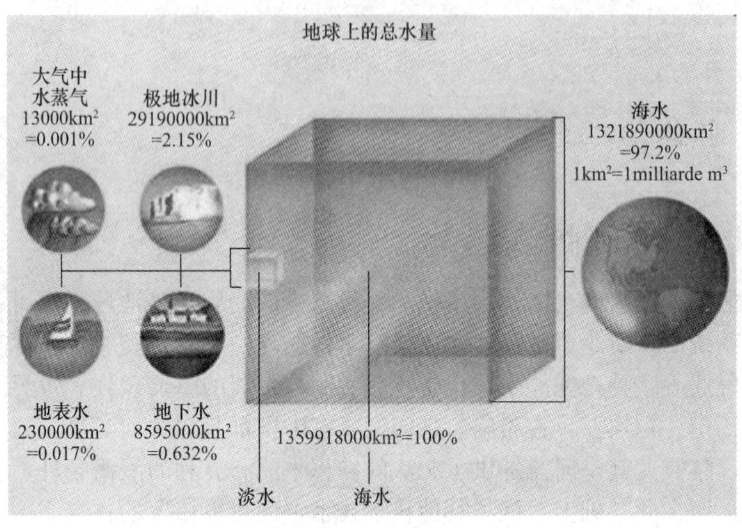

图 5-3　地球总水量

《地表水环境质量标准》GB 3838—2002 将地表水环境质量标准分为五类（见表 5-1），不同功能类别分别执行相应类别的标准值。水域功能类别高的标准值严于水域功能类别低的标准值。同一水域兼有多类使用功能的，执行最高功能类别对应的标准值。

水域功能和标准分类　　**表 5-1**

分类	按功能划分	是否能饮用
Ⅰ类	源头水、国家自然保护区	水质良好，地下水只需消毒处理，地表水经简易净化处理（如过滤）、消毒后即可供生活饮用
Ⅱ类	集中式生活饮用水地表水源地一级保护区、珍稀水生生物栖息地、鱼虾类产卵场、仔稚幼鱼的索饵场等	水质受轻度污染，经常规净化处理（如絮凝、沉淀、过滤、消毒等）后，可供生活饮用
Ⅲ类	集中式生活饮用水地表水源地二级保护区、鱼虾类越冬场、洄游通道、水产养殖区等渔业水域及游泳区	经过处理后也能供生活饮用
Ⅳ类	一般工业用水区及人体非直接接触的娱乐用水区	水质恶劣，不能作为饮用水源
Ⅴ类	农业用水区及一般景观要求水域	
劣Ⅴ类	除调节局部气候外几乎无使用功能	

“十三五”期间，我国的地表水环境监测网进一步完善，覆盖全国主要河流干流及重要的一级、二级支流，兼顾重点区域的三级和四级支流，重点湖泊、水库等。共设置国控断面（点位）2767 个（河流断面 2424 个、湖库点位 343 个），其中评价、考核、排名断面（点位）共 1940 个（简称国考断面），入海控制断面共 195 个（其中有 85 个断面同时进行

评价、考核与排名），趋势科研断面共 717 个。

2016 年《中国环境状况公报》显示，长江和珠江流域水质良好；黄河、松花江、淮河和辽河流域为轻度污染；海河流域为重度污染；浙闽片河流、西北诸河和西南诸河水质为优。112 个重要湖泊（水库）的水质状况见图 5-4。全国地表水 1940 个评价、考核、排名断面的水质状况见图 5-5。以地下水含水系统为单元，潜水为主的浅层地下水和承压水为主的中层地下水为对象的 6124 个监测点的地下水水质评价结果见图 5-6。338 个地级及以上城市 897 个在用集中式生活饮用水水源监测断面（点位）中，有 811 个全年均达标（见图 5-7）。从图 5-8 可看出不同流域河流的污染程度不一，其中以海河流域的污染程度为最严重。从图 5-9 可看出，三个湖泊的污染状况不容乐观，需加以重视。

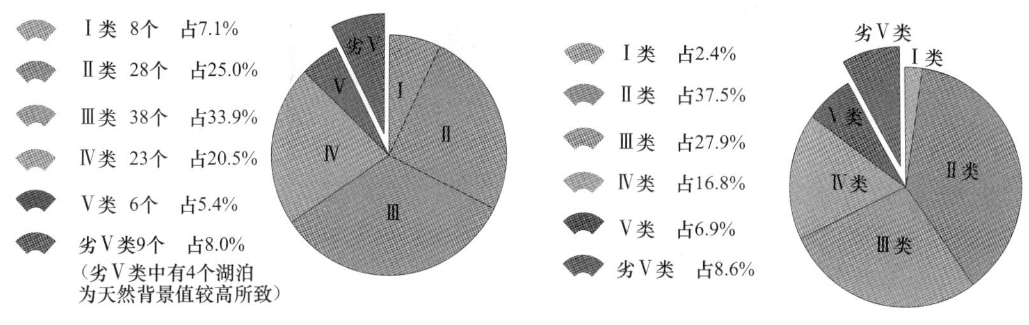

图 5-4 112 个重要湖泊（水库）的水质状况

图 5-5 1940 个地表水监控断面水质状况

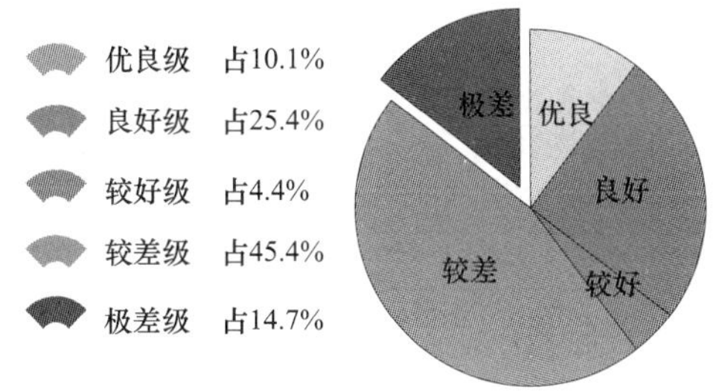

图 5-6 地下水水质状况

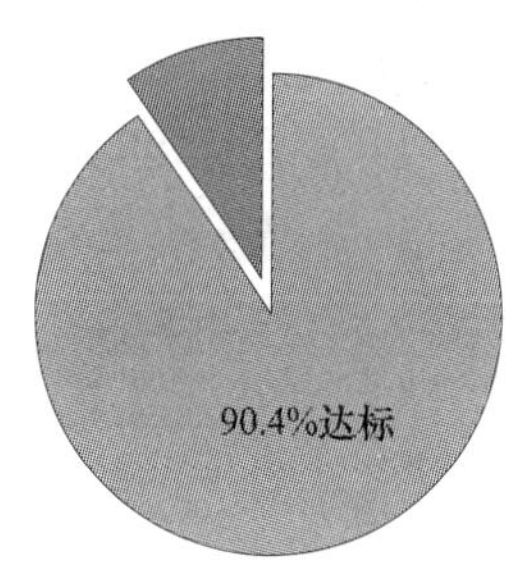

图 5-7 集中式生活饮用水水源水质状况

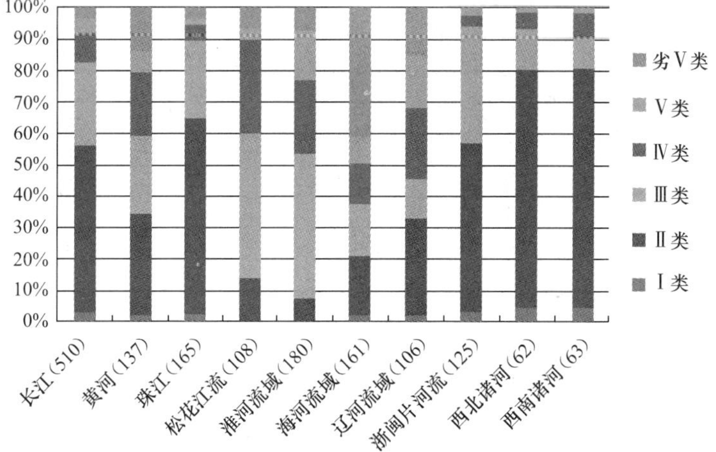

图 5-8 各流域水质状况

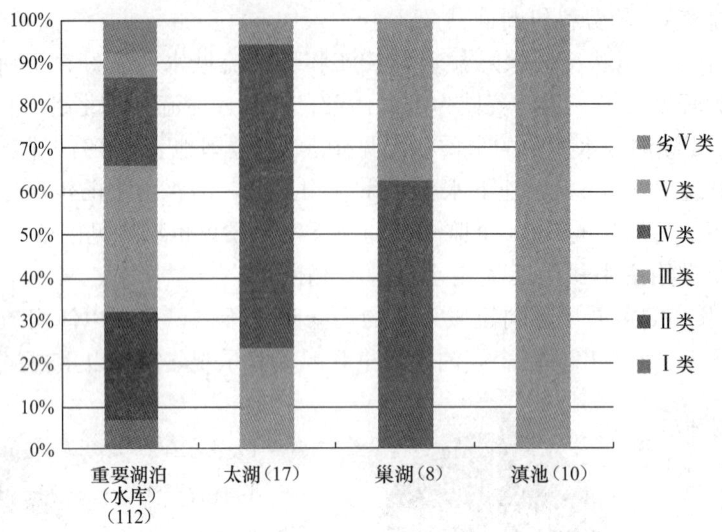

图 5-9　各湖泊水质状况

全国水环境的形势非常严峻，体现在三个方面：第一，就整个地表水而言，受到严重污染的劣Ⅴ类水体所占比例较高，全国约 8.6%，有些流域甚至大大超过这个数，全国主要江河水系污染指标为化学需氧量、总磷、五日生化需氧量、氨氮、高锰酸盐指数、溶解氧、石油类、氟化物、挥发酚和阴离子表面活性剂（见图 5-10）。数据表明海河流域化学需氧量、五日生化需氧量、总磷、氨氮和高锰酸盐指数超标明显（见图 5-11）。第二，涉及饮水安全的水环境突发事件的数量依然不少。第三，流经城镇的一些河段，城乡接合部的一些沟渠塘坝污染普遍比较重，并且由于受到有机物污染，黑臭水体较多，受影响群众多，公众关注度高，不满意度高。

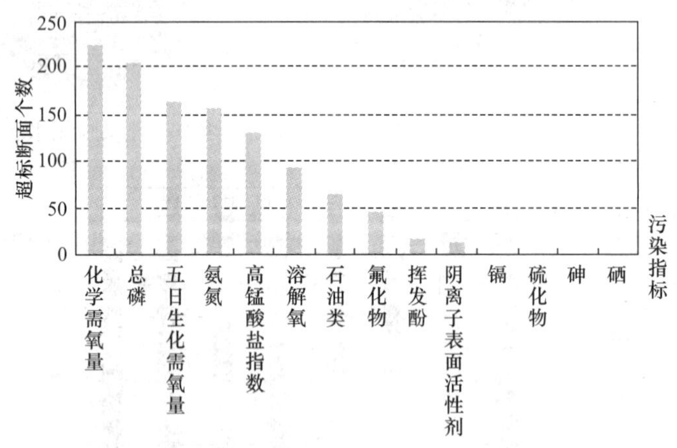

图 5-10　全国主要江河水系污染指标统计（2006 年 11 月统计数据）

5.1.2　黑臭水体概念

我国河流黑臭现象最早出现在上海苏州河，随后南京的秦淮河、苏州的外城河、武汉的黄孝河和宁波的内河等均出现不同程度的黑臭现象。近几十年来，黑臭水体的范围和程度不断加剧。在全国大部分城市河段中，流经繁华区域的水体绝大部分受到不同程度的污染，尤其是各大流域的二级与三级支流的黑臭问题更加突出，且劣化程度逐年提高[25]。

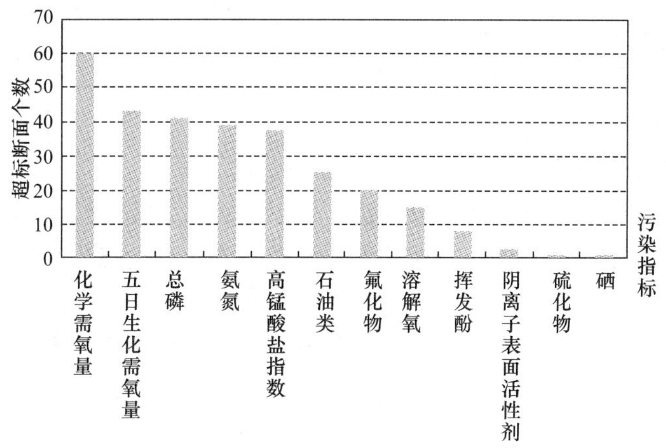

图 5-11　海河流域水体污染指标统计（2006 年 11 月统计数据）

日益严重的水体污染问题引起了人们对黑臭水体问题的不断关注，同时促进了科学界对黑臭水体进行更深入的研究。其发展过程大体可分为起始阶段与发展阶段。起始阶段主要指出了黑臭水体的存在，提出了黑臭水体的内涵，初步分析了黑臭水体形成机理及原因；发展阶段主要针对河流、湖泊、水库等不同类型水体的黑臭产生原因及机理展开深入研究，同时丰富了黑臭水体治理技术、修复方法等技术研究；近年相关研究人员关注的重点则是黑臭水体评价方法与指标体系等[26]。

黑臭水体是水体污染的一种极端现象，是对水体极端污染状态的一种描述。所谓“黑臭”，可以从外在视觉感官和内在形成机理两个方面解释。在视觉感官上，水体呈黑色或泛黑色，在嗅觉上会有刺激性气味，引起人们不愉快、恶心或厌恶。从形成机理上，水体发黑发臭主要是在缺氧或厌氧状况下，水体内有机污染物发生一系列物理、化学、生物作用的结果[26]。

住房和城乡建设部发布的《城市黑臭水体整治工作指南》中给出了城市黑臭水体概念：城市范围内、呈现令人不悦的颜色和（或）散发令人不适气味的水体的统称。环境保护部发布的《黑臭水体治理技术政策》（征求意见稿）提出，黑臭水体是指因过量纳污、超出其水环境容量而导致变黑、发臭，通常低于地表水环境质量标准Ⅴ类水质标准，溶解氧小于 2.0mg/L。多位于人口密集、污染负荷强度大、基础设施不完善的区域，主要包括城市建成区、城乡结合部、县城及中心镇等区域内水体。

根据《城市黑臭水体整治工作指南》，按照黑臭程度的不同，可将黑臭水体细分为“轻度黑臭”和“重度黑臭”两级。城市黑臭水体污染程度分级标准见表 5-2。

城市黑臭水体污染程度分级标准　　表 5-2

特征指标（单位）	轻度黑臭	重度黑臭
透明度（cm）	25～10 *	<10 *
溶解氧（mg/L）	0.2～2.0	<0.2

续表

特征指标（单位）	轻度黑臭	重度黑臭
氧化还原电位（mV）	−200～50	<−200
氨氮（mg/L）	8.0～15	>15

注：* 水深不足 25cm 时，该指标按水深的 40%取值。

5.1.3 国家出台相关文件

水环境保护关系到人民群众的切身利益，全面建成小康社会的目标，以及实现中华民族伟大复兴中国梦。当前，我国一些地区水环境质量差、水生态受损重、环境隐患多等问题十分突出，影响和损害群众健康，不利于经济社会持续发展。在这样的背景下，国家相关部门出台一系列强有力的文件（表 5-3），切实加大水污染防治力度，保障国家水安全。

我国当前有关黑臭水体的文件汇总　　表 5-3

发文日期	文件名称
2015 年 4 月 02 日	《水污染防止行动计划》（水十条）
2015 年 7 月 03 日	《加快推进江河治理工程建设实施细则》
2015 年 7 月 09 日	《水污染防止专项资金管理办法》
2015 年 8 月 28 日	《城市黑臭水体整治工作指南》
2015 年 9 月 01 日	《黑臭水体治理技术政策》（征求意见稿）
2015 年 9 月 18 日	《关于推进水污染领域政府和社会资本合作的实施意见》
2016 年 8 月	《“十三五”重点流域水环境综合治理建设规划》
2016 年 9 月 05 日	《城市黑臭水体整治——排水口、管道及检查井治理技术指南》
2016 年 12 月 11 日	《关于全面推行河长制的意见》
2017 年 6 月 27 日	新《水污染防治法》

由环保部所属环境保护部环境规划院（中国环境规划院，CAEP）牵头编制、国务院颁布实施的《水污染防治行动计划》（以下称“水十条”）明确指出，城市人民政府是整治城市黑臭水体的责任主体，由住房城乡建设部牵头，会同环境保护部、水利部、农业部等部委指导地方落实并提出目标：2017 年年底前，地级及以上城市实现河面无大面积漂浮物，河岸无垃圾，无违法排污口，直辖市、省会城市、计划单列市建成区基本消除黑臭水体；2020 年年底前，地级以上城市建成区黑臭水体均控制在 10%以内；到 2030 年，全国城市建成区黑臭水体总体得到消除。经过多轮修改的“水十条”将在污水处理、工业废水、全面控制污染物排放等多方面进行强力监管并启动严格问责制，铁腕治污将进入“新常态”。

城市水体黑臭成因复杂、影响因素多、整治工作时间紧、任务重，为确保各地如期完成国务院确定的城市黑臭水体整治目标。为进一步指导各地科学实施黑臭水体整治工作，抓住核心和关键问题，明确近期工作重点，住房城乡建设部组织编制了《城市黑臭水体整治——排水口、管道及检查井治理技术指南（试行）》，将“控源截污”作为城市黑臭水体整治工作的根本措施。

“十三五”时期地表水质量的指标是在 2015 年实现达到或优于Ⅲ类水体的比例为 66%，劣Ⅴ类水体比例为 9.7%；到 2020 年实现达到或优于Ⅲ类水体的比例大于 70%，劣Ⅴ类水体比例小于5%。“十三五”规划针对水环境治理，提出了以下要求：对江河源头及378个水质达到或优于Ⅲ类的江河湖库实施严格保护；实施重要江河湖库入和排污口整治工程，完成重要饮用水水源地达标建设；实施太湖、洞庭湖、滇池、巢湖、鄱阳湖、白洋淀、乌海素海、呼伦湖、艾比湖等重点湖泊水污染综合治理和长江中下游、珠三角等河湖内源治理；推进长江、黄河、珠江、松花江、淮河、海河、辽河等七大重点流域综合治理；基本消除劣Ⅴ类水体，加大黑臭水体整治力度，地级及以上城市建成区黑臭水体控制在10%以内；开展京津冀晋等地区地下水修复试点；整治主要河口河湾污染。

2017政府工作报告中提出，强化水、土壤污染防治。今年化学需氧量、氨氮排放量要分别下降2%。抓好重点流域、区域、海域水污染和农业面源污染防治。开展土壤污染详查，分类制定实施治理措施。加强城乡环境综合整治，倡导绿色生活方式，普遍推行垃圾分类制度。培育壮大节能环保产业，发展绿色再制造和资源循环利用产业，使环境改善与经济发展实现双赢。

由国家今年出台的一系列文件，可看出国家对黑臭水体治理的重视程度及决心，治理黑臭水体、恢复水生态迫在眉睫。

5.2 黑臭水体治理的内涵

5.2.1 黑臭水体治理的本质-人水和谐

经历了三十多年快速城镇化，我国已经正式进入了前所未有的“城市时代”。不仅80%以上的国民收入、财政税收、就业岗位和科技创新成果产生于城市，而且空气和水体污染、交通拥堵、贫富分化、地震飓风灾害等也发端于城市。资源是人类赖以生存和发展的基础，生态环境是维系城市可持续发展的重要条件。城镇化进程加快给资源和生态环境带来显著的压力。过去三十多年的城镇化进展中，由于没有注意人与水的和谐，造成了水体的黑臭问题。因此，黑臭水体治理的本质就是恢复人与水的平衡。

对于大城市来说，由于历史的原因，工业企业布局和结构不尽合理；对十小城镇，不规范的乡镇企业的发展，虽然吸纳了一定的富余劳动力促进了城镇化发展，但这些工业企业结构偏重，技术含量低，高能耗，高排放问题突出，形成了经济发展与环境保护的矛盾。这些结构性和布局性污染导致了一些城市环境质量日益恶化，同时城市环保基础设施建设没有跟上城镇化的步伐，导致了人与自然和谐相处的生态功能的削弱。另一方面，受到全球化的影响，出现了发达国家污染企业转移现象，我国污染进一步加重。

城市的发展会带来人口的增加，由此带来日益增长的用水需求量，同时水污染的威胁不断加剧，导致水资源的缺乏进一步加剧。由于高强度的人类活动和不合理的资源开发，不仅耕地减少，同时湿地萎缩，水土流失严重，生物多样性锐减。除大江大河以外，多数直流污染物排放已超过环境容量，水质型缺水现象突出。黑臭水体的出现是过去几十年水污染问题不断恶化，积重难返的表现。

鉴于我国人口多，而人均资源不多，生态环境的先天脆弱性，未来城镇化的发展必须用最少的资源和环境代价，创造最大的经济和社会效益，这是今后发展最为迫切的要求。

党的十八届五中全会提出"创新、协调、绿色、开放、共享"的发展理念。低效利用要素的城镇化转向高效率和高质量的城镇化。转变经济发展方式和提升城市管理水平，实现从“高耗能、高排放、高污染”的城镇化转向人口、资源、环境可持续发展的绿色城镇化。

经过多年的发展，我国东部发达地区形成了城市群带，吸纳了大量劳动力和高技术人才，未来的城镇化发展要紧紧依托城市群带进行发展。对城市生态环境治理进行综合整治的同时，加强对资源、环境破坏方面的评价和考核体系，建立预警机制。有规划、有计划地推进现代城市发展模式，积极探索适合我国国情的有特色的城市建设规划。

5.2.2　黑臭水体治理的策略-节水优先，生态建设

十八大提出的“五位一体”总体布局中强调了“节约资源是保护生态环境的根本之策”，“水作为基础性自然资源”直接影响着生态系统的稳定性，是资源节约工作的重点[27]。“水十条”提出“节水优先、空间均衡、系统治理、两手发力”的原则，并且将“着力节约保护水资源”列为其中一条。这充分说明了节约用水的重要性，并且可将之作为黑臭水体治理的新思路。这样，既减少了水资源的需求量，又能减少生活污水的排放量，缓解水资源的压力，减轻对水体的污染，符合我国“低碳发展”的理念。根据“水十条”规定，节约用水可以从控制用水量、提高用水效率以及科学保护水资源等方面展开。

采取有效技术措施并进行综合集成和科学实施，短时间内就能消除黑臭现象。但是，消除黑臭现象的难点在于治理后的水质长效改善和保持，保证黑臭不反弹。目前，许多黑臭水体治理工程，因重治理轻保持、重短期轻长效而导致水体返黑，水质反复恶化。黑臭水体的治理应从长考虑，明确目标、因地制宜、综合施策、规范管理，确保水质改善效果长期稳定[28]。

随着城镇的发展，大多数流经城市的河段被改造为硬质河道，水动力条件差，河道水体流速低缓，甚至形成死水，底泥淤积，同时复氧能力极差。另外，硬化河道破坏了水生态系统的框架，低等的水生动植物失去了生存的环境，食物链被破坏，同时河道也失去了部分生态功能[29]。

北京、上海、广州等经济发达城市在进行城市河道整治的过程中，充分考虑了河道作为城市的灵气所在，进行了精心的规划和设计，形成了水与绿色结合的滨水环境[30,31]。但同时需要我们重点关注的是，河道生态建设后，水质改善、生态绿化等效果没有预期的好；河道自身系统的抗冲击负荷能力弱，效果体现仅能通过换水、曝气、投加微生物制剂等强人工干预上来实现[30,32]。

水体生态建设的目标是恢复水体健康。Simpson 等把水体受扰前的原始状态当作健康状态，认为水体健康是指水体生态系统支撑与维持的主要生态过程，以及具有一定种类组成、多样性和功能组织的生物群落尽可能接近受扰前状态的能力[33]。围绕该目标，可根据污染治理情况，水质现状、经济发展及日益增强的环保需求，可由浅及深分阶段进行生态系列建设：生境（水质、护岸、底质）建设、物种（水生植物、水生动物及陆生生物）建设及群落（建群种、关键种）等结构建设及绿化、景观及生态功能（乡土生物的回归，河流洄游通道联通及生物重要栖息地）等层面建设[34]。

生态建设目前已深入人心，但不能泛化滥用。特别是不能打生态工程旗号，却从事与生态不相干、相关甚少，甚至反生态的工程建设。生态建设不是万能药，只能算是保健

品，仅能促进强化原本衰弱的机体系统[34]。

5.2.3　黑臭水体治理的目标-改善生态环境、促进水生态文明

过去，我们基本上是遵循以物质文明为内容的人类文明发展观。在人与自然关系方面，我们仅仅强调了人对自然改造、控制、征服的一面。在现实生产活动中，把注意力主要集中在生产力的发展、物质文明的进步上，忽视了对生态平衡的维护和对环境资源的科学、合理的利用，结果酿成了日益严重的生态危机，造成了人与自然关系的尖锐对立。相对的，在以生态文明为人类文明发展观的指导下，人在生态系统虽居处主导地位，是改造者，但绝不意味着人可以凌驾于自然之上，不守生态规律而随心所欲地驱使自然、安排自然。

随着实践的发展，我们有理由认为，当代尤其是未来社会的文明模式应至少有三种：物质文明、精神文明和生态文明。对我们来说，在思想上应树立这样一种三位一体的大文明观。现代的工业文明是物质文明发展的最后和最高阶。生态文明则是一种依赖性或依附性的文明形式。人类对生态文明的建设，不可能单独地、专门地进行，只能以物质文明和精神文明为载体和基础，生态文明的成果也主要是在人们建设物质文明和精神文明的过程中加以体现和获得。黑臭水体治理的最终目标，是改善生态环境、促进水生态文明，提供生态的宜居环境（见图 5-12、图 5-13）。

图 5-12　亲水生态环境

图 5-13　亲水生态环境与宜居生态环境

5.2.4　黑臭水体治理的逻辑-多元协同治理

随着环境问题及水资源供需矛盾的日益突出，黑臭水体生态治理引起了经济学、管理学、法学等领域学者的广泛关注。庇古的《福利经济学》是国内外学界公认的关于环境治理问题的早期研究。在该著作中，庇古提出了黑臭水体生态治理的公共物品特征及外部性[35]。

环境污染及生态治理具有公共物品属性。萨缪尔森认为，公共物品的非排他性和非竞争性特征使其难以通过市场机制有效供给。Lloyd 进一步指出，公共物品会引发“公地悲剧”[36]。哈丁对此的解释是，个体理性追寻自身利益最大化将导致资源拥挤或退化的公用地悲剧[37]。环渤海污染加剧是其中一个例子（见图 5-14），渤海作为半封闭内海，自身海洋生态系统脆弱。随着越来越多工业项目落户环渤海地区，近海海域水体污染日趋严重。尤其是陆源污染、渔业透支等导致渤海湾几乎成为“死海”。在实际发展和治理过程中，法律法规“空转”、规划缺乏整体性、地方政府各自为政和治理标准不统一等原因，导致环渤海的污染治了二十年，也持续加重了二十年。

图 5-14　环渤海点源污染

与此同时，生态治理又具有很强的外部性，生态治理的成本承担者和受益者并不匹配。庇古认为，外部性引发社会净边际产品和私人净边际产品相背离，因而根本不能依赖“看不见的手”来作出“良好的整体安排”，而需通过“特别鼓励”或“特别限制”即征税、补贴甚至政府规制来消除这种背离[35]。

以公共物品特征为切入点，则流域生态问题实际上是在缺乏有效组织情况下个体行为与集体目标的背离。由此，流域生态治理的本质也就在于通过合理的组织及其制度安排，实现个体选择与集体行动的一致。或者说，在于把个体单独行动的情形，改变成为利益相关主体合作并协调行动以获得较高收益减少共同损失的情形[38]。

现阶段，我国生态形势日益严峻且生态风险急剧增长，有效的生态治理模式是解决生态环境问题的关键。生态治理涉及相关利益者众多，为此，多元利益主体共同参与治理才能充分反映相关利益主体的利益诉求。这就要求多元治理主体形成良好的协同机制，由此方能保证治理效果[39]。

太湖流域作为我国经济最为发达和人口最为稠密的地区之一，在支撑当地经济社会快速发展的同时，水环境污染日益严重，生态治理亦随之跟进。太湖流域生态治理中多元主体的运行方式充分展现了生态治理主体的互动协作过程和模式（见图 5-15）[39]。政府不是生态治理的唯一主体，企业、社会组织和民众也都应参与其中。不同生态治理主体的权力不同、地位不同、参与方式不同且作用也不同。在该案例中，中央政府是社会公共利益的集中代表，地方政府是生态治理的执行主体，生态治理目标和责任层层分解，上级政府对下级政府进行监督考核管理，下级政府对上级政府负责。地方政府之间在一定程度上存在交流与合作。企业是生态多元合作治理中不可或缺的主体之一，其环境责任也是公众的一种利益诉求。公众是污染的直接受害者，也是生态治理的重要主体，公众拥有利益表达渠道是其参与生态治理的基础[40]。

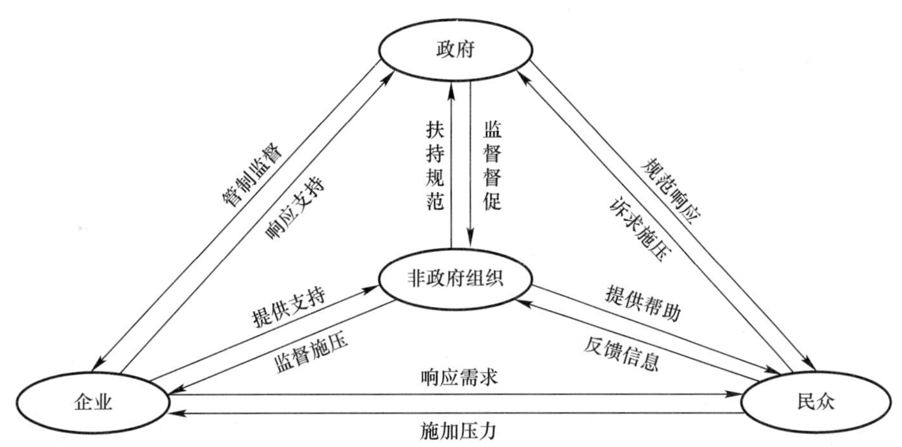

图 5-15　太湖生态治理多元主体的良性互动[39]

太湖流域生态治理主体在协同治理中，暴露了不少运行困局，这值得我们深入思考。目标困局，生态治理多元主体之间存在利益冲突，突出表现为不同层级政府之间以及同级政府之间存在利益冲突[41-43]。结构困局，公众和市场则先天不足。以企业为治理主体的排污产权交易市场并未真正形成，仍高度依赖行政驱动，企业参与积极性不高。公众参与由于缺乏有效的利益表达渠道和参与途径，导致其在太湖流域生态治理中缺乏"话语权"。运行困局，太湖生态治理条块分割严重，分割式的治理模式难以有效解决太湖流域生态危机。

5.3　中国特色黑臭水体治理的必要性

5.3.1　贯彻国家对城市建设发展提出的指导方针，必须开展黑臭水体治理

金山银山就是绿水青山。开展黑臭水体治理是贯彻中央"我们既要绿水青山，也要金山银山。宁要绿水青山，不要金山银山，而且绿水青山就是金山银山"的指导方针。

建设生态文明是关系人民福祉、关乎民族未来的大计，是实现中华民族伟大复兴中国梦的重要内容。2013 年 9 月，习近平总书记在哈萨克斯坦纳扎尔巴耶夫大学发表演讲并回答学生们提出的问题，在谈到环境保护问题时他指出："我们既要绿水青山，也要金山银山。宁要绿水青山，不要金山银山，而且绿水青山就是金山银山。"这生动形象表达了我们党和政府大力推进生态文明建设的鲜明态度和坚定决心。要按照尊重自然、顺应自然、保护自然的理念，贯彻节约资源和保护环境的基本国策，把生态文明建设融入经济建设、政治建设、文化建设、社会建设各方面和全过程，建设美丽中国，努力走向社会主义生态文明新时代。

5.3.2　改善河流水系周边人居环境

良好的城市水环境质量，不仅能提高城市的人居环境，也能更好地展示城市形象，提

升城市的核心竞争力。近几年，由于城市水环境质量日益下降，人民群众对治理存在于生产生活水环境问题的愿望越来越强烈。依据环境保护部最新一期发布的《2017 年 7 月水污染防治工作简报》，截至 2017 年 7 月，全国 224 个地级及以上城市共排查确认黑臭水体 2082 个，其中 34.9%已完成整治，28.4%正在整治，22.8%正在开展项目前期，其他正在研究制定整治方案。黑臭水体污染超标项目有：溶解氧、化学需氧量（COD）、生化需氧量（BOD）、氨氮、硫化物等，严重影响了河流水系周边人居环境，民众反映相当强烈，迫切需要开展综合整治，改善水体水质。通过改善水体水质，恢复河流生态系统的良性循环，以“水绿生态网络”构筑生态城市骨架，营造可持续发展人居环境（见图 5-16），实现国家经济社会和环境的可持续发展。

（*a*）

（*b*）

图 5-16　广州市中心景象

（*a*）赛龙舟；（*b*）小桥流水人家

5.3.3　满足上层规划实施提出的要求

国务院颁布实施的“水十条”总体要求：全面贯彻党的十八大和十八届历次全会精神，大力推进生态文明建设，以改善水环境质量为核心，按照“节水优先、空间均衡、系统治理、两手发力”原则，贯彻“安全、清洁、健康”方针，强化源头控制，水陆统筹、河海兼顾，对江河湖海实施分流域、分区域、分阶段科学治理，系统推进水污染防治、水生态保护和水资源管理。坚持政府市场协同，注重改革创新；坚持全面依法推进，实行最严格环保制度；坚持落实各方责任，严格考核问责；坚持全民参与，推动节水洁水人人有责，形成“政府统领、企业施治、市场驱动、公众参与”的水污染防治新机制，实现环境效益、经济效益与社会效益多赢，为建设“蓝天常在、青山常在、绿水常在”的美丽中国而奋斗。

“水十条”明确城市人民政府是行动计划实施的责任主体，要求于 2015 年底前分别制定并公布水污染防治工作方案，逐年确定分流域、分区域、分行业的重点任务和年度目标。要不断完善政策措施，加大资金投入，统筹城乡水污染治理，强化监管，确保各项任务全面完成。

5.3.4　提高防洪治涝安全性的需要

河道的防洪、排涝建设仍滞后于经济社会发展的需求，导致河涌防洪排涝压力加大，给人命生命财产安全带来隐患（如图 5-17 所示）。为了确保河涌泄洪顺畅，保障人民生命财产安全，开展黑臭水体治理，提高防洪治涝安全性是必要的。

图 5-17　城市洪涝

5.3.5　建设海绵城市、打造生态产业的需要

黑臭水体治理是对恢复水系的调蓄、存储、释放能力，保证市政排水系统与内外水系的连通，雨水排放顺畅的重要保障；并有利于推进丰富滨水景观、促进生态产业的建设（见图 5-18）。为推进国家海绵城市建设，结合海绵城市理念对黑臭水体进行综合治理十分必要。

图 5-18　生态产业

5.3.6　促进经济发展，跳出“中等收入陷阱”

中国经济和能源发展进入新常态，经济新常态就是在经济结构对称态基础上的经济可持续发展，包括经济可持续稳增长。经济新常态是调结构稳增长的经济，而不是总量经济；着眼于经济结构的对称态及在对称态基础上的可持续发展，而不仅仅是 GDP、人均 GDP 增长与经济规模最大化。经济新常态就是用增长促发展，用发展促增长。

世界银行于 2006 年在《东亚经济发展报告》中首度提出“中等收入陷阱”这一名词，并描述性地指出：“使各经济体赖以从低收入经济体成长为中等收入经济体的战略，对于它们向高收入经济体攀升是不能够重复使用的，进一步的经济增长被原有的增长机制锁定，人均国民收入难以突破 10000 美元的上限，一国很容易进入经济增长阶段的停滞徘徊期”。对于“十三五”及中长期发展中艰难转轨、力求在“和平发展”中崛起的中国来说，这是一个关乎现代化“中国梦”命运的核心问题[44]。

资源是发展经济的基础，中国经济现在已经进入了新常态，要跳出国家经济发展的“中等收入陷阱”，必须得打好手上的资源这手牌。中国的水资源不足问题将会成为中国经济持续发展的瓶颈。根据国家发展改革委员会发布的《全国水资源综合规划》等政府报告显示，中国水资源不足问题的解决没有捷径，作为政府只能整体大力推进节约用水和水资源的循环利用。目前，城市降水和家庭污水的循环利用、河川流域的管理责任制度、农业灌溉的改善等节水措施不断推进，部分黑臭水体水质污染得到了缓解，可利用水资源逐步得到改善[45]。

6 黑臭水体治理的技术方法及途径

6.1 产生原因及机理

根据王旭等[3]整理的综述，造成黑臭水体的主要污染源包括有机污染物、底泥再悬浮以及水体热污染，城市水循环条件不足是导致黑臭水体的水动力学因素。从黑臭形成化学机理看，致黑物质主要包括悬浮物、Fe、S元素及其化合物FeS；致臭物质主要包括H_2S、NH_3等小分子气体以及硫醚类（VOSCs）、乔司脒和2-二甲基异莰醇等化合物。

6.2 黑臭水体治理的主要技术方法

6.2.1 技术路线

根据环境保护部2015年9月发布的《黑臭水体治理技术政策》（征求意见稿），黑臭水体治理的技术路线为：开展黑臭水体环境问题诊断，分析黑臭成因，核定污染物负荷，确定控制目标，制定黑臭水体治理实施方案。实施污染源控制及治理、水动力改善及水力调控及生态修复，加强综合管理及工程运行与维护。《城市黑臭水体整治工作指南》指出，城市黑臭水体的整治应按照“控源截污、内源治理；活水循环、清水补给；水质净化、生态修复”的基本技术路线具体实施。

在选择技术的时候，应该遵循“适用性、综合性、经济性、长效性和安全性”等原则。“适用性”是指根据水体黑臭程度、污染原因和整治阶段目标的不同，有针对性地选择适用的技术方法及组合；“综合性”是指系统地考虑不同技术措施的组合，多措并举、多管齐下，实现黑臭水体的整治；“经济性”是指对拟选择的整治方案进行技术经济比选，确保技术的可行性和合理性；“长效性”是指整治方案既要满足近期消除黑臭的目标，也要兼顾远期水质进一步改善和水质稳定达标；“安全性”是指审慎采取投加化学药剂和生物制剂等治理技术，强化技术安全性评估，避免对水环境和水生态造成不利影响和二次污染；采用曝气增氧等措施要防范气溶胶所引发的公众健康风险和噪声扰民等问题。

在遵循“适用性、综合性、经济性、长效性和安全性”等原则的基础上，黑臭水体治理技术线路如图6-1所示。

6.2.2 污染源控制及治理

《城市黑臭水体整治——排水口、管道及检查井治理技术指南（试行）》将“控源截污”作为城市黑臭水体整治工作的根本措施。污染源控制及治理主要针对点源、面源及内源，鼓励采用适宜的技术削减目标污染物负荷，满足水体环境容量控制要求。

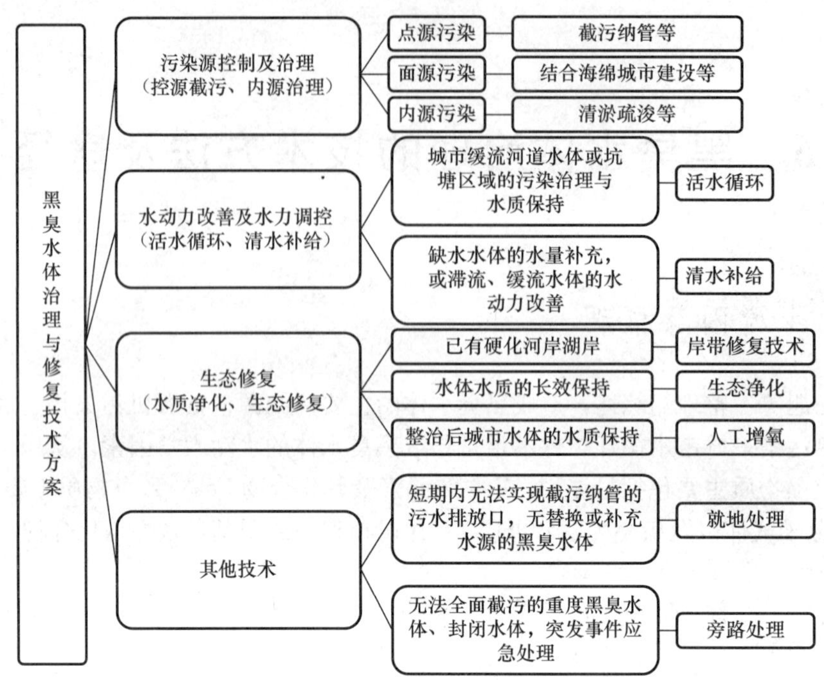

图 6-1　黑臭水体治理与修复技术方案线路图

点源污染（见图 6-2），主要包括集中排放的城镇生活污水、工业及工业园区废水、规模化养殖废水以及分散排放的污水（宾馆、饭店等）。对于不同地点采取不同的技术手段，如对于直接排入水体的点源应采取截污措施，完善污水收集系统，提高污水收集率和处理率。截污纳管技术是指从源头控制污水向城市水体排放的技术（见图 6-3）。该技术主要用于城市水体沿岸污水排放口、分流制雨水管道初期雨水或旱流水排放口、合流制污水系统沿岸排放口等永久性工程治理。它是黑臭水体整治最直接有效的工程措施，也是采取其他技术措施的前提。

(*a*)　　(*b*)

图 6-2　点源污染

(*a*) 排入江河；(*b*) 天津超大渗坑污染事件

面源污染（见图 6-4），主要包括城市初期雨水、冰雪融水、畜禽养殖污水、地表固体废弃物等污染源。可结合海绵城市的建设，采用各种低影响开发（LID）技术、初期雨水控制［如雨水花园（见图 6-5）］与净化技术、地表固体废弃物收集技术、土壤与绿化肥分流失控制技术，以及生态护岸与隔离（阻断）技术；畜禽养殖面源控制主要可采用粪尿分类、雨污分离、固体粪便堆肥处理利用、污水就地处理后回用于农业灌溉等技术。

(*a*)

(*b*)

图 6-3 截污纳管技术
(*a*) 施工现场；(*b*) 施工完成

图 6-4 面源污染

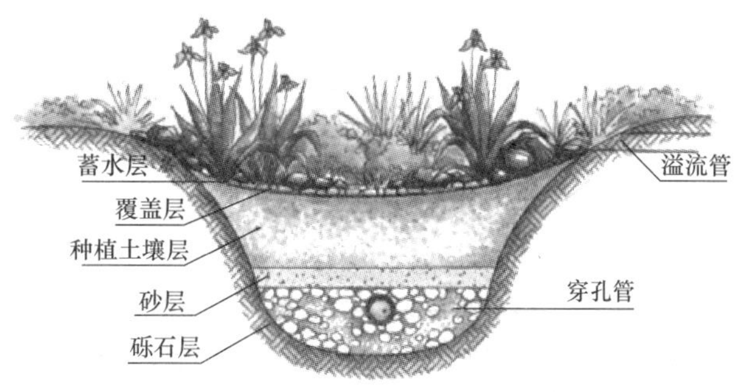

图 6-5 初期雨水控制——雨水花园

内源污染（见图 6-6），主要包括污染底泥、生活垃圾、生物残体及漂浮物。污染底泥采取清淤疏浚的技术（如图 6-7 所示），包括机械清淤和水力清淤等方式。工程中需考虑

(*a*)

(*b*)

图 6-6 内源污染
(*a*) 生物残体及污染底泥；(*b*) 漂浮垃圾

城市水体原有黑臭水的存储和净化措施。避免堆场余水二次污染，鼓励开展底泥处理处置及资源化利用。加强生活垃圾及其他固体废弃物管理，防止其进入水体，一旦进入水体的，须及时清理，保证水面无大面积漂浮物，岸边无垃圾。对于城市水体水生植物、岸带植物等季节性水体内源污染物，需进行季节性收割，以及对季节性落叶及水面漂浮物进行清理。各种落叶、塑料袋、其他生活垃圾等水面漂浮物，需要长期清捞维护。

（a）

（b）

图 6-7　清淤疏浚技术
（a）人工疏浚；（b）机械疏浚

6.2.3　水动力改善及水力调控技术

治理污染源之后，需改善水体的水动力以及调控水体的水力条件。首先计算水环境容量，确定生态基流。然后，根据生态基流大小选择合适的治理技术。

对于城市缓流河道水体或坑塘区域的污染治理与水质保持，可采取活水循环的技术（如图 6-8 所示），改善水动力条件。通过设置提升泵站、水系合理连通、利用风力或太阳能等方式，实现水体流动；非雨季时可利用水体周边的雨水泵站或雨水管道作为回水系统；应关注循环水出水口设置，以降低循环出水对河床或湖底的冲刷。

（a）

（b）

图 6-8　活水循环技术
（a）生态调水；（b）强力造流曝气机，超大流量循环活水

对于城市缺水水体的水量补充，或滞流、缓流水体的水动力改善，可采用清水补给的技术（见图 6-9）。利用城市再生水、城市雨洪水、清洁地表水等作为城市水体的补充水

源，增加水体流动性和环境容量。充分发挥海绵城市建设的作用，强化城市降雨径流的滞蓄和净化；清洁地表水的开发和利用需关注水量的动态平衡，避免影响或破坏周边水体功能；再生水补水应采取适宜的深度净化措施，以满足补水水质要求。

图 6-9 清水补给技术

6.2.4 生态修复技术

生态修复是在控源截污的基础上，利用生态手段对水体内、滨岸带、缓冲带进行修复，改善水质，恢复景观。

对于已有硬化河岸（湖岸）的生态修复，可采用如图 6-10 所示的岸带修复技术等长效措施。采取植草沟、生态护岸、透水砖等形式，对原有硬化河岸（湖岸）进行改造，通过恢复岸线和水体的自然净化功能，强化水体的污染治理效果；需进行植物收割的，应选定合适的季节。

图 6-10 岸带修复技术

对于城市水体水质的长效保持，可采取生态净化技术（见图 6-11）。通过生态系统的恢复与系统构建，持续去除水体污染物，改善生态环境和景观。主要采用人工湿地、生态浮岛、水生植物种植等技术方法，利用土壤-微生物-植物生态系统有效去除水体中的有机物、氮、磷等污染物；综合考虑水质净化、景观提升与植物的气候适应性，尽量采用净化效果好的本地物种，并关注其在水体中的空间布局与搭配；需进行植物收割的，应选定合适的季节。

(a)

(b)

图 6-11　生态净化技术

(a) 人工湿地；(b) 生态浮岛

对于整治后城市水体的水质保持，可选用如图 6-12 所示的人工增氧技术作为阶段性措施。该技术具有水体复氧功能，可有效提升局部水体的溶解氧水平，并加大区域水体流动性。主要采用跌水、喷泉、射流，以及其他各类曝气形式有效提升水体的溶解氧水平；通过合理设计，实现人工增氧的同时，辅助提升水体流动性能；射流和喷泉的水柱喷射高度不宜超过 1m，否则容易形成气溶胶或水雾，对周边环境造成一定的影响。

(a)

(b)

图 6-12　人工增氧技术

(a) 射流；(b) 跌水景观

6.2.5　其他治理技术

对于短期内无法实现截污纳管的污水排放口，以及无替换或补充水源的黑臭水体，选择就地处理的方式（见图 6-13）。通过选用适宜的污废水处理装置，对污废水和黑臭水体进行就地分散处理，高效去除水体中的污染物，也可用于突发性水体黑臭事件的应急处理。如载体固化微生物黑臭水体净化器是一种将微生物反应器与曝气装置组合成一体的革命性创新设备，可以实现无机械清淤、无水草种植。采用物理、化学或生化处理方法，选用占地面积小，简便易行，运行成本较低的装置，达到快速去除水中的污染物的目的；临时性治理措施需考虑后期绿化或道路恢复，长期治理措施需考虑与周边景观的有效融合。

(a)　　　　(b)

图 6-13　就地处理设施
(a) 载体固化微生物黑臭水体净化器；(b) 应用实景

对于无法实现全面截污的重度黑臭水体、无外源补水的封闭水体的水质净化，或突发性水体黑臭事件的应急处理，可采用旁路处理措施（见图 6-14）。在水体周边区域设置合适的处理设施，从污染最严重的区段抽取河水，经处理净化后，排放至另一端，实现水体的净化和循环流动；对临时性处理措施，需考虑后期绿化或道路恢复，长期处理措施需考虑与周边景观的有效融合。

图 6-14　旁路处理设施

6.3　黑臭水体治理的途径

6.3.1　保证资金落实，强化科技支撑

保证资金的落实。目前常用的是 PPP 模式（见图 6-15），即政府和社会资本合作。除 PPP 模式外，还有 EPC、EPC+O、PPP 及打包设计等投融资和建管模式（见图 6-16），引入大企业参与治水项目建设。

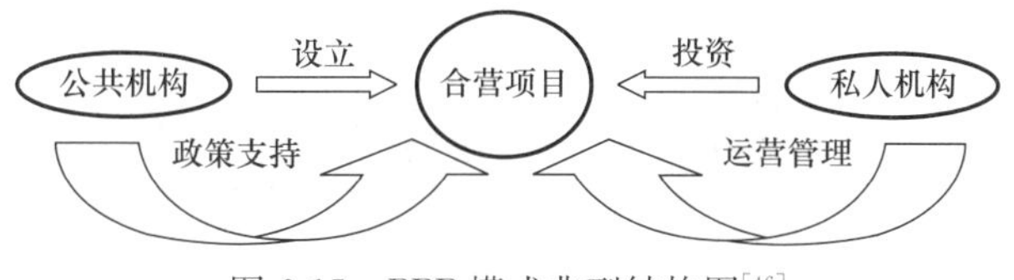

图 6-15　PPP 模式典型结构图[46]

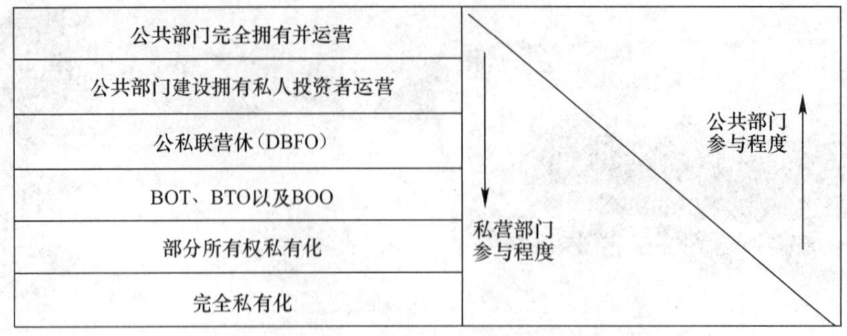

图 6-16　PPP 模式的分类[47]

注重科技引领，创新科技及时应用。与高校等研究机构联合，让科研机构依托治水开展水务环保新技术研发及应用，推动水务环保技术创新发展，鼓励建立新技术开发与推广体系。根据黑臭水体治理技术的需求：在点源治理方面，鼓励研发应用高效脱氮、脱碳、除磷及资源、能源化先导技术，如真空收集截污技术（见图 6-17）、氮磷及有价物质回收利用技术、难降解工业废水高级氧化技术等。

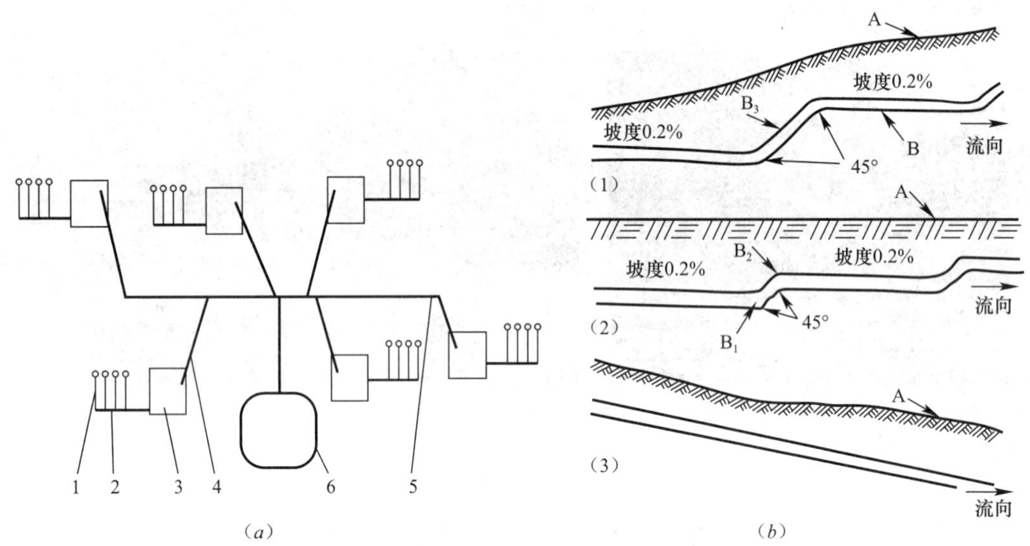

图 6-17　沿岸架管真空截污系统

（*a*）原理图；（*b*）铺设方式示意图

1、2—污水收集管道；3—真空阀井；4、5—真空管道；6—真空泵站

在面源污染治理方面，鼓励研发集成应用城市面源综合协同控制技术，初期雨水、地表漫流截流（见图 6-18）与污染控制技术等。

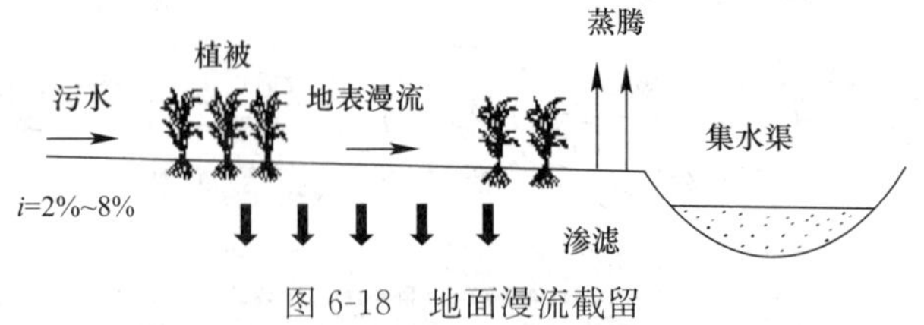

图 6-18　地面漫流截留

在内源污染治理方面，鼓励研发应用新材料与制剂（见图 6-19），如氧化剂、覆盖剂、生物抑制剂等。

图 6-19 水体净化剂

在生态修复方面，鼓励研发应用原位水质改善及生物生态恢复技术，如复合酶原位生态净化、高效复合微生物菌剂、土著微生物扩增及生物促生、生物操纵等技术。

6.3.2 治水治城相融合，重构水生态

黑臭水体治理是海绵城市生态建设的一个重要组成部分，需积极推进黑臭水体与海绵城市生态建设相融合，制定实施方案，明确近远期目标。建立海绵城市规划源头管控机制，制定相关制度、标准和规范，在建筑、道路和公园绿地、水系等建设项目中全面落实海绵城市要求。湿地和水系连通项目建设（见图 6-20），构筑城市高质量水环境生活圈。建设公园式污水厂（如图 6-21 所示），提高土地集约利用水平。通过坚持治水治城相融合，重构水生态，恢复青山绿水的生活环境。

图 6-20 河湖水系通道

图 6-21 公园式污水厂

6.3.3 实施流域统筹，开展系统治理

城市黑臭水体通常成因复杂、影响因素众多。地域特征及水体的环境条件直接影响黑臭水体治理的难度和工程量。因此，我们应该尊重水的自然规律，遵循水陆统筹，分类、分区、分期治理以及治理与管理兼顾的原则，打破分块分级的组织方式，以流域为单元系统规划治水提质工作。

图 6-22　流域单元系统规划治理

6.3.4　强化组织发动，落实各方责任

建立完善的综合协调管理机制，加强政府各部门之间的联系、协调与合作，齐抓共管，形成黑臭水体治理合力。定时召开会议解决黑臭水体治理工作存在的重难点问题。协调相关部门，明确建设主体与责任主体。

落实责任到人，全面推行“河长制”（见图 6-23），公布黑臭水体名称、责任人、达标期限及治理效果。鼓励综合利用自动在线监测、自动视频监测、人工巡视监控、网络信息传媒等手段，构建水体监控预警系统。建立黑臭水体信息共享平台和信息公开制度，每半年向社会公布治理情况，接受社会监督，鼓励公众参与（见图 6-24）。建立黑臭水体治理工程运行维护长效机制，实行水体环境的常态化养护，确保工程长效运行和水质改善效果。

图 6-23　河长制

图 6-24　公众参与治水活动

6.3.5　提高建管标准，推进质量兴水

从水务规划、设计、材料、建设、管理等各个环节审视差距，全面提升工作质量和标准。结合治水治污新技术、新工艺的实验和应用，积极做好成果转化工作。重点针对污水管网及污水处理厂建设、污染物排放，海绵城市项目施工、运行、维护，工程管理、运营、维护等方面的薄弱环节，拟定一批国际领先、行业前沿、实用有效的水务地方标准，填补国家、行业相关领域空白。

7 黑臭水体治理技术选择

7.1 应急阶段

对于黑臭现象严重的水体，可以采取截污方式，控制外源污染物的进入；采用投加絮凝剂、氧化剂、微生物菌剂等药剂的方式，快速去除水体中污染物；采用清淤疏浚方式，将大量底泥淤泥污染物迁移出水体；采用活水循环的方式，抽取地表水或再生水补充，使污染物质快速迁移、稀释，快速缓解和消除黑臭现象。

7.1.1 基于河水净化的技术

应急处理阶段的水质净化技术一般是往河道中投加化学剂（见图 7-1）。使用的化学药剂主要有铁盐和铝盐等混凝剂、双氧水等氧化剂、生石灰等沉淀剂，目的在于去除水中目标污染物（悬浮物、溶解态磷和氮等），提高水体透明度。这些处理技术一般不受气候条

（*a*） （*b*） （*c*）

图 7-1 投加化学药剂的应急处理

（*a*）河道投加生石灰；（*b*）大沙河入海口投放的大批石灰；（*c*）投加化学药剂

件影响，处理效果明显，短期内稳定见效快。但这些处理技术成本高，并且产生较多的沉积物，往往治标不治本。而且，某些化学药剂具有一定的毒性，环境条件改变时容易造成环境的二次污染。例如，原位混凝处理通过投加絮凝药剂，使水体中的污染物形成沉淀而得以去除，水质能在短时间内快速净化。但实际污染物只是从水中转移至底泥，并没有真正从水中去除，效果容易反弹。同时，该技术对溶解性有机物和氮的处理效果十分有限。另外，人工投加化学处理药剂会对生态系统造成不利影响的累积，因此不宜提倡使用。

对河道水体进行单独曝气，可以在一定程度上提高水体的溶解氧浓度，暂时缓解黑臭现象（见图 7-2）。但是，单独曝气并不能从根本上解决问题，甚至可能还会带来其他负面影响。例如，在黑臭水体治理中应用较多的表面曝气技术，其主要针对上层水体进行曝气充氧，但是对于开放性水体来说，其表面与大气接触，具有一定的复氧作用。而表面曝气对真正缺氧的中下层水体的处理效果很差，无法改善水体溶解氧不足问题。同时，黑臭水体中存在病原微生物，曝气后形成气溶胶，危害周边居民健康。在曝气实施过程中，要以科学的态度选择曝气的方式，解决气溶胶污染等重要问题。

（*a*）　（*b*）

（*c*）　（*d*）

图 7-2　单独曝气

（*a*）北京某河道治理前；（*b*）北京某河道太阳能曝气治理中；（*c*）喷泉曝气；（*d*）温州某河道表面曝气

7.1.2　基于生态修复的技术

应急阶段采用的生态修复技术一般有两种：一是直接向黑臭水体中投加微生物菌剂或

酶制剂；二是向黑臭水体中投加微生物促生剂，以促进“土著”微生物的生长（见图 7-3）。这种原位生物处理技术对有机物有一定的去除效果，但并不能够降解所有的污染物。例如，一般情况下对氮、磷基本没有去除效果。同时，河道中一些污染底物，在经过微生物转化后会聚合成更复杂的化合物，如腐殖酸等。通过人工投加促生液对黑臭水体进行修复，短期内效果较好。但是，因河水的流动性稀释并会带走部分促生液，处理效果降低，难以发挥长效作用。与此同时，环境中的有毒物质如重金属等会对生物修复过程起抑制作用，也不宜鼓励使用。另外，环境是影响微生物生长与繁殖和生理功能的重要因素。因此，在进行黑臭水体生物修复时还必须选择合适的季节和时间。

（a）

（b）

图 7-3　某河道投加生物试剂前后对比
（a）投加生物试剂前；（b）投加生物试剂前

7.2　水质改善阶段

水体经过应急处理措施，黑臭问题缓解之后，还需采取净化水质措施，需进一步减轻水体污染负荷，恢复水体生态自然景观功能。人工曝气充氧可以提高水体溶解氧浓度，保持好氧状态，防止厌氧分解，提高水体中有机污染物质的降解速率。对于滞流型水体、封闭和半封闭型水体，通过投加底质改良剂或氮磷控制剂可以降低内源污染负荷；通过人工湿地、生态浮岛等，利用水生植物的净化功能改善水质。

7.2.1　控源截污

造成水体污染、导致黑臭现象的根本原因是污染源的存在。在黑臭水体综合整治时，如果不预先实施有效的控源截污，任何治理技术措施都只能是昙花一现，无法达到应有的效果（见图 7-4）。例如，对于一条有明显外源污染输入且底泥大量积累的黑臭河道，如果仅仅采用人投加化学药剂的措施进行治理，不仅投入的费用高昂、花费大量的时间、消耗大量的药剂，也难以达到预期的治理效果。因此，控源截污是黑臭水体整治的第一步，是必要的前提和基础。

其实施技术主要是从源头控制外部污染源进入城市水体。这包括对外部污染源，尤其是对集中或无组织排放的污水进行截流、雨水径流控制以及对严重淤积的底泥进行适当的疏浚。当然，对于污染源不可能做到100%完全彻底的阻断，特别是大量分散的降雨径流面源污染。目前，在大多数地区还难以实现有效的控制。另外，这些控制措施的实施和污水管道改造/建设、海绵城市建设以及污水处理设施建设密切关联，是一个系统工程。因此，需要从城市环境基础设施规划建设层面统筹解决，以提高成效。

图 7-4　河道的截污纳管

(*a*) 某排污口；(*b*) 控源截污现场；(*c*) 某河道封堵排污管；(*d*) 截污干管

岸带修复的主要功能是改善自然生态景观效果，其对污染物截留效果十分有限，往往可以忽略不计（见图 7-5）。

图 7-5　岸带生态修复（一）

图 7-5 岸带生态修复（二）

7.2.2 内源治理

水质净化就是选择合适的技术措施对水质进行净化，降低水体污染程度。根据水体情况，可采用原位净化与异位处理两种技术。

清淤疏浚是清除污染内源、控制水体污染的有效措施之一。其方法主要有两种，一种干法清淤，即先将湖/河水抽干后再进行清淤（见图 7-6），如上海市丽娃河采用的干床冲挖清淤疏浚工艺。另一种是湿法清淤，即采用挖泥船等机械工具直接从水中清除淤泥（见图 7-7）。将底泥中的污染物迁移出水体，可以减少底泥中的污染物向水体释放，达到快速降低水体内源污染负荷。但是清淤技术仅适用于底泥污染严重水体的初期治理。

图 7-6 某河道干法清淤

图 7-7 湿法清淤

与此同时，在进行水体水质净化时，需要注意将净化处理技术措施与水动力调控结合起来。通过增强水体的流动性，可使得局部强化处理后的水流动扩散至整治水体的全范围；尽可能避免出现在治理水体的全范围都进行水质强化净化处理，把水体变成“处理厂”，从而严重影响水体正常功能发挥的情形。在有条件的地方，可将经深度处理后的再生水、雨洪调蓄或将其他相对清洁的地表水引入拟整治的水体中，加强水动力调控。当经过水质净化后，水体污染程度降低至适宜水生生物生长时，就可以在河道中引入水生植物、水生动物等，以建立和恢复水体的生态系统，恢复水体自净能力。因此，在进行水体黑臭整治时，必须考虑技术措施的先后顺序：需要先阻断水体污染，在此基础上才能实施可行有效的水质净化。

7.2.3　生态修复

在水质净化阶段，对河湖进行原位生态净化，即在河湖内种植水生植物，其效果十分有限，只能起到锦上添花的作用，并不能从根本解决水质污染的问题。因此，期望水生植物治理黑臭问题是不现实的，也是不科学的。在微污染水体，水生植物对水质净化和保持有一定的作用。但是，在实施过程中应特别注意尊重自然规律，合理选择水生植物，并应考虑其影响面积、季节影响、植物收割等因素。同时，水生植物残体清理也是不可或缺的内源控制措施，不容忽视。对于水生植物、季节性落叶和水华藻类等残体，应尽快进行打捞和清理，避免植物残体发生腐烂，进一步向水中释放污染物和消耗水体氧气。

工程中用到的水生植物一般分为四种生活型：挺水、浮叶、沉水、漂浮（见图 7-8）。挺水型水生植物一般生长在水陆交错区的浅水以及岸边湿地上，扎根于土壤中，植株上半部分挺出水面，植株能通过发达的通气组织将氧气传输到根茎进行呼吸作用，同时增加水中的溶解氧浓度。在河道的综合治理工程中常用到的挺水型植物有芦苇、荷花、香蒲、菰等。

(*a*)　(*b*)　(*c*)　(*d*)

图 7-8　河道综合治理常见挺水植物

(*a*) 芦苇；(*b*) 荷花；(*c*) 香蒲；(*d*) 菰

施工所在地的气候是影响挺水植物选择的一个重要因素。因为存在本地适应性的问题，在选择植物物种时，不仅要考虑美观性，还要切合实际，尽量选用当地及附近的植物群落，或者是适合该地区气候和水文条件的物种。而在其后的管理中，需要每年收割挺水植物地上部分，以防止其腐烂后将固定的N、P等污染元素再次释放进水体。而其地下部分来年均可萌发。

浮叶植物一般生长在浅水中，无明显的地上茎或茎细弱不能直立，根长在水底土中，仅在叶表面有气孔，叶的蒸腾作用非常大。工程中常用的浮叶植物有睡莲、荇菜、金银莲花、水罂粟、芡实等（见图7-9）。

(a) (b) (c) (d)

图7-9 河道综合治理常见浮叶植物

(a) 睡莲；(b) 荇菜；(c) 水罂粟；(d) 芡实

浮叶植物的生长能有效降低水中NH_4^+-N、TN、PO_4^{3-}-P以及TP的浓度，同时能抑制水中藻类的生长，提高水体的透明度，改善水质[48]。但是浮叶植物受水文条件影响较大，一般适合种植在河湾以及其他水流较缓的区域。对其应用主要是观赏价值，工程上其净水效果较为有限。

沉水植物是指植物全部位于水层下面营固着生存的大型水生植物。植物体的各部分都可吸收水分和养料，同时，其通气组织特别发达，即使在缺乏空气的水中也能进行气体交换，是水生植物中对水质的净化能力最强植株。河道综合整治中常用的沉水植物有苦草、金鱼藻、狐尾藻、黑藻等（见图7-10）。

沉水植物能很好解决水体富营养化的问题，不同的沉水植物对水中N、P的去除效果是不一样的。在进行生态修复时，需先对水环境进行充分的评估，选择合适的沉水植物。例如，金鱼藻繁殖快，但净化效果一般，适合在较高营养盐浓度的水体中生长。狐尾藻可生根繁殖，能够耐受弱碱性水，适合在中度营养盐水中生长。而竹叶眼子对水质净化效果好，适合在低营养盐水中生长。值得注意的是，沉水植物的生长对水质环境有一定的要求，对水体营养化耐受能力低于其他水生植物。在重营养（较高氨氮浓度）河流湖泊中，沉水植物会衰退或者消失。

图 7-10　河道综合治理常见沉水植物

(*a*) 苦草；(*b*) 金鱼藻；(*c*) 狐尾藻；(*d*) 黑藻

漂浮植物又称完全漂浮植物，是根不着生在底泥中，整个植物体漂浮在水面上的一类浮水植物；这类植物的根通常不发达，通过长出的不定根吸收水中的营养物质，体内具有发达的通气组织，或具有膨大的叶柄（气囊），以保证与大气进行气体交换，常见的有凤眼莲、大漂、浮萍、紫萍等，而目前应用到工程上的主要是凤眼莲（见图 7-11）。

图 7-11　河道综合治理常见漂浮植物（一）

(*a*) 浮萍；(*b*) 紫萍

(c)

图 7-11 河道综合治理常见漂浮植物（二）
(c) 凤眼莲

凤眼莲能吸收水体中的 N、P 营养物质，提高水体的透明度，同时对藻类有一定的抑制作用。但是，使用凤眼莲进行生态修复存在一定的风险。因为凤眼莲繁殖与扩散的速度快，容易失控，造成大规模的爆发，危害生态环境。并且凤眼莲难以打捞回收，没有回收腐烂的凤眼莲向水体中释放营养物质造成水体的二次污染。因此，在选用凤眼莲进行生态修复时，应根据实际情况仔细调研论证，科学决策。

7.3 长效保持

黑臭水体经过治理后，可能会面临污染负荷再度升高、水体水质恶化和黑臭反复的问题，甚至有可能出现污染比治理前更严重的问题。因此，需要采取有效管理措施，确保水质能够长期保持治理改善后的效果。消除黑臭后的水体，仍然是富营养化水体，藻类容易暴发，最终再次形成黑臭，应采取必要措施控制水华[49]。

7.3.1 生态修复

黑臭水体水质改善后经常会遇到水华藻类暴发问题，因此，需要采取综合措施进行控制水华藻类的生长。

人工湿地（见图 7-12）、生态浮岛（见图 7-13）、水生植物塘等利用水生植物及其共生生物体系，能有效去除水体中的污染物、改善水体生态环境和景观，适用于营养盐水平较低富营养化水体水质的长效保持。

人工湿地对水体中的 BOD_5、COD、TN、TP 都要较好的祛除效果。其主要是得益于附着在水生植物根区表面及附近的微生物。因此，应选择根系比较发达的水生植物种植在人工湿地（见图 7-12）。另外，发达的根部有利于植物向水中输送氧气，保证水体中溶解氧浓度充足，防治黑臭水体的再次复发。在选择水生植物时，水生植物处理有较强的耐污能力外，对当地的气候条件、土壤条件和周围的动植物环境有较好的适应能力，方便、易于管理、美观。

生态浮岛作为黑臭河道长效保持治理的主要手段被广泛采用（见图 7-13）。但是，目前的很多河道的生态浮岛除了不美观外，有的甚至破坏了原有的景观，甚至造成了二次污染（见图 7-14）。因此，浮岛的浮体、水生植物的选择甚为重要。泡沫塑料板因其易于加

图 7-12　人工湿地

图 7-13　生态浮岛（一）

图 7-13 生态浮岛（二）

工，造价低廉，是生态浮岛较常用的材料。但是泡沫塑料板的使用周期短、难以降解、抗风浪能力弱，容易造成二次污染。目前已逐渐被淘汰。目前广泛使用的吹塑加气型浮岛，由于其安装简单、成型方便，有较好的发展和应用。但是，尽管其在制作过程中加入了抗氧化剂和抗紫外助剂，在使用 2～3 年后依然会出现大面积的脆化漏水等现象。同时，由于生态浮岛种植面积较小，在使用的第三年，会出现植物生长受抑制等问题。

图 7-14 废弃的泡沫浮岛变相成了白色垃圾

7.3.2 开源活水

活水循环技术的关键是“循环”，即在于清水的补给和缩短水体水力停留时间。“造流”可以提高水的流速，在一定程度上提高复氧能力和自净能力，改善水体水质，但其效果有限，因此，仅仅靠“造流”不能解决水体黑臭的问题。

补水活水技术分为：清水补给——通过引流清洁的地表水对治理对象水体进行补水，促进污染物输移、扩散实现水质改善[50]。适用于滞留型污染水体、半封闭型及封闭型污染水体水质的长效保持（见图 7-15）。

再生水补给——城市污水经过处理并达到再生水水质要求后，将其排入治理后的城市水体中，以增加城市水体流量和提高水体流速，缩短水力停留时间（见图 7-16）。再生水作为城镇稳定的非常规水源，是经济可行、潜力巨大的补给水源，应优先考虑利用。再生水补给技术适用于缺水城市或枯水期的污染水体治理后的水质长效保持。

城市水的“生态循环、梯级利用”模式，可以说是达到了“一石四鸟”的效果，即清水补给、生态修复、水质净化、促进循环[51]。第一，城市污水处理厂的尾水经过人工生

（a）

（b）

图 7-15　清水补给河道

（a）济南某河道引水补源；（b）洛龙河的清水补给滇池

图 7-16　再生水补给河道

态的进一步强化净化（如人工湿地等），达到景观回用水水质标准后，可直接排入城市河湖水系，解决了城市水体清水补给的问题，有利于水体的黑臭治理。第二，再生水的补给解决了北方城市水体因缺水断流的问题，保障了生态用水，有利于水生态系统的恢复/修复。第三，健康的河湖水系具有水质净化功能，可以提高再生水的水质安全性，从而将污水再生处理厂通过工程措施得到的“工程再生水”转变为“生态再生水”，从而提高了公众心理接受程度。第四，将接纳再生水的城市河湖水系作为城市第二水源，从中取水，直接或经过适当再处理后用于工业、城市绿化、城市杂用和农业灌溉等，可以促进水的循环利用和高效利用，显著提高城市节水水平。同时，通过再生水的后续梯级利用，可显著缩短再生水在河湖水体中的停留时间，有利于水质保持。

8 黑臭水体治理例析与经验成效

8.1 黑臭水体综合治理例析

8.1.1 贵阳市南明河综合整治

南明河为长江流域乌江的支流，发源于贵州省安顺市平坝县，全长118km，流域面积6600km²，在贵阳市境内约100km，城区段36.4km，分别接纳麻堤河、小车河等9条支流后汇入乌江，是流经贵阳市区最大的一条河流，被誉为贵阳人民的“母亲河”（见图8-1）。

图8-1 南明河水系图

20世纪70年代前南明河曾是贵阳市的直接饮用水水源。然而此后贵阳市经济不断发展以及人口快速增长，南明河水质开始恶化[52]。20世纪90年代，沿岸大量生活和工业污水排向河中，造成水体严重富营养化，水体发黑发臭，污泥淤积，河床抬高，河道狭窄，防洪能力明显降低，水环境遭到严重破坏（见图8-2）。

(a)
(b)　(c)
(d)

图 8-2　南明河污染情况

(a) 河面垃圾成堆；(b) 附近餐馆将污水直接排入河道；
(c) 居民垃圾直接倾倒进河道；(d) 排污口直接将污水排入河道

2001 年，贵阳市委、市政府制定了关于南明河水环境综合整治“南明河三年变清”的工程，到 2004 年 4 月南明河整治工程初次实现了“水变清、岸变绿、景变美”的目标。然而，随着贵阳城市化、工业化的快速推进，沿河流域人口急剧增加，污水处理基础设施、能力等已不能满足新增污染物的处理要求，南明河的污染情况又呈现加重趋势，多段河道水质下降成为劣Ⅴ类水体。同时，由于沿线截污沟年代久远，部分截污沟破损严重，污水泄漏直接进入河道水体。长期的淤积使河水变质发黑发臭，再加上沿线的雨污分流系统不完善，在枯水期缺乏补充水源，因此，造成部分支流枯竭，基本处于死水状态，严重影响了贵阳市的城市生态环境和经济发展。2012 年，贵阳市委市政府启动新一轮“南明河水环境综合整治工程”，包括对河床进行大规模的淤泥清理工程，完善污废水收集处理系统，控制河道内源污染、面源污染等整治工作。

1. 工程概况

为了实现南明河的长治久清，整治分三期进行。一期工程主要从外源控制、内源控制、生态恢复、臭气治理四个方面出发，通过完善截污、清淤疏浚等急救措施，基本消除了南明河干流的黑臭问题。二期工程以南明河水质为工作核心，主要实施南明河干流和支流沿线污水处理厂配套管网改造建设、生态修复等工程，使干支流水质和感官效果明显好转。三期以实现南明河长治久清为目标，调整沿岸产业结构，治理农业面源污染，实施流域范围内水土保持和生态修复，建立污染防治和治理长效保持机制。

2. 治理措施

（1）一期工程

1）完善污水收集与污水处理系统

由于建设年代久远，贵阳市中心城区内的南明河及其支流两侧建有排水出口与截污沟的“跑、冒、滴、漏”问题严重。当支沟及支管来水量增大时，大量的污水外溢污染河道。针对南明河全长 16km 范围内的核心段的河道截污沟及各排水口进行了截污改造工程。第一阶段工作对沿线 31.74km 截污沟进行防渗改造、干流及支流排水大沟的 255 处出口进行密封改造，以达到污水截流的目的（见图 8-3）[53]。

(*a*)

(*b*)

图 8-3 南明河截污改造工程

（*a*）铺设排污管道，使雨污分流；（*b*）南明河截污沟改造子工程

南明河流域城区段原建有 4 座污水处理厂，其总设计污水处理能力为 49 万 m^3/d。但由于城市污水排放量增加，原有 4 座污水处理厂已不能满足现有污水量的处理要求。并且从污水处理厂的设施布局上看，其分布主要集中在城市下游。因此，造成下游截污沟负荷过大，污水容易外溢，同时处理后的污水不能有效利用。结合贵阳市现状及远期发展规划，按照污水“适度集中，就地处理，就近回用”的原则，在南明河及支流两岸启动建设 2 座下沉式污水处理系统，其设计总处理规模为 8 万 m^3/d，地面建成生态景观公园。该系统不仅能大幅度降低管网收集系统和水资源回用系统的投资，且长期运营管理费用低、占地面积少。与此同时，高标准的出水为南明河提供了生态和景观补水，有效地实现了水资源的综合利用（见图 8-4）。

2）河道清淤与翻板坝改造

第一阶段清淤工程包括南明河干流核心段，以及 5 条支流河道。清淤工程选择在河道枯水期实施，在河道上游截流后，排除清淤河段内明水，同时修建施工围堰，使河道上游来水可从围堰外侧排走。主河道清淤总量 55.42 万 m^3，5 条支流合计 15.8 万 m^3（见图 8-5）。

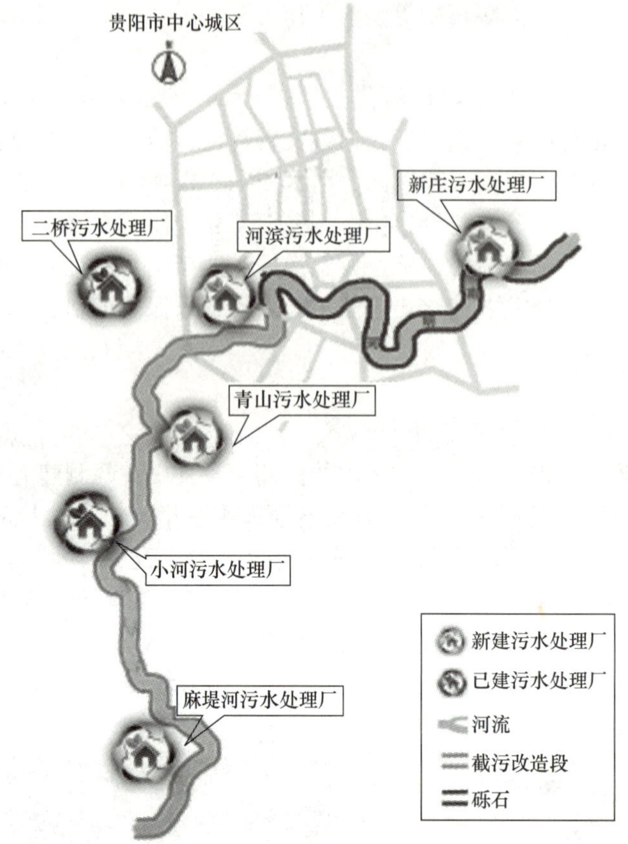

图 8-4　南明河污水处理厂分布图

图 8-5　南明河清淤工程

南明河市区河段原共有7座建于20世纪90年代的水力自控翻板坝。其门叶、支壁老化、漏水、锈蚀变形等诸多问题严重，闸门已不能满足原设计水力自控翻转的要求，对中心城区防洪带来不利影响。翻板坝遵照“平时蓄水组织水面，汛期行洪下泄淤沙”的原则进行改造。对南明河主干线上5座翻板坝，改造要求是实现有效冲砂放淤，确保干流河道汛期畅通，灵活控制河道水深和停留时间。这样，解决了河道防淤、防汛与景观、生态不同需求的矛盾问题（见图8-6）。

图8-6 南明河治理工程甲秀翻板坝

3）河道生态修复

在控制外源及内源污染的基础上，按照“截污、治污、补水、生态修复、景观提升”的综合治理思路，通过生态水力格局区划，在南明河有限的空间中实施多种生态技术措施。这些措施主要包括：生态砾石床、砾石透水坝、河滩湿地、河底沉水植物和河岸挺水植物种植等，通过生态作用进一步降解污染物，提高河道的自净能力，实现河道植被恢复、底栖生物恢复和鱼类栖息地恢复，最终实现可持续的健康的河道生态体系。

① 丰富南明河河道形态

由于城市的建设和人工改造工程改变了南明河原有的自然流路，其生态环境多样性遭到严重破坏而变得单一。根据生态学理论，自然弯曲的河道可以减少水土流失，扩大生态环境面积，提高生物多样性，因而具有更高的生态效益。按照城市区域功能划分和因河制宜的原则，丰富南明河河滩和弯道，打通断头浜，消灭断头河，清除沿河线的各类违章围堰、堤坝等挡水建筑，拓宽河道的束水段，理顺河网水系等，恢复南明河自然属性和生态环境多样化（见图8-7）。

图8-7 南明河河道形态

② 修复南明河河床断面

南明河市区段的两岸多是生活区和商业区。因此，在河流改造过程中，往往过多考虑其防洪和泄洪功能，造成了大部分的河床被水泥钢筋混凝土硬化，阻隔了河流底泥与水之间动态交换，显著降低河道自然生态功能，逐渐失去了生命活力。

在市政工程防护基础上，利用发达根系植物或植被网固土造生态堤岸护坡，既固土又绿化造景。另外，效仿山体公路护坡，打造多孔混凝土——表层土——植被型生态护坡，实现抗雨水冲刷的混凝土护坡与生态美化河床相统一。

③ 建立南明河河岸带生态系统

南明河城区段根据不同河段的不同要求，进行改造工程。在上游建立了湿地公园，如花溪湿地公园（见图 8-8）和小车河湿地公园（见图 8-9）以及保护区，实现河道水体的源头保护；在河道中下游严格控制垃圾、污水排入，丰富沿河两河岸带生态景观，重视生态环境生物种群丰富、结构优化配置与河岸湿地公园建设相结合，在防止受雨水等冲刷造成的河岸水土流失的同时，营造自然之美的城市休闲河岸生态走廊。

图 8-8　花溪湿地公园

图 8-9　小车河湿地公园

4）景观与文化体系

景观与文化建设遵循生态走廊、景观走廊、文化旅游走廊、健身走廊、商业走廊的五条走廊设计原则。景观共分为星河湾畔、锦绣韵河、密境游廊、多彩黔城、观风望水五个主题段。绿化设计方面本着四季有花、四季有景的原则，分别嵌入 50 个体现南明河流域的文化及特色的景观节点。总体体现、重点突出贵阳市建设生态文明市的核心思想与重要目标。

（2）二期工程

南明河水环境综合整治二期工程的核心为水质提升，关键在于支流的治理。项目以污水处理设施（厂、管网）的建设为重点，分为两个阶段实施。二期一阶段：主要为新建新庄二期（见图8-10）、花溪二期等污水处理厂（共42.5万m^3/d）及配套管网的建设，以及新建500t/d处置能力的污泥资源化系统，完善南明河干流截污系统和修复生态环境；二期二阶段：新建金阳二期、金百、贯城河等污水处理厂（共14万m^3/d）、南明河生态修复、花溪河支流治理及流域环境物联网信息化监管系统建设等项目，以确保南明河流域生态水环境持续稳定变好。

图8-10 新庄污水处理厂

3. 治理成效

从2012年11月始，一期工程历时半年，包括对南明河干流和5条支流采取“截污治污、河道疏浚、景观营造、生态修复”等工程措施，南明河综合治理段水体水质得到有效提升、沿河生态景观得到显著改善、生态恢复初见成效，“母亲河”的人文底蕴得到再现。

监测资料显示，南明河综合整治段劣Ⅴ类河长从整治前的51%下降至17.4%，准Ⅴ类水质由原来的10.1%提高至24.3%，准Ⅳ类水质提高了19.4%，三江口、河滨公园、甲秀楼、水文站四个断面的COD、NH_3-N、TP浓度明显下降；南明河干流以及小黄河、麻堤河、小车河的水生态状况得到不同程度的改善，河道生态功能呈现良性恢复状况；有效控制了南明河流域的沿岸边丢弃垃圾、河面浮渣等现象[53]。河道水环境的改善、生态景观的营造，使整治段的两岸成为市民休闲娱乐的最佳场所（见图8-11）。

(*a*)　(*b*)　(*c*)

图8-11 南明河一期工程治理后成效

(*a*) 南明河河底生态净化；(*b*) 治理后南明河河滨公园段；(*c*) 治理后南明河甲秀楼段

二期工程项目实施（2014 年 8 月至 2016 年 3 月）后，南明河水系水质得到持续有效改善，干流段主要污染物指标 COD 已稳定持续达到地表水Ⅲ类水质标准，大部分河段 NH_3-N 达到地表水Ⅳ类标准，水体黑臭问题基本解决，水体实现根本性转变，水质得到有效提升，河道水生植物河底覆盖率从 15%恢复到 70%，水生态健康系统显著改善（见图 8-12）[54]。

图 8-12　南明河治理前后对比

8.1.2　深圳市福田河综合整治

1. 工程概况

福田河位于深圳市福田中心区，北起梅林坳，南至深圳河。流域面积 15.9km²，干流全长 6.8km，横穿笔架山公园、中心公园两大市政公园（见图 8-13）[55]。福田河周边人口稠

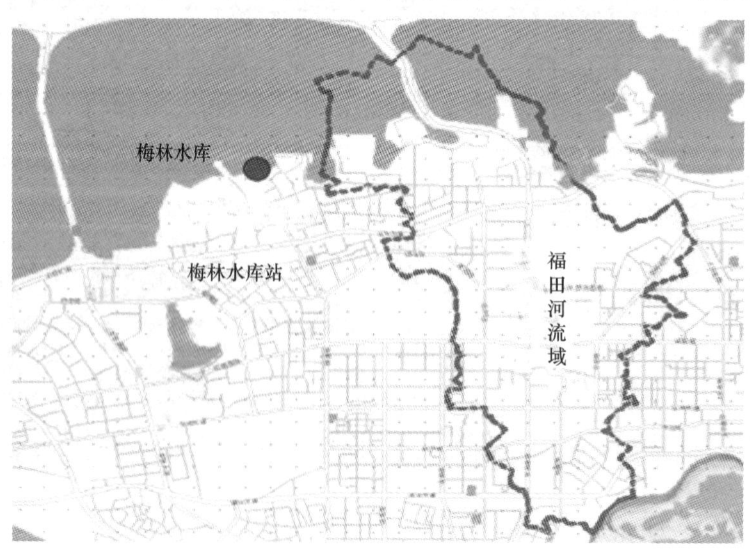

图 8-13　福田河流域

密，是深圳市民主要的休闲游览场所之一，是联系南部红树林自然生态保护区和北部梅林山自然生态保护区的绿色生态纽带，是提升深圳市环境质量、建设宜居生态城市的重要节点。

治理工程之前，福田河虽然地处城市中心800m绿化带，但总体上滞后于城市发展，与其所在的重要区位极不相称。存在着三大突出问题：①排涝困难。河流防洪标准为10年一遇的过流能力，雨季时经常发生沿河社区水浸现象。②水质低劣。河流污染严重，水质发黑、发臭，河道丧失了自然净化的能力，流域内水生态系统遭到破坏，鱼虾灭绝，人迹稀少。③景观不佳。河道主要采用混凝土或浆砌块石梯形的明渠，水面窄小、水景观缺乏、滨水空间和亲水设施不足，无法满足市民亲水、赏水需求；绿化多以荔枝树为主，品种单一。观赏价值不高，公园面积虽大，但利用率低，市民游览兴趣不大（见图8-14）。

(*a*)

(*b*)

图8-14　治理前的福田河

(*a*) 死鱼漂浮在河面；(*b*) 污水直排入河道

2. 治理措施

该工程在规划设计阶段充分利用800m绿化带预留空间，按照现代城市水务工程的要求与标准规划设计，以科学统筹治涝、治污、水质改善、景观提升、绿道建设五大任务进行福田河综合整治工程建设。该工程的建设任务与目标主要包括五个方面。

（1）防洪措施

通过治涝提高了城市防洪排涝能力。改造干流驳岸3.1km，依据现有的地形、地貌的特征，在福田河流经的笋岗路和红荔路两侧洼地，下挖形成滞洪湖泊和低洼草坪，形成滞洪湖泊景观水位、草坪以上有效滞洪库容，在景观水位下的滞洪区面积约5.9万m^2，通过设置在红荔路上游约60m处的节制堰控制滞洪区下泄流量，使防洪标准达到100年一遇（见图8-15、图8-16）。

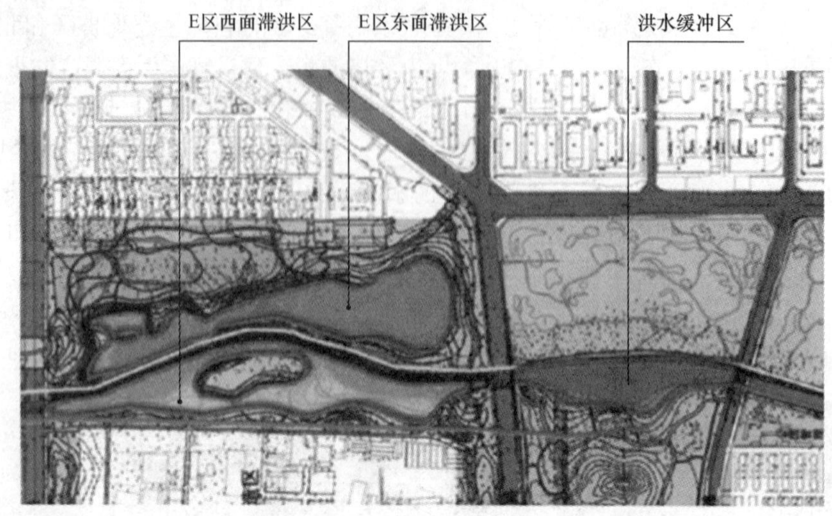

图 8-15　河道与滞洪湖

(a)

(b)

图 8-16　福田河防洪措施

(a) 福田河修建的泄洪闸；(b) 筑坝缓流

图 8-17　铺设污水管道

(2) 治污措施

通过治污提高了中心城区污水收集处理能力。沿河道右岸设置截流管涵 6.78km，对河道两岸所有雨水口、合流排水口进行末端截流。建设 1 座 2 万 m^3 的调蓄池，全流域每天 13.5 万 m^3 污水实现旱季保证 7mm 初雨不进入河道，减少进入河道雨水携带污染物质的量，最大程度减少河道水体污染（见图 8-17）[56]。收集的污水，从初雨收集管涵的末端河口水闸前接出 DN2000 进水管至东岸河口污水提升泵站进水井，通过设置的规模 30000m^3/d 的提升泵站输送到市政污水干管到污水厂，经处理达标排放。

福田河周边已实施截污，但仍然有部分污水流入河道。另外，降雨时地表径流携带的污染物也会污染水体。因此，福田河采用初雨收集管涵＋分散调蓄池＋河道污水泵站或初雨抽排泵站的方案，对河道进行污水截污，保证河水的水质。管涵布置起点从福田河北环箱涵出口，沿河道西侧一直到福田河河口，截流两岸难以分流的少量污水及初期雨水送到污水处理厂，并将处理后的中水回补河道，降低河道中的污染物浓度。同时在滞洪湖泊中设置净水湿地，雨水净化后补入河道，进一步改善水质，保证景观用水。

（3）再生水回用措施

利用再生水提高了河流水质。为了保证福田河和人工景观湖的水位，保证河道内和景观湖内的水体质量，同时解决公园、周边绿化用水问题，需要向河道内和景观湖内不断补充干净的水源。为了把滨河污水处理处理后的厂再生水回补到河道，在河道左岸半坡布置补水管管线，可每天补水 4 万 m^3，以改善河流水质，基本消除了黑臭现象。利用湿地系统对补入滞洪景观湖的 4000m^3 再生水进行深度处理，出水主要指标达到地表水Ⅲ类要求。同时，补水系统工程加大补水量至 10 万 m^3，向福田中心城区主要河湖补水，以替代周边部分市政绿化用水[56]。

（4）护岸生态改造措施

改造前的福田河采用浆砌石或混凝土护岸，硬质化程度高（见图 8-18）。虽然能满足防洪功能，但河道自然环境被破坏，硬质堤岸无法进行水体交换，水生植物难以生存，导致水体的自净能力降低，河道生态功能丧失。

图 8-18　河岸改造

从生态及人与自然和谐共处的设计理念出发，拓展滞洪库功能，蓄水形成景观湖 3 个，形成 6.2 万 m^2 的湖面水景（见图 8-19）[57]。结合公园改造升级，进行驳岸绿化（见图 8-20）。在景观水位以下部位由于水流流速高、河道冲刷能力大，重点考虑河岸防冲问题，利用拆除弃石采用石笼或石笼挡墙护岸材料；尽管洪水冲刷的概率较低，但还仍存在冲刷、侵蚀作用等因素，在设计洪水位至景观水位之间护岸部位时，护岸采用生态袋或石笼等具有生态性能、抗冲刷能力较强的材料；而洪水位以上部位则仅受表面径流等因素影响，设计时护岸采用三维土工网格卓皮，对滞留沿岸汇入雨水中的悬浮物、垃圾等，起到滞留、过滤作用。

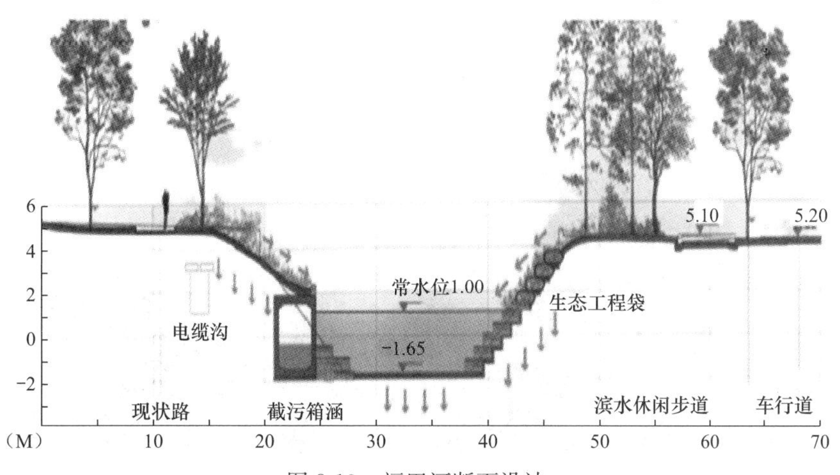

图 8-19　福田河断面设计

图 8-20 生态驳岸

（5）绿化造景及绿道建设

绿道的建设提高了河流、公园与人居环境三者的有机融合（见图 8-21）。沿河 6.8km

图 8-21 福田河沿河绿道

利用防洪堤岸建设的绿道，打通两大公园4处市政道路的隔离瓶颈，激活两大公园间共18km的人行步道，使294万m^2的市政公园融入城市绿道系统。同时，项目增设跨河桥梁8座，打造亲水平台11个，以便于市民休闲娱乐、戏水、赏水，增强了市民游公园、行绿道的亲水兴趣，显著提升了周边人居环境[55]。

3. 治理成效

福田河治理工程中给河道补水，实现河道不断流，并在相应河段进行人工充氧曝气，提高水体中的溶解氧，增强好氧菌的活性，提高河道的自净能力。利用中水回用补充河道用水，节约了原水，为缓解深圳市水资源缺乏的矛盾起到了积极作用（见图8-22）。尽管福田河治理过程中存在许多不完善的地方，但其在河道水生态环境方面修复总体效果明显，诸多治理措施与理念值得国内同仁学习与借鉴。

(*a*)

(*b*)

图8-22 福田河综合治理前后对比
(*a*) 福田河治理前；(*b*) 福田河治理后

8.1.3 池州市清溪河综合整治

1. 项目概况

2015年池州市成功申报为全国第一批入选海绵城市试点的城市，其内河水环境污染问题严重，城市面源污染问题突出，如城区主要内河清溪河。清溪河流域水环境综合整治，是海绵城市建设水环境综合整治项目。

清溪河发源于安徽省青阳县九华山西麓，流经贵池区刘街、梅街等乡镇，贯穿池州市主城区，在城内总长度15km，河面宽50～80m，城区集水面积为44.8km^2。在城区段为封闭性水体，其水位由杏花村、南湖、白沙3座排涝泵站控制在7.60～8.10m。

(1) 清溪河由于季节性缺水，加之河道坡度比较低，造成河水流速降低，流动性差。部分河道驳岸和河底为硬质，阻断了地表水和地下水的交流。清溪河入江口设有水闸，冬季枯水期清溪河水位高于长江，只能关闭闸门维持河道水位，更加剧了清溪河流动性差的问题，使清溪河降低了河流自净能力，河水水质更易受到污染威胁。目前清溪河为城市水系中污染程度最高的河流，城市水体水质状况仍待改善。

(2) 初期雨水径流污染尚未有效控制内河水环境污染问题严重，城市面源污染问题突出，如城区主要内河清溪河。虽然从2007年开始，在主城区逐年实施雨污分流改造工程，但雨水仍直接流进河道，因此地表污染物会随雨水进入清溪河。通过污染源调查分析，主要污染源为城市生活污水和城市初期雨水，城市生活污水排放量 COD 650.8t/年，TN 57.6t/年，TP 6.3t/年，初期雨水污染情况：COD 710t/年，TN 40.6t/年，TP 8.1t/年。经计算，COD（化学需氧量）、TN（总氮）、TP（总磷）的城市初期雨水排放带来污染的贡献率分别为 49.89%、39.51%、53.02%。

与此同时，由于长期缺乏监管与管理，沿岸居民将城市建筑弃土和生活垃圾都向河中倾倒，生产、生活污水直接排入河道，使河道变窄，淤积越来越重，水质严重恶化（见图 8-23）。

(*a*)

(*b*)　　(*c*)

图 8-23　清溪河治理前污染情况

(*a*) 河面漂浮的死鱼；(*b*) 水质污染严重；(*c*) 清溪河面垃圾成堆

从 2003 年开 2003 年 12 月，清溪河环境综合整治工程正式启动实施，整治内容包括河道贯通工程、截污工程、景观工程、引水工程四大部分，按照“三年三段三个亿”的实施步骤进行整治，于 2006 年竣工；2007 年开始，在主城区逐年实施雨污分流改造工程；2011 年完善了主城区污水管网体系，这一系列整治措施，使清溪河水质和景观都得到了明显改善。但从 2011 年以来，水质出现恶化，氮、磷等超标，属《地表水循环质量标准》GB 3838—2002 中Ⅳ类，轻度污染。

2. 治理措施

（1）截污工程

池州市中心城区范围内排污口主要分布在清溪河。清溪河河东（九华山大道）截污干管新建工程，新建干管 4.5km。同时，和平路对已有合流箱涵进行雨污分流改造，扩建 *DN*400～*DN*1000 雨水管道 1km。另外，对人民路排水箱涵进行疏通整修，清溪河河西（东湖路）截污干管新建工程，新建干管 3km。清溪河已实施部分截污工程，但是仍然有一些合流管污水排入清溪河和污水错排进入雨水管现象。根据日常管线巡查，清溪河沿岸排水口及溢流口共 26 处。其中，溢流口 22 处，入河沟渠 4 处。2014 年，市政府将清溪河沿河溢流口整治纳入重点工程。目前，除南湖沟整治工程、白沙沟整治工程外，其余排污口均已整治完成。

随着管网运行时间的增长，清溪河两岸的污水干管老化、跨河管线逐渐出现淤堵冒水、结构性损坏、管段脱节、地面塌陷等现象，使自然水体进入干管，严重影响了污水的正常收集。为彻底解决污水干管漏损问题，提高污水处理厂进水浓度，池州市排水有限公司进行了海绵城市——清溪河污水干管改迁工程的建设（见图 8-24）。对清溪河两岸污水干管进行改迁，彻底将管内污水与自然水体分开，以解决现状管道渗漏问题，减少对清溪河的污染。干管改迁后不仅可以有效保证清溪河水质，而且能很好地解决清溪污水处理厂污水的收集问题。

图 8-24　污水干管工程改迁施工现场

池州市中心城区现已建成清溪污水处理厂和城东污水处理厂两座，清溪污水处理厂设计总规模为 8 万 m^3/d。目前一期工程（4 万 m^3/d）已建成投入运行，处理工艺采用 Orbal 氧化沟工艺，尾水排入清溪河末端的白沙泵站，最终排入长江。出水水质达到《城镇污水处理厂污染物排放标准》GB 18918—2002 的一级 B 标准[58]。

池州市排水管网基本敷设在老城区、东部新城区及站前区，其他城市规划区域内雨水均为自然排放。根据建设单位提供资料显示，现状老城区、东部新城区及站前区，雨水及合流制管网总长约 378.45km，管网覆盖程度 4.36km/km^2。2004 年以前，池州市中心城区所建管道为雨污合流管道。2004 年清溪河故道综合整治污水截流工程开始实施，沿清溪河故道两岸敷设污水主干管，并对沿岸合流排口进行了污水截流。目前工程已竣工投入使用，老城区大部分污水被截流，进入污水处理厂处理后排放。

其中，池州市老城区现状雨水管网主要集中在清风大道南侧—昭明大道东侧—石城大道北侧—九华山大道西侧约 13km^2 老城区范围内，管网总长 51.05km。排水管道主要以盖板涵、混凝土管为主，管径 d300－2000×2000 箱涵。排水体制为部分雨污分流、部分合流制。长江路以东区域，主要沿道路敷设雨水管道将雨水直接排入清溪河。长江路以西区域，雨水主要排入观湖、白洋河。

（2）生态清淤

清溪河清溪村和平组源头—南外环段，河道长约 5830m，河底宽度约 40～70m，淤泥厚度约 0.4～1.1m，设计疏挖深度 0.4m，疏挖水面面积 26 万 m^2，设计清淤总量约为 10.4 万 m^3（见图 8-25）。

清溪河南外环段—沿江大道段，河道长约 6650m，河底宽度约为 40～80m，淤泥厚度约 0.5～1.5m，设计疏挖深度 0.5m，疏挖水面面积 30 万 m^2，设计清淤总量约为 15 万 m^3。

图 8-25　河道清淤

图 8-26　清溪河水生植物恢复范围

(3) 水生植物修复

清溪河植物恢复面积约为 14.67ha（见图 8-26），在植物恢复区，种植净化能力强的沉水植物马来眼子菜、苦草等，同时配置美人蕉、再力花、黄花鸢尾、千屈菜、梭鱼草、花叶芦竹等提升河道景观（见图 8-27）。

(4) 生态护坡改造

清溪河城区段硬质护坡进行生态改造，并在上游段新建生态护坡，长约 10000m（见图 8-28）。①生态护岸植被选用乡土乔木、灌木、地面覆盖物、蔓生植物和草本等各类植被，构建由灌木和草被结合组成灌草护岸带，或带状分布，或交错块状分布，增强护堤的生态功能（见图 8-29）。②构建物种多样，群落类型丰富的生态护岸，以构建近自然的群落为主。③护坡及护岸多利用天然材料，树木、草皮多采用本地适生品种，湖岸尽量形成平缓而稳定的空间。

3. 治理成效

清溪河充分发挥生物治理的优势，利用生物对环境中的污染物进行吸收、降解和利用生态系统的循环原理，实现生态系统的重建与修复，使水质稳定，进入可持续发展的良性循环体系（见图 8-30）。

图 8-27　河中水生植物（一）

图 8-27 河中水生植物（二）

8.1.4 青岛市丁家河综合治理

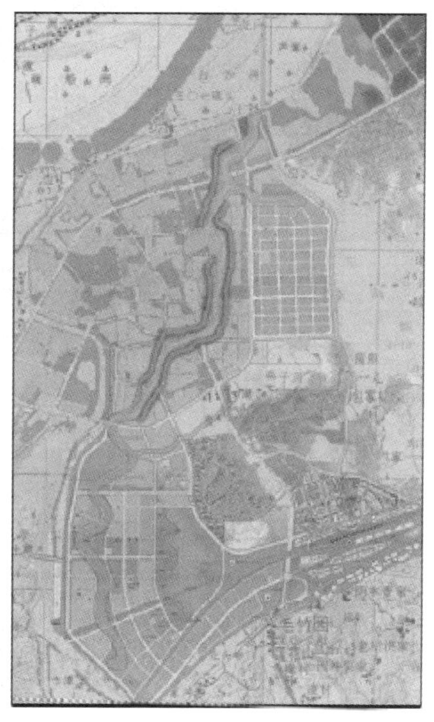

图 8-28 清溪河生态护坡范围

1. 工程概况

丁家河位于青岛市黄岛区，毗邻市民广场，是一条季节性河流（见图 8-31）。河流发源于政府驻地西北穆陵山，全长 2.5km，河面宽约 20m，干流坡降大，且常有山洪为害。1976 年，由于上游修建丁家河水库，导致河流水量下降。河道断流，常年水量枯竭，河床仅存约 2m 的积水河沟，已经丧失了城市泄洪的水利作用。与此同时，周边居民在河床附件开荒种地，随意倾倒垃圾，使河道周围“蚊蝇成群，臭气熏天”，成为一条排污河，严重影响了周边居民的生活及城市环境（见图 8-32）。

2. 治理措施

（1）开发地下潜流水源

丁家河是一条季节性河流，地处缺水区，汛期后出现断流。因此，不适宜采用水库引水以及拦截河道径流进行景观河道补给水源。若采用抽取地下水进行补给，其管理费用较大。丁家河水库主要用于城市供水。每年向城市提供的水量为 180 万 m^3。同时，开发区是严重缺水地区，需要向境外三座小型水库：铁山水库、陡崖子水库、吉利河水库调水，以满足规划中 50 万居民用水量的需求。因此，不能向景观河道供水。

图 8-29 生态护坡（一）

图 8-29　生态护坡（二）

图 8-30　池州清溪河治理后

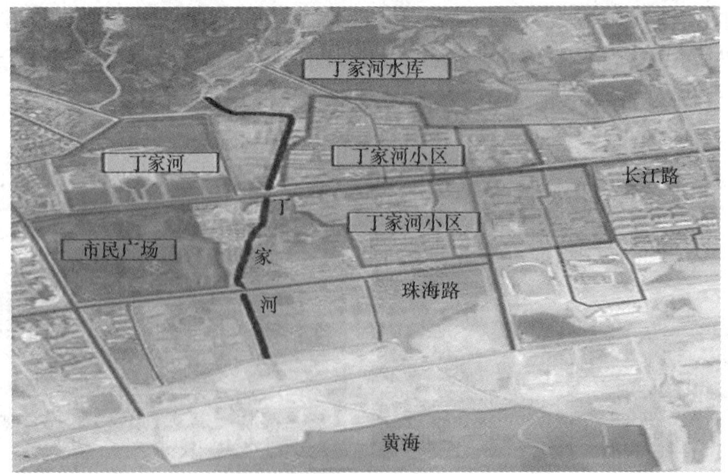

图 8-31　青岛丁家河水系图

图 8-32　丁家河（治理前）

根据地质横断钻探资料分析，河道表层为渗水性较好的杂填土砂土和粉质土，地下6～6.5m为保水性极强的强风化花岗岩（渗透系数 $K=10^{-4}$ cm/s），形成一个较好的保水构造，不透水层坡降0.6%～1.0%与地面坡降相平行。地下水埋深1.5～2.0m，水位年变幅度为1.0m左右。本区地下水为上潜水类型，排泄主要以蒸发和排向邻区，因此，是景观河道水源补给理想的水源，而且水量充足，水质和长期补给方面都很适合。

（2）上游修建叠石堰和溢流坝

工程河段全长1200m，由于上游河段的坡降较大，河面较窄。因此，不适合直接蓄水。考虑到景观和安全的因素，在长江路以北上游修筑了4处叠石堰。叠石堰高0.5m，用景观塑石垒砌而成，间距为20～40m，设计采用动静相补原则，营造出连续叠石水景观，形色相衬，自然流水潺潺的动态河道水景（见图8-33）。在珠江路以北，修建一道溢流坝，坝高2.0m，在珠江路以南修建一道溢流坝，坝高1.5m。这六道坝体将河道分成6个基本连续的回水河段。

图 8-33　丁家河连续叠石水景观

（3）地下潜流拦蓄工程

卜游河道坡度较缓，通过对地质和水文的分析，具备将地下潜流提升为地上用水的条件，因此修筑两处截水溢流坝，成功地将地下潜流拦截提升为景观水，成为丁家河公园的主水景区。

（4）防洪工程

河道要满足上游水库的泄洪要求 $p=3.33\%$，设计洪水下泄流量19.33m^3/s，河道断面分别选用矩形、梯形、阶梯形和自然边坡进行比较，最终决策东岸采用阶梯状边坡，西岸采用景石边坡，河道均满足洪水过水能力。

（5）截污工程

在河道两侧修建了4.8km的截污管道，将9个城市排污口的污水通过市政管网送至污水处理厂，降低了排入河道的污染负荷，保证河道清洁。水体经过河道内水流循环以及河道湿地生态过滤净化后，水质改善变为Ⅱ类水，充分发挥了河道收采雨水的载体和景观净化水体的作用。

（6）河道防渗工程

对河道第一层渗透情况分析可知，土质为杂填土层，厚度 0.3～2.0m 强渗漏层。第二层土质为中粗砂层，厚度 1.0～3.0m，渗漏系数为 $2.0\times10^{-2}\sim5.0\times10^{-5}$ cm/s 强渗透层。三、四层为粉质黏土及强风化岩层，渗透系数为 $10\times10^{-5}\sim8\times10^{-6}$ cm/s，弱渗透层，可做防水层。工程采用水泥土帷幕防渗墙，通过地下截流工程和溢流坝拦截将地下潜流太高，将河道提升为自然的地表径流，从而形成河道景观。

（7）自然岸线设计

通过对河流周边地形及地势的分析，水系的形态进行了梳理，还原了其自然、弯曲的水流，在满足行洪要求的基础上适当拓宽河道，增加了水与土地的接触面，降低了洪水位，减少了洪峰压力。同时，在设计时还保持了岸线天然状态下的形态，保留、恢复原有的湿地生态环境，为各种生物创造适宜的生存环境（见图 8-34）。

图 8-34 自然岸线

（8）生态护岸设计

河道护岸的设计以减少硬化堤防为原则，采取自然土质岸坡、自然绿化护坡、生态种植护岸，为水生动植物的生长、繁育等活动创造条件（见图 8-35）。

（9）河道文化恢复

上游“春拂瑶台”、“柳影花溪”以春天景观为主，沿岸种植迎春、连翘、垂柳、碧桃等，在蜿蜒的溪流上春花灿烂、柳影依依，展现了“春江水暖鸭先知”的春情。

中部“凌波望月”、“恋水桥”、“悦目台”连接河道东西两岸，步移景异，曲水潺潺，“赏心亭”、“桃花岛”沿岸遥望相应，打破了河道呆板的直线感，游人穿梭于林下水边，桃柳婆娑，营造处处“翠柳含风杳霭中，桃花流水浅深红”的园林意境。

图 8-35 丁家河生态护岸

下游“苇花秋水”、“银湖浮翠”则为居民提供了更加生态、自然、休闲的意境，沿河香蒲幽幽、荷花、鸢尾、千屈菜争奇斗艳，将整个河道景观推向了高潮（见图 8-36）。

图 8-36 河道文化景观设计

3. 治理成效

丁家河湿地的修复工程，采用了水泥土深层搅拌桩做垂直防渗技术，有效拦截地下潜流，抬升地下水位 3.5m 至地上 2m，形成河道湿地明流，解决了断流干枯的问题。经过四年实际运行观测，湿地冬夏常年有水，而且其截水墙防渗效果良好。工程为北方缺水地区季节性河流湿地补水开创了新思路，具有推广的现实意义。该项目的优点为：（1）提供常年水源保证；（2）运行不需要动力，节省能耗；（3）水质清洁，不污染环境；（4）工程可靠，造价低廉。

在生态技术修复方面，丁家河项目以河流及构造物的洪水和水利计算为依据，提出创新的生态修复措施；河道断面设计实行部分红绿线的结合，洪枯水适用的阶梯状断面，生态护岸的防渗措施，园林手法叠石堰景观，水生自净植物选配等保证了河道生态环境的可持续循环，非常值得我们借鉴（见图 8-37）。

图 8-37　治理后丁家河

8.1.5　西安市浐灞河综合整治

陕西浐灞河流域位于西安市东南部，是“八水绕长安”中的两大水系，流域内有 5 区 1 县，在行政区域上隶属于商州区、蓝田县、长安区、灞桥区、雁塔区和浐灞生态区。纵贯西安，是西安的重要水源和生态依托。浐灞河流域面积 2581km^2，主要河流有浐灞河。其中灞河是渭河较大的一级支流，发源于蓝田县灞源乡箭峪岭南九道沟。主要的支流兰桥河、辋川河、浐河先后汇入，于灞桥区三郎村汇入渭河，全长 104.1km；浐河是灞河一级支流，发源于秦岭北麓的紫云山，在西安市以北谭家堡汇入灞河，全长 64.6km（见图 8-38）。

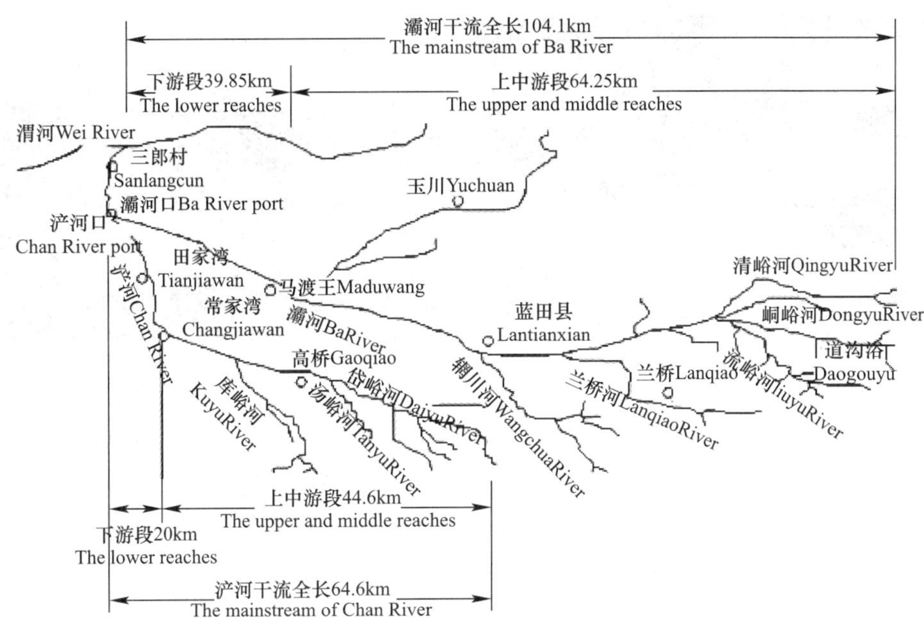

图 8-38 浐灞河流域水系分布图

1. 工程概况

灞河流域河流水环境受气候、降水、径流、地质、土壤、地形等条件影响。浐灞河污染主要原因主要有两个。其中水质污染是浐、灞河面临的最严重的问题。由于废水大量排放，使得生态环境恶化。灞河、浐河的氨氮、高锰酸盐指数、总氮、总磷四项指标浓度总的变化趋势是从河流的上游断面向下游断面逐渐增高，灞河到入渭河口断面、浐河到入灞河口断面达到高峰。城市生活污水及工业企业废水的大量排放。由于上、中游农灌和生活污水等非点源污染的排泄，特别是浐灞河城市段生产废水及生活污水的大量排入，使浐灞河下游地表水环境受到污染（见图 8-39）。主要的面源污染包括农业和农村生活污水排放源，农业污染源主要为农田和养殖业产生的污水。城市排水系统及污水处理设施不够完善。城市面源污染严重，城市初雨径流污染未得到有效控制。城市不透水的混凝土或沥青路面比例大，各类污染源产生的污染物将随雨水径流汇入浐灞河。

图 8-39 污水流入河道（一）

图 8-39 污水流入河道（二）

浐灞河在水资源开发利用中存在流域水资源与流域社会经济发展布局的自然结构不协调的问题。灞河峪口以上和浐河常家湾以上分别占全流域水资源总量的 57.2%、25.6%，而用水量分别占 5.3%和 20.1%。灞河峪口至马渡王间和灞河马渡王、常家湾以下区仅占全流域的 7.4%和 9.8%，用水量占整个流域用水量的 59.1%。

2. 治理措施

（1）保障水安全的措施

灞河呈典型的游荡性河道特征，局部冲淤变化剧烈，加之河道内挖沙采石严重，河床下切严重。浐灞河生态综合治理共规划建设了 23 座橡胶坝。橡胶坝的建设可以有效地拦截地表径流，大大减少丰枯期的水量不平衡关系，增加水资源的可利用量（见图 8-40）。此外，橡胶坝蓄水后会改善坝区周围小气候条件，使坝址附近地下水位上升，地下水降落漏斗变小，水质条件变好，缓解城市水环境恶化问题。在防洪排涝方面，城市段防洪设计标准提高为 100 年一遇，县城段提高为 30 年一遇，建设河道一级堤防近 50km，满足了防洪排涝的安全性，实现了与水环境、水景观相结合的防洪排涝安全体系；在考虑水资源优化配置的基础上，保障浐灞河流域各行业的用水安全。在安全纳污方面，在浐灞河生态区及其周边地区建设污水处理厂 5 座，沿河两岸绿化林带内设置箱涵将污水导向下游，保证了安全纳污。

图 8-40 浐灞生态区橡胶坝

（2）水生态环境建设

在浐灞河综合规划治理中，在进行水功能区划分和水环境功能区划分的基础上，从浐灞河水体污染成因分析着手，按照“减污—控源—截留—输导—修复”的思路，采用物理、化学、生物处理技术及生态工程措施等进行强化净化，如扩大地表水区域，储存丰富的水源，采用多级缓冲生物塘（库塘）净化浐、灞河水体。2007 年，灞河城市段堤防全面建成，新增水面 73.33ha，完成 20 多千米的浐河城市段拦污共沉，浐河水质由 5 类水提升为 3 类。2010 年，第十二污水厂、第三污水处理厂二期建设进展顺利，第五污水处理厂建成投入运行。至 2011 年，累计完成河道清淤 168 万 m^3。种植芦苇、菖蒲、荷等水生植物，利用生物净化作用提升河流自净功能（见图 8-41）。在河道中修建人工岛屿，为动物提供更多栖息场所。进一步优化河岸景观设计，采用生态建材，促进堤岸护坡水生植物的生长，形成水绿相间、错落有致的自然河道景观（见图 8-42）。通过与地下水的交换关系，在一定范围内地下潜水的污染程度逐步降低；通过取坑为湖、取陆作洲，实现湖中有岛、岛洲相连，以达到改善水环境的目的。

图 8-41　河道生态修复

图 8-42　生态护坡

(3) 景观文化工程

按照“以水为魂、以绿为本、以景为翼、以雅为体”的思路，将工程措施与非工程措施有机结合，人文精神与自然科学相融合，充分展示“灞桥、霸柳、灞水”文化资源及治水理念，植入水文化元素标识，设计涉水项目水文化符号等，规划建设亲水城市广场18个，拥有水面17000多亩，绿化7000多亩，林地29000亩（见图8-43）。在护坡植物的选择上，采用合适的本土草种进行编织，形成“生态毯”，并为西安市民开放浐灞湿地公园、雁鸣湖、广运潭等大型生态公园。优先将达到《城市污水再生利用景观环境用水水质》标准的再生水作为湿地补水水源，提升湿地生态涵养功能。2012年，铺设中水管网26km，再生水年使用量达1000万t。到2015年，全面建成国家湿地公园，基本完成湿地体系建设，区域湿地覆盖率达到13.2%，浐灞形成北方城市中独具特色的城市湿地景观带（见图8-44）。

图8-43　跌水设计

图8-44　湿地公园

3. 治理成效

浐灞生态区已经成为西北首个、全国第十个国家级水生态系统保护与修复试点示范区，其水生态系统保护与修复的模式成为陕西省渭河流域综合治理和西安市生态环境建设的示范。浐灞河通过生态治理，一方面，在防洪、防渗方面发挥了巨大作用，保障了浐灞河中下游人民生命财产的安全；另一方面，通过对河道水质的改善，保证了城市供用水安全，避免了污水对该区域的环境污染，极大改善了沿岸周边环境，营造了人水和谐的优美环境，带动了沿岸土地的增值，使地价平均翻了 10 番，实现了“垃圾地”变“黄金土”的神话；拉动了旅游业的发展。同时，还缓解了当地就业压力，增加了政府财政收入，改善了投资环境，形成了物流、金融、旅游、商贸、会展、文化教育等第三产业体系，加快了浐灞生态区乃至西安市经济的增长（见图 8-45）。

图 8-45 治理后的浐灞河

城市黑臭水体治理，要遵循“外源减排、内源清淤、清水补给、水质净化、生态恢复”的技术路线。在综合整治时，首先可以采用截污纳管等技术，减少污染物进入河道，强化城市管网等基础设施的建设，切断污染物质直排入河的通道。同时，应重视城市面源污染治理，减少初期雨水污染对河道水体的冲击。在水质改善阶段，对河道实施生态疏浚，降低内源污染。对于城市污水处理厂尾水，可通过人工湿地、净化塘等进行深度处理和回补河流，进一步减轻城市水体负荷。其次是重视河道补水问题，在河道经过内源治理后，及时将再生水、雨水等补充到河道，保证河道生态流量，维持河道水体流动性。与此同时，可以通过跌水以及曝气设施等改善水动力条件，解决河道流速慢、水动力不足的问题。最后是重视河道的生态化改造，通过生态驳岸减少面源污染，在河道中修建人工岛屿、生态浮岛等，利用生物净化作用提升提高水体的自净能力。黑臭水体治理是一项系统性工程，在治理过程中，具体问题具体分析，强化“一河一策”技术要求，强化顶层设计，建立长效保持机制，多管齐下。

8.2 常见问题与解决措施

8.2.1 黑臭水体的判定方法和指标

目前，城市黑臭水体的底数不清，治理缺少明确规范的判定标准和依据，这是治理黑臭水体的一大问题。由于大部分城市河道缺少监测断面，河道实际水质状况难以被掌握。国家尚未发布黑臭水体判定的标准和依据。因此，地方政府在进行黑臭水体调查、评估和判定时，具有较大的自由裁量权，存在各省之间以及各地市之间黑臭水体河长、面积等信息不匹配的情形。而且城市黑臭水体治理事关城市水环境状况排名，地方政府在公布清单和治理进度方面存在犹豫和矛盾的心理[59]。

目前，在黑臭水体判定方面，主要通过检测水体的透明度、溶解氧、氧化还原电位、氨氮等指标。根据检测结果，依据《城市黑臭水体整治工作指南》中城市黑臭水体污染程度分级标准进行判定。而我国在城市黑臭水体评价研究中存在的主要问题有：

（1）内涵认识不足。城市黑臭水体的概念多数强调物理或化学等单一属性，忽略从物理—化学—生物综合指标进行定义。

（2）评价方法不统一。国内评价方法主要采用单一化学指标，与国外流行的非线性回归模型的评价方法结合不够。另外，评价指标的科学性与代表性也未能达成统一共识。

（3）目前，大型城市的骨干河流仍然是研究的主要对象，但广大黑臭现象严峻的中、小河流其黑臭评价方法的研究并未得到重视，且缺乏一种普遍适用的黑臭水体表征方法。

另外，如何全面、准确地进行黑臭水体识别和分级的关键，在于建立合理的指标与方法。因此，未来需要从进一步深入探索黑臭成因，从评价体系的角度开展针对性的黑臭水体治理对策研究。主要从以下两方面进行：

（1）明确城市黑臭水体形成机理

污染源、化学机理、水动力学条件是目前黑臭水体形成的主要成因。但在实际研究中，需针对不同地区、不同类型、不同污染源构成以及不同水体功能类别对黑臭水体成因进行区分，明确湖库、大江大河以及城市沟渠等不同类型水体在黑臭形成中的差异，以便有针对性地确定治理对策。与此同时，城市水循环对水体水质的作用越来越重要，通过构建城市二元水循环及其伴生过程综合模拟平台，考虑各类污染源产生、入河及其在河道中的迁移转化过程，不断完善城市水循环对水体水环境的影响机理，开展基于水循环改善的黑臭水体综合整治集成技术显得日益重要。

（2）丰富黑臭水体评价指标体系

研究证明，DO、BOD_5、COD、氨氮、硝酸盐氮、有机污染物、水温、pH 值等指标与黑臭水体具有较高的相关性。其中，前 4 项在大多相关研究中被应用到[60]。因不同地区、不同水体的黑臭形成的原因不同，所以选择的指标也不尽相同，至今黑臭水体评价指标还未统一或形成规范。同时，在充分考虑化学指标的同时，需结合实际，增加黑臭水体水生生物指标和人类感官指标。

水生生物种类和分布与河流水质状况有着显著的相关性。极端黑臭污染状态下水体水生生物系统会发生改变。因此，在评价黑臭水体时需要增加生物指标，通过对城市黑臭水体大型底栖动物、鱼类、浮游动植物采集与指标计算，进一步从生物学角度判别黑臭水体状况和级别。

人类感官指标的黑臭水体评价指标。人类感官，如视觉、嗅觉、情绪反应等，相对化学指标更能够直接、清晰地表达与指示水体黑臭状况。因此，在综合评价黑臭水体时，应增加周围群众对水体的满意度调查，通过实地走访、网络调查问卷形式对基于感官的黑臭水体状况进行定量化表述[26]。

8.2.2 城市黑臭河道治理立法及其实施的不足

我国对于城市黑臭河道治理的配套防治立法不健全，缺乏针对性，主要体现在以下两方面：

在宏观上，目前我国主要由《水污染防治法》、《水污染防治行动计划》、《河道管理条例》及地方性法规、规范性文件对城市河道治理进行调整。但《水污染防治法》许久未修订且由于 2008 年太湖蓝藻事件的爆发，将侧重点放在流域污染治理上；《河道管理条例》侧重于河道管理机构设置及分工、建设项目审批上，对城市黑臭河道治理借鉴意义不大；各级“水十条”的操作性尚需进一步加强；规范性文件效力过低，对很多程序规定尚不明确，所以其执行力得不到有效保障。一系列立法问题的出现阻碍了城市黑臭河道治理工作的推进。

在微观法律制度的设计上，“水十条”颁布前主要通过环境影响评价、“三同时”、排污许可、排污收费、限期治理、停产停业等制度进行污染防治工作的事前预防、事中控制、事后救济。“水十条”颁布后，各地政府在推进原有措施实施的基础上，增加了治理效果的长效保持机制——即增设第三方评议、专家评议、公众调查评议制度。但法律对于上述制度的规定过于笼统，在适用城市黑臭河道治理时皆显得有些水土不服，缺乏操作性。

因此，在考察现有立法不足的基础上，结合政府工作重点，笔者认为在法律层面可从下述四方面进行改进，保障我国城市黑臭河道的治理，贯彻落实“水十条”。

(1) 修订相关立法，以完善法律法规为前提，依法治理城市黑臭河道

“权利没有以法律的形式固定化和普遍化就不可能得到有效的保障，也不可能得到健康的行使”。首先，立法要进一步明确各方主体在城市黑臭河道治理中的权利义务和法律责任，明确各方责任的实现路径，将责任具体化、详细化；其次，加强修订有关法律法规，在《排污许可证管理办法》等规范性文件中对上述举措规定的同时，应当以《河道管理条例》、《水污染防治法》的修订为契机，将这些调整在上位法中予以体现，从而加强法律、法规、政策在城市黑臭河道治理上的针对性和保障力度，贯彻落实“水十条”。

(2) 完善“河长制”，以理清权责为关键，落实地方政府责任

在机构设置上应当构建“各区统一、市区对应”的管理模式，即保证同一城市内各区“河长制”办公室组织架构相同，市区两级工作指挥部门一一对应，以方便上对下的垂直管理及各区间各工作组的横向交流；在人员组成上，应当合理安排“河长制”办公室各小组的职能，并根据其需求细化规范各行政部门在“河长制”办公室各工作组中的职责及所

占人员比例，有效整合各部门河道管理和执法资源，由此做到事有专管，追责主体明确。

（3）改进“排污权有偿使用和交易制度”，以市场机制为激励，调动企业积极性。

建议在排污许可及交易过程中，扩大排污许可及交易的主体范围，将小型企业纳入管理范围中；在排污总量分配及许可证颁发时，以城市河道为标准进行划分，合理控制建成区内各条河道的排污量；在排污交易时，鼓励同河道沿岸企业间的交易，对于此类交易予以一定的政策优惠；在加大违法排污行为处罚力度的同时，应加强对治污减排“领跑者”的政策补贴，由此激发排污单位参与治理的积极性。

（4）保障“公众参与原则”，以利益协调为核心，发挥社会监督效益

建议转换政府角色定位，由“政府主导型”的单向诱导模式转变为“政府服务型”的双向沟通模式，增加政府履职内容，确保公民主动性权利的行使。应当在专项立法中对公民环境信息知情权、监督权予以保障。比如明确规定其法律地位，而非将其隐含在政府公开环境信息等义务之中，比如对地方政府公开信息、搜集民意的方式、期限、程序等做具体规定。

8.2.3　流域综合治理机构权威性缺失

水污染治理最佳区划应该以流域整体为单位，打破传统行政体制分割的局限，建立一种统一管理、协调规划机制。即设立专门委员会，负责编制流域水资源综合治理规划，调解处理省际和部门、政府与群众间水事纠纷；统一管理主要河流和枢纽工程，负责水质监测工作等。但就实践而言，委员会由于其权威性缺失，而未能实现其规划职责。

例如，在淮河流域治理中[61]，淮河水利委员会是中华人民共和国水利部在淮河流域和山东半岛区域内的直属派出机构，机构规格为正厅局级。根据国务院确定的部门职责分工，负责流域水资源保护工作，组织水功能区的划分和向饮用水源保护区等水域排污的控制；审定水域纳污能力，提出限制排污总量的意见；负责省（自治区、直辖市）界水体、重要水域和直管江河湖库及跨流域调水的水量和水质监测工作。从这些描述可以看出淮委会的存在主要是负责水利部与地方政府间的上情下达以及规划的制定和监督。就授权而言淮委会的职权是水利部授予从而没有法律依据，在处理跨界水污染问题时没有权威性。就其级别而言淮委会只是厅局级的事业单位，以一个事业单位的身份去协调省、部等国家行政机关可谓举步维艰。就经济实力而言，淮委会更无法与掌握财政权的地方政府相比。种种限制和困境造成淮河水利委员会的权威性严重不足，流域政府间跨界协调最终流于形式，这不仅造成治污资源的严重浪费，更为严重的问题在于流域综合协调管理机构在治污过程中不能发挥应有的作用对流域水污染治理进程造成极大的影响。

因此，流域综合治理管理机构应该是具有实际权力，负责流域整体统筹协调、统一规划的机构，但现阶段流域管理机构由于其权力来源缺乏法律依据预设职能远未发挥出来，其根据情势指定治理规章、监督治污的职能明显弱化。新型的合作治污机制中流域管理机构的存在要以法律为依据，要切实实现其污染治理中的组织、计划、监督、协调等职能。

8.2.4　公众与社会参与以及支持方面的问题

促进河道治理情况的信息公开、建立线上线下举报平台的本质是通过保障公众的环境知情权、监督权来加强对政府、排污单位的监督，是公众参与原则在城市黑臭河道治理方

面的集中体现。而目前我国面临的困境是：在各级政府重点强调构建全民参与的格局、积极推进对应平台搭建的前提下，仍存在公民权利行使困难的情况，导致公民参与管理的积极性不高。原因有以下几点：

（1）“信息不对称”。环境信息公开的主动权仍掌握在河道治理主管部门手中，何时公开、公开到什么程度不由群众决定。例如“水十条”虽明确规定需定期公布河道排查和治理情况，在落实时各级地方政府往往仅对其进行笼统概括，以新闻发言的形式进行公示，而将具体统计结果以内部文件的名义进行封存。

（2）公民知情权受侵犯时，缺乏权利救济途径。法律对政府未及时履行职责时负何种法律后果、公民是否有权向政府主管当局申请提供环境信息、在知情权受阻时可排除哪些权利并无规定，导致公民知情权受侵犯时“有苦无处诉”。

政府及其官员作为公共政策制定和执行主体，仅仅依靠自身的行政力量，往往难以完全把握治理中出现的种种问题。加之政府能力的有限性，这促使了公共政策的制定需要更多的公众参与进来。引入公众参与城市治理成为必须，也是公共决策科学化、民主化的需要。

通过制度化的合理安排，界定公众参与平台的职责和目标，并将公众参与模式常规化、日常化。制度化设计有助于提高公众参与的效率和效果。

1）规范公众参与的基础性制度

基础性制度包括公众参与决策的范围、形式、程序等。由于目前我国的公众参与基础性制度比较笼统，对于哪些公共事务是公众应当参与的界定不清、公众参与程序不明确、公众参与形式化严重，这些都导致公众参与制度弱化，积极性不高，难以组织有效的公众参与活动。因此，加强公众参与的基础性制度建设是实现公众有效参与的先决条件。

2）建立政府回应机制和信息发布制度

政府对公众参与的态度直接影响公众参与的积极性，政府回应主动与否，直接关系到公众的参与意愿。从公众角色来看，公众在参与公共决策过程中通过与政府之间的沟通，来表达自身的愿望和诉求，其目的是希望能够得到政府的回应，无论诉求是得到政府的支持或是反对，都希望能够知道支持或反对的原因和结果。从政策执行者的角度看，当政府及时回应公众的疑问、意见和诉求时，这种双向的互动能够增加政府与公众之间、公众与公众之间的认同度，提高参与的质量和效率。因此，政府应当建立相应的回应机制，完善相关决策信息的发布制度。例如通过设立领导接待日、来访信访、电子政府等形式，及时对公众的需求给予合理的说法。同时建立涵盖信息发布平台的建立、运营和维护的信息发布制度，以减少政府与公众之间的信息不对称，有利于公众快速有效的获取相关信息。

3）健全公众有效参与的保障制度

保障公众有效参与的制度包括公共决策公示制度、信访制度、公共决策复议制度等。通过完善公众参与在有关法律法规中的作用，切实为公众提供可靠的参与渠道和组织化的参与方式，最终实现参与。

8.2.5 黑臭水体治理技术问题

目前，黑臭水体的治理手段单一，系统性不足成为制约黑臭水体治理成效的重要因素。部分城市黑臭水体治理寄希望于污水截流、清淤、筑坝、护岸等单一的治理措施。例如，有些地方采用在河沟、河渠上“加盖”作为排污暗沟，虽然暂时避免了臭味的散发，改善了感观，但加盖后封于地下的河流由于水体中溶解氧降低，水质也会进一步恶化，不仅不能从根本上解决黑臭问题，甚至给流域水系造成毁灭性破坏。

黑臭水体的治理目标不是治理大江大河，而是恢复城市生活中的小沟小河水体的问题，目标是解决水体黑臭的问题，而并不是让水体达到三类、四类、五类水的标准。因为在城市级别中，以现有的条件来看，想要达到这个标准是不可能的也不现实的。治理黑臭水体主要分三个步骤：“水体变清——水体流动——水体自净”，其中让水体流动起来是工程中第一步考虑的问题。

1. 基于水体流动技术

（1）水体功能定位

水体流动设计必须结合城市水体位置及水质水量的关系，对城市水体进行合理功能定位，基于水体功能进行总体设计。目前，很多河道的整治工程，建成后水面宽，水体深，亲水性差。例如做成水坝，水体停留时间过长，景观亲水性差，补水需水量大，潜在污染源多。因此，在综合整治黑臭水体时，必须转变理念，基于城市水体水质与水量的特征，借鉴国内外技术。例如新加坡 ABC 计划，根据城市水体的实际情况，将水体分为不同的断面，依据不同时期来水量，不同的断面来解决实际的问题（见图 8-46）。

图 8-46　新加坡 ABC 计划

例如韩国清溪川，上部硬化宽河面，满足泄洪要求，中部人行道，满足景观娱乐与休闲，底部生态窄河面，满足基流与净化（见图 8-47）。清溪川三段河道的结构都是 40cm 浅

图 8-47　韩国清溪川（一）

图 8-47 韩国清溪川（二）

水面，略宽水面，水流流速非常快。第一，40cm 浅水面能基本完成富氧，解决了缺氧黑臭的问题；第二，清溪川真正实现了亲水功能，能作为公众休闲娱乐旅游场所。而国内做成 1.5～2m 水深的大水面，流速低，死水区多，且无法实现亲水功能。

河流底部违背自然规律的无序硬化将阻断天然的水文循环与破坏生态系统内外联系，但目前很多城市河流下渗系数大，速率快，在没有补充水源的情况下，不能完全强调把河底的硬化完全变成渗透性比较快的底泥。因为不同河流实际情况不同，可能会出现断流的问题，当河流断流且又没有水源及时补充，可能会引发其他问题。所以水体的功能定位要根据河流的实际情况而决定。

（2）污水处理厂补水与防洪的问题

现在城市大部分的污水处理厂，处理后的出水并不都是排到城市河道中，而是排到城市河道下游。那么这就带来了两个问题。一是城市河道缺水的问题，二是把排到下游城市的水引到河道中，来解决河道缺水问题。也就是旱季为再生水补水通道：污水处理厂仍设于城市下游，并沿河道设提升泵站（地势平坦地区或无需提升）和供水管网，做一些处理设施。旱季将污水处理厂出水引入城市河道，作为河道水体补充水，增加水体径流量。雨季的时候作为暴雨雨水通道。雨季污水处理厂出水不再回补城市河道，而是直接入河道。暴雨期间，输水管道或可起到雨水通道或泄洪作用。这样就可以实现河道在雨季和旱季实现双向互通，在旱季的时候可以补水，在雨季的时候可以泄洪。

（3）水体循环。

将旁路治理与水体循环有效结合。对于城市缓流水体，在其下游设置提升泵和必要的净化设施，并通过管道、暗渠或生态渠道的形式将处理后的水引入上游，实现水质净化的同时实现水的流动性。

2. 基于水体变清技术

（1）外源控制

目前污水收集率低，污水排到河道，可生化性高，易造成水体富营养化，变成黑臭水体。河道治理需要考虑的问题不只是片面地强调把污水净化为是四类水还是三类水，而是可生化性污水的进一步收集与处理。破损管道整治修复与污水直排口、合流制管网溢流口控制同等重要。

污水杂物进入雨水管道和雨水对管底沉积物冲刷的污染问题也不可回避的。城市道路路面非常脏，洒水车冲洗后的水进入雨水管道。进入雨水管道的水一部分沉积下去，到下雨的时候进入河道，另一部分因为雨污混接、排水管道混接，因为雨水管道直接接到河道的，所以又直接流到河道中。要做到外源污染物的有效控制，就要解决这部分的问题，需要把真正的污水收集率达到90%甚至100%。这里就涉及往污水管道截旱流水、初期雨水相关问题的技术。例如3min的初期雨水收集，到底能收集多少水的问题。因为在初期降雨的时候，在管道中必须要有一定的流速，那么某一个区域3min能有多少流量的雨水能流进收集口中呢？3min能收集的范围可能要每一个地方做一个小的雨水收集设施来收集，但是这个的工程量是非常巨大的，很多城市不能接受，也不能采用这个模式，还需后期考虑如何解决这个问题。与此同时，初期雨水收集之后去哪里也是值得关注的。现在的污水处理厂负荷率都达到90%多，那么收集回来是初级雨水存放在哪？还有截流倍数高了是不是真的有效，因为截流倍数高了之后，必须能处理才能体现出有效。但是截留倍数高了之后，到了下游都是直接排出去，只是污染物的转移。

（2）内源治理

河道底泥问题非常严重。很多城市河道的底泥检测发现，3～4m深的底泥也受污染，其中南方一些原来以电子工业为核心的一些地区，可能还要分层来做底泥的分析与分层处置。在清淤泥之前，需先做环境评估，决定是否需要进行危废处理。如果需要进行危废处理的话，这条河道的处理成本可能要远远高于预算，项目有可能暂停，因为那一块的电子工业太发达了，河道已经成为一个大污染源，由于工业随意排放污染源在河道已经累计得非常严重。另外，河道底泥的堆放区非常缺乏，底泥处理及临时堆放场所设置、脱泥水的性质及其处理处置、底泥的最终处理方式及其出路也是值得关注与思考。

（3）水质净化

目前，磁混凝或其他混凝技术在国内推荐比较多。磁混凝技术本身没有太大的问题，这种技术能真正快速让有机物与其他污染物质得到快速解决，关键是处理完的水排到自然水体中必须保证一定的滤速。因为磁混凝或其他混凝技术核心只相当于污水处理厂的一级强化，去除的更多的是不可生化降解的有机物或者是无机物颗粒，而对氨氮几乎没有去除效果，水体依然含有大量的可生物降解的小分子有机物或者是氨氮。因此，经处理后的出水排到死水区里面，在短时间内会再次引发水体黑臭的问题。另外这种混凝技术在城市水体里很难达到反应条件。化学混凝沉淀或其他反应，必须要有反应的过程。但是在实际城市水体里，很多都是一片散乱，药剂投加量可能是远远超过实际是需要的水平。

3. 基于水体自净技术

研究表明，水生植物对重金属、有机物和氮磷的去除能力非常有限。水生植物与传统的生化处理相比效果要弱很多，但值得注意的是，在水体中种上水生植物之后，植物会通过光合作用，会向水体里面快速释放溶解氧。而且不管是哪种类型的植物，只要水下面有根或者有茎，它能快速地向水体中释放溶解氧，可让水体充氧达到5mg/L，而当水体中溶解氧充足，水体就不会变黑变臭。但是水体本身要净化到一定程度。因此在后期做水生植物修复时应注意，传统的没根的浮岛不具有传递氧的能力，因为表层的传氧能力已经够了，水体的传氧是个重要的问题。

同时在使用水生植物进行生态修复时，还需要注意水生植物的收割与管理。因为到了冬天，水生植物必须清理出去河道，但是很多城市现在是没有地方清理水草的地方的。之前大量的人工湿地，配有小型处理厂，但是现在大部分也被关停了，关停之后只能到填埋场，但是水草的含水量通常在80%以上，填埋场也不要，然后水生植物还会有产气产水等问题，所以水生植物后续的处理是今后工作中需关注的问题。

8.2.6 黑臭水体综合治理的后期监管和考核问题

1. 后期监管问题

管理机制的不健全，可能导致黑臭水体治理后反弹。黑臭水体在治理过程中，如果污染源治理不彻底、治理后管理不到位，很容易出现黑臭水体反弹的情形。具体表现为丰水期好、枯水期差，晴天时水质好，下雨天又黑又臭的情形。因此，在黑臭水体综合治理时，必须坚持工程项目和管理制度并重，两手都要抓，两手都要硬，以共同促进黑臭水体的消除以及良好水体的恢复与长效保持。

（1）黑臭水体治理需发挥公众监督，将“互联网＋”融入黑臭水体治理

公众是治理黑臭水体的最大利益相关者，对黑臭水体具有知情权、表达权和监督权。移动互联时代为公众参与环境保护的方式、方法和途径提供了机遇和契机。因此，借助移动互联平台的便捷性，搭建黑臭水体信息平台，有利于公众了解、举报和参与黑臭水体治理。公众对黑臭水体治理对象、治理进程和治理效果的监督管理，有利于倒逼地方政府加快治理进度，早日消除黑臭水体。

（2）新闻媒体的合作监督

新闻媒体具有较强的独立性，容易避免政治干扰，且以社会民众的意愿、要求为关注焦点，相对其他监督渠道，新闻媒体影响力更为深刻且更为广泛，将其纳入治污合作机制将大大提高治污工作的透明度，有效提高相关主体的工作效率。

2. 后期考核问题

国家《生态文明体制改革总体方案》要求建立生态文明绩效考核和责任追究制度，推行“地方各级人民政府生态绩效考核”与“实行环境保护一票否决制”等制度，将生态指标列入干部绩效考核指标体系，这将为生态治理市场发展提供最直接的动力。但是，城市水体多数属于开放区域，其水质、水量，受区域特征、环境条件、市政基础设施完善程度等因素影响较大，一定程度上加大了维持难度。而且“黑臭”本身并不是一个科学术语，因此很难通过水质指标进行科学评估，导致后期的监管和考核难度大。并且，目前PPP模式按效付费的评估机制尚不健全，政府付费的考核机制也有待完善。

下　　篇

海绵城市建设与黑臭水体治理的关系

9 海绵城市建设与黑臭水体治理的内在联系

9.1 海绵城市建设和黑臭水体治理的背景

海绵城市是城市文明的重要标志之一。建设海绵城市，要从思想观念，行为方式和筹集资金三个方面实行重大转变，提高城市水安全保障水平。要认识到海绵城市建设的根本是城市建设要从生态破坏转向恢复生态，要从原来的末端治理转向源头削减、过程控制、末段处理相结合，从原来雨水的收集，渗透的单一途径转向多途径；要从重视结构性措施转向结构性措施和非结构性措施并重，同时抓好法律法规、政策、体制机制等一系列工作。

9.1.1 相关政策、文件

1.《水污染防治行动计划》

水环境保护事关人民群众切身利益，事关全面建成小康社会，事关实现中华民族伟大复兴中国梦。当前，我国一些地区水环境质量差、水生态受损重、环境隐患多等问题十分突出，影响和损害群众健康，不利于经济社会持续发展。为切实加大水污染防治力度，为保障国家水安全，2015 年 4 月 2 日国务院发布《水污染防治行动计划》(简称“水十条”)。大力推进生态文明建设，以改善水环境质量为核心，按照“节水优先、空间均衡、系统治理、两手发力”原则，贯彻“安全、清洁、健康”方针，强化源头控制，水陆统筹、河海兼顾，对江河湖海实施分流域、分区域、分阶段科学治理，系统推进水污染防治、水生态保护和水资源管理。

到 2020 年，长江、黄河、珠江、松花江、淮河、海河、辽河等七大重点流域水质优良（达到或优于Ⅲ类）比例总体达到 70%以上，地级及以上城市建成区黑臭水体均控制在 10%以内。到 2030 年，全国七大重点流域水质优良比例总体达到 75%以上，城市建成区黑臭水体总体得到消除[62]。同时积极推行低影响开发建设模式，建设渗、蓄、用、排相结合的雨水收集利用设施。新建城区硬化地面，可渗透地面要达 40%以上[63]。

“水十条”特别提出整治城市黑臭水体。采取控源截污、垃圾清理、清淤疏浚、生态修复等措施，加大黑臭水体治理力度，每半年向社会公布治理情况。地级及以上城市建成区应于 2015 年底前完成水体排查，公布黑臭水体名称、责任人及达标期限；于 2017 年底前实现河面无大面积漂浮物，河岸无垃圾，无违法排污口；于 2020 年底前完成黑臭水体治理目标。直辖市、省会城市、计划单列市建成区要于 2017 年底前基本消除黑臭水体[64]。

海绵城市建设、黑臭水体治理、地下管廊完善、农村环境整治，是现在地方政府被中央要求尽快推进的四大任务。而 PPP，则是由财政部和发改委争相推动的重大地方政府公共服务改革。

2.《全国城市市政基础设施规划建设“十三五”规划》

经国务院同意，由住房城乡建设部、国家发展改革委组织编制的《全国城市市政基础设施规划建设“十三五”规划》（以下简称《规划》）已正式发布实施。《规划》针对我国城市市政基础设施存在的总量不足、标准不高、发展不均衡、管理粗放等问题，提出了“十三五”时期城市市政基础设施发展目标、规划任务、重点工程和保障措施，是指导“十三五”时期我国城市市政基础设施建设的重要依据[65]。

（1）全面整治城市黑臭水体，强化水污染全过程控制。

以黑臭水体治理带动城市水环境改善，提高水体的生态、景观、游憩和文化功能，促进城市品质提升。按照因地制宜、一河一策的原则，综合采取控源截污、内源治理、生态修复、活水保质等措施，科学整治城市黑臭水体。地方政府根据所公布黑臭水体名单、总体整治计划及各黑臭水体整治工作进展情况，定期公布水体整治效果，避免“一年一治、反复治理”。

对黑臭水体及其支流汇流范围内的城中村、老旧城区和城乡结合部，因地制宜开展污水收集和处理设施的建设与改造，力争做到全收集、全处理、全达标排放。加快城市排水与污水监测能力建设，所有设市城市应具备排水与污水处理监测能力。

强化污泥无害化处理处置，按照“绿色、循环、低碳”原则建设污泥处置设施。污泥处置设施布局应“集散结合、适当集中”，提高处理的规模效应，因地制宜选择污泥处理处置措施，拓展达到稳定化、无害化标准污泥制品的使用范围，尽可能回收污泥中的资源、能源。

（2）加快推进海绵城市建设，实现城市建设模式转型。

转变传统的城市建设理念，按照规划引领、生态优先、安全为重、因地制宜的原则，综合采取“渗、滞、蓄、净、用、排”等措施，建设自然积存、自然渗透、自然净化的海绵城市。统筹推进新老城区海绵城市建设，城市新区建设以目标为导向，全面落实海绵城市建设要求；老城区以问题为导向，结合城市棚户区、城中村、老旧小区改造等，以治理城市内涝与黑臭水体为突破口，有序推进海绵城市建设，实现“小雨不积水、大雨不内涝、水体不黑臭、热岛有缓解”的目标。

推广海绵型建筑与小区，因地制宜采取屋顶绿化、雨水调蓄与收集利用、微地形等措施，提高建筑与小区的雨水积存和蓄滞能力；推进海绵型道路与广场建设，改变雨水快排、直排的传统做法，增强道路绿化带对雨水的消纳功能，在非机动车道、人行道、停车场、广场等扩大使用透水铺装，推行道路与广场雨水的收集、净化和利用，减轻对市政排水系统的压力。推广海绵型公园和绿地，通过建设雨水花园、下凹式绿地、人工湿地等措施，增强公园和绿地系统的城市海绵体功能，消纳自身雨水，并为蓄滞周边区域雨水提供空间[66]。

《规划》提出“全面整治城市黑臭水体，强化水污染全过程控制”、“加快推进海绵城市建设，实现城市建设模式转型”的意义：

（1）黑臭水体治理和海绵城市建设被明确写入规划，意味着在最高国家层面获得政策的支持与保障。

（2）黑臭水体治理和海绵城市建设被写入市政基础设施规划，标志着城市建设方式向生态可持续方向转变，绿色基础设施越来越受到重视。

（3）海绵城市建设内容复杂，并且与其他内容如黑臭水体治理等有交集。

（4）规划目标中未对县城海绵城市建设提出要求，然而海绵城市与城市水生态已刻不容缓，各地方应主动采取行动。

3.《关于全面推行河长制的意见》

2016年12月，中共中央办公厅、国务院办公厅印发了《关于全面推行河长制的意见》，并发出通知，要求各地区各部门结合实际认真贯彻落实。全面推行河长制是党中央、国务院做出的重大决策部署，是落实绿色发展理念、推进生态文明建设的内在要求，对保护水资源、防治水污染、改善水环境、修复水生态，具有重要作用。

总体来说，黑臭水体治理工作开局良好。但我们也要看到，水体黑臭，问题在水里，根源在岸上，必须系统治理、综合施策。各地要加大力度，以贯彻落实河长制为契机，做到“五个到位”。

一是思想认识要到位。对身边的黑臭水体，人民群众感受直接、反映强烈，最有发言权。各地要高度重视，真正把人民放在心中最高位置，扎实推进黑臭水体治理工作，让老百姓感受到实实在在的成效。

二是领导责任要到位。中央明确要求建立四级河长体系，由同级负责同志担任“河长”，形成以党政领导负责制为核心的责任体系。黑臭水体治理是一项复杂的系统工程。只有各级领导和“河长”真正负起责任，这项任务才能完成好。

三是治理规划要到位。要“一河一策”做好综合治理规划，把前期工作做扎实。住房和城乡部、环保部、水利部、农业部四部门出台了《城市黑臭水体治理工作指南》，提出了“控源截污、清淤疏浚、生态修复、活水保质”的技术路线和“排查、规划、治理、验收、保持”的工作要求，希望各地结合海绵城市建设抓好落实。

四是资金保障要到位。治理黑臭水体，是改善城市环境、提升人民福祉的一项重要工作。政府责无旁贷，各级政府要加大财政投入。同时，要按照市场规律建立多元化的投资机制，积极争取社会资本参与和金融支持，拓宽资金筹措渠道。

五是监督整改要到位。要积极引入公众参与，加强对河长的考核。创新奖惩机制，对任务完成得好的，要奖励；对工作开展不力的，要有惩戒措施。明年，将选择部分黑臭水体挂牌督办，强化督导，确保顺利完成任务。

9.1.2 黑臭水体治理融入海绵城市建设的必要性

在城镇化的大背景下，城市地表径流量大幅度增加，从而会引发洪涝积水、河流水系生态恶化、水污染加剧等问题，水环境污染和水生态退化已经成为我国水资源开发利用与保护中最突出的水问题。可见，河湖水系作为海绵城市的蓄水体，同时也是纳污主体，随着污染物不断稀释净化作用逐渐削弱，超过了河道自净界限，水污染已成为推进海绵城市建设的死结，河湖治理势在必行[67]。

同时由于我国正处在由工业化推动的城镇化发展阶段。在这个阶段，环境治理，特别是水环境治理明显滞后于经济的发展和人民群众对生活环境的要求。目前，全国的地表水近1/10水质是劣五类[68]，24.6%的重点湖泊水库呈富营养状态，全国4778个地下水质监测点中，较差的比例为43.9%，极差的比例为15.9%。要特别指出的是，有些省、市有水的地方皆有臭味，而且相关部门负责人还不以为然[69]。

许多城市河道虽然经过反复治理，但是效果不佳。简单分析原因，一是原有的治水方式错误破坏了水体的自我净化机制。例如，常犯的错误是将河道设计建设成“三面光”，破坏了水生系统自净能力；二是缺乏知难而上的决心和方案，没有对城市主要污染源截污纳管；三是城市“面源污染”失控、暴雨初期径流污染直排进入河道水体[70]。因此，黑臭河治理过程中就必须融入海绵城市的建设理念，遵循生态治理的路线，恢复水系原有的生态环境，黑臭河才能在根本上得到治理，才能最终建成自然积存、自然渗透、自然净化的“海绵城市”，建成高效、和谐、安康、可持续发展的生态城市环境。

9.2　城市黑臭河治理与海绵城市建设的相互关系

9.2.1　建设内容

国务院发布的《关于推进海绵城市建设的指导意见》时强调指出，要以黑臭水体整治作为海绵城市建设的突破口。黑臭水体整治涉及控源截污、内源治理、生态修复以及其他方面。控源截污是本，必须把污染源切断，内源是标，最后恢复水道功能时要通过生态修复加以维持。因此，海绵城市建设也有源头的削减、过程控制、系统治理，包含了黑臭水体的整治问题。黑臭水体依赖于海绵城市建设进行控源截污和内源治理。也就是说，海绵城市建设能够有效地控制黑臭水体的面源污染来源。见图 9-1。

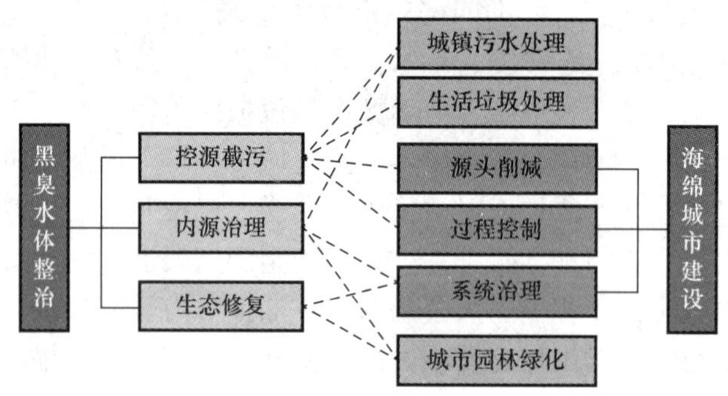

图 9-1　海绵城市建设与黑臭水体综合治理的关系

海绵建设实质是生态建设，而黑臭水体治理是生态建设的内容之一。海绵城市建设以蓄留、分流、渗透、净化的源头控制理念，解决了传统雨水管理技术所带来的问题，有效地减轻了城市化对水循环过程带来的负面影响，营造出舒适宜人的水景观，对实现生态城市建设的意义重大。海绵城市建设的核心思想“自然积蓄、自然渗透、自然净化”等内容显示，雨水管理利用的生态学思想受到了极大重视。

海绵城市的建设实际上就是生态城市的建设。进入新世纪，建设生态城市已作为加快现代化国际城市建设步伐、增强城市综合竞争力、提高人民生活水平的重要举措，它已成为未来城市发展的必然趋势。城市的可持续发展对我国在 21 世纪全面完成现代化和中华民族伟大振兴具有决定性的意义。生态城市是实现可持续发展的重要基础，在大力推进城市化的过程中同时推进城市的生态建设，是新世纪赋予我们的伟大历史使命，是贯彻党的“十六大”提出的“促进人与自然的和谐，推动整个社会走上生产发展、生活富裕、生态良好的文明发展道路”的必然要求。见图9-2。

黑臭水体治理属于生态建设的内容之一，也是海绵城市建设的组成部分。城市黑臭水体综合治理要统筹水环境、水资源和水生态多方面，完善“四源同治”的系统治水体系，达到消除劣Ⅴ类黑臭水体，恢复河流的生态功能的目标。海绵城市建设过程中就必须把黑臭水体治理放在极其重要的位置。黑臭水体整治是海绵城市建设的突破口，海绵城市建设是黑臭水整治的标本兼治之策。如果城市河道没有得到治理，恢复其原有的生态性，那么海绵城市建设必将是纸上谈兵，要达到生态城市的标准也将是遥遥无期。

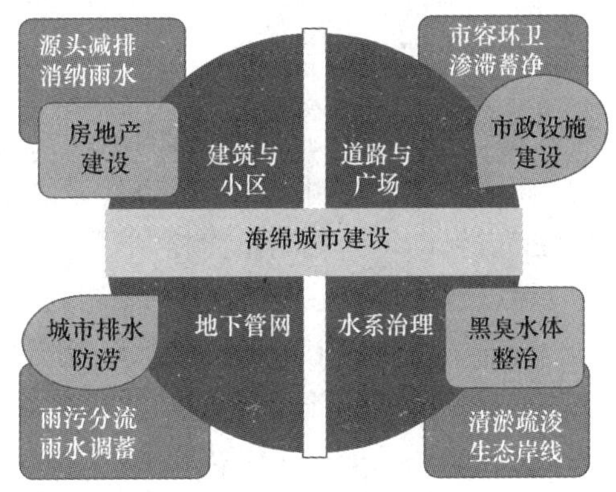

图9-2 海绵城市建设的范畴

9.2.2 建设要求及途径

我国海绵城市建设要求在生态优先的准则下，将自然途径与人工措施相结合，来解决雨水收集、调蓄、渗透、净化及生态利用等问题。

对海绵城市建设，其建设途径主要有三个方面：

一是对城市水生态系统的保护，通过有效保护湖泊、河流、湿地等水体，实现雨水调蓄、径流量控制和应对较大强度的降雨；

二是运用生态治理的手段，对受到严重破坏的水体和其他自然环境进行生态修复，并恢复其原有的生态环境及自然形貌。

三是低影响开发。在城市开发建设中控制径流污染，最大限度地减少对城市原有水生态环境的毁坏，加强雨水的积存、渗透和净化。

对黑臭水体治理的要求与途径主要体现在以下几方面：

(1) 城市黑臭水体治理中要求在全面消除黑臭的同时，多渠道科学开辟补水水源、改善水动力条件，修复水生态系统，提升水体自然净化能力，实现城市水环境持续改善，并长效保持。

(2) 城市黑臭水体治理途径中，应采用控源截污、内源治理、活水循环、清水补给、水质净化、生态修复等综合措施来消除黑臭。

(3) 治理与控制初期雨水的污染，最大限度地利用雨水资源。初期雨水污染的治理与控制是“控源截污”中重要内容之一。在我国淡水资源日益紧缺的形势下，河涌清水补给应优先考虑最大限度地利用雨水资源。采用必要的处理手段对雨水加以净化，用于补充河涌，同时辅助活水循环设施，对河涌水体保持脱除黑臭后的长效性十分重要。

(4) 内源治理中水体底泥所含污染物是必须解决的重点问题。内源污染的控制与消除，是最直接的消除黑臭水体污染源的措施，是黑臭水体真正还清的技术大前提。内源控制技术一般是通过清淤疏浚的方式将黑臭水体内受污染的底泥挖掘出来，能有效地去除污染源，为后续修复工作减轻负荷。

(5) 提高水体的自净能力，人工湿地、生态堤岸是提高水体自净能力的重要途径之一。

9.2.3　共同建设需求

海绵城市建设与黑臭水体的治理在理念和建设途径上有许多共同之处。

雨水径流量控制是海绵城市建设的重要元素。一般通过自然水体、多功能调蓄水体，或人工措施构建调蓄池作为控制径流量的途径。利用消除黑臭的水体构建天然雨水调蓄池，可以解决海绵城市建设中专用雨水调蓄设施用地困难的问题。

海绵城市建设中采用各种低影响开发技术，对初期雨水面源污染控制与黑臭水体中“控源截污”的要求完全一致。低影响开发雨水系统的年SS总量去除率一般可达40%～60%，从而减轻了水体污染负荷。

发挥海绵城市建设的作用，强化城市降雨径流的滞蓄和净化，补给水体，增加水体流动性和环境容量，是黑臭水体经治理后，实现长效性的必要措施。

黑臭水体治理中采用人工湿地、生态堤岸等措施，也是海绵城市建设中生态恢复及保护的方法之一。

综上所述，海绵城市建设与黑臭水体治理对径流污染控制、雨水调蓄利用、水生态保护等方面有共同的建设需求，因此在具体项目建设中，将二者有机结合，既可以节约工程费用，又可以最大限度地发挥工程效益。

10 黑臭水体综合整治在“海绵城市”建设要求下的设计特点

结合海绵城市的建设理念，最后的目标要达到“小雨不积水、大雨不内涝”、水体不黑臭、热岛效应得到缓解的理想状态。黑臭水体综合整治，一般是以流域为单位进行系统地治理，包括源头控制、过程阻断、末端处理。过程阻断更多是对面源污染的控制，源头减排就必须从管网建设、市政建设中入手，管网建设要降低错接率，管网内污水一定要得到有效的截留、净化、处理。

控源截污是根本和前提条件，没有它，在河道里进行内源治理、清淤和生态修复便达不到效果。控源截污包括了点源控制、面源控制。点源污染的控制主要通过截污纳管这种方式，面源污染的控制有植被缓冲带、生态护坡等方式。内源治理有垃圾处理和清淤疏浚，而生态修复是对于水质维持的有效方式。但是如果没有很好做到点源和面源污染的控制，不断有污染物进入水体。外源污染没有解决，内源治理根本达不到效果。而生态修复只能维持水质但却不能有效净化不断排入的污染物。因此黑臭水体治理必须把控源截污放在第一位才能得到成功整治。

在黑臭水体治理的同时构建良好的生态水景观，是基于海绵城市建设的重要元素。从微生物系统、沉水植被群落系统、挺水浮叶植被群落系统、水生动物系统四个方面，复建健康、平衡、稳定的可持续的水生态系统，完善物质流链条，恢复水体自净能力，长久保持河道不黑不臭、水质良好、水体清澈、水景秀美[71]。

黑臭水体综合治理中，岸线是陆地与水域之间的过渡带，岸线区能起到过滤器的作用。生态护岸利用植物或者植物与土木工程相结合，可以净化水体。在海绵城市建设中水体与土壤相互滋养的交换地带，增加水体下渗维持水体循环，营造生物栖息地。

黑臭水体整治技术有很多。比如，植被缓冲带与生态驳岸可以有效拦截面源污染；人工湿地具有调蓄处理大范围雨水的能力；地下深邃可以防治内涝保障城市水安全。根据不同的要求、不同的地形特点、不同的整治目标和投资情况，因地制宜选用整治技术。有调查报告显示，黑臭水体同时具有集中性与分散性特点。集中性体现在集中于人口密集和种养殖集中的区域特征，而分散性体现在同一河流的黑臭水体分布分散，污染直排点分散，底质集中点也分散的区域特征。我们在进行技术选择及方案制定时，既要考虑黑臭水体的治理，还要考虑其与海绵城市建设的有机结合，综合考虑其与周邻海绵建设项目的关系。根据黑臭河集中性与分散性的特点，以及海绵城市建设的理念，本书列举了以下常见的黑臭水体综合整治技术。

10.1 分散性污染控制技术

城市河流的分散性污染，主要由降雨产生的雨水径流形式引起。径流中的污染物主要来自于雨水对河流周边道路表面的沉积物、无植被覆盖裸露的地面、垃圾等的冲刷，污染物的含量取决于城市河流的地形、地貌、植被的覆盖程度和污染物的分布情况。因此，对面源污染的控制，可以通过控制城市河流周边因降雨径流带来的污染物达到目的。分散性污染控制是黑臭水体治理的主要方面。其总的思路是从源头削减、过程截留到末端净化进行全过程控制。分散性污染控制的技术包括：下凹式绿地、透水铺装、缓冲带、生态驳岸等。在选用技术措施时，可依据当地的实际情况，单独使用一种或将几种技术配合使用[72]。

10.1.1　下凹式绿地

为了有效削减雨水径流量，可采用下凹式绿地（见图 10-1）。现有的绿地与周围地面的标高一般相同，甚至略高。但是绿地通过改造后，绿地高程低于周围地面平均约为 10cm。这可以更好地保证周围硬质地面的雨水径流自流进入绿地。绿地表面通常种植草皮和绿化树种，以保证一定的景观效果；绿地下层的天然土坡改造成渗透系数大的透水材料，由表层到底层依次为表层土、砂层、碎石、可渗透的底土层，增大土壤的存储空间。根据实际情况，在绿地改造过程中，设置起伏地形，在竖向方向营造低洼面。在绿地的低洼处适当建设渗透管沟、入渗槽、入渗井等设施，以增加土壤的入渗能力，消纳标准内降水。渗透管沟可采用人工砾石等透水材料制成，汇集的雨水通过渗透管沟进入碎石层，然后再进一步向四周土壤渗透。这种既能保持一定的绿化景观效果，又能净化降雨径流的控制措施，具有工艺简单、工程投资少、不需额外占地等优点[72]。

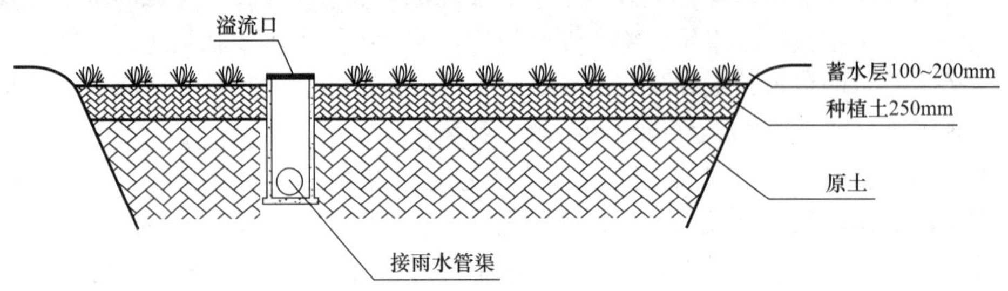

图 10-1　下凹式绿地示意图[13]

程江[73]等人研究下凹式绿地对径流污染的控制，实验结果表明，小型自然型下凹式绿地具有较好地削减城市降雨径流污染的能力，对 COD、氨氮和 TP 的平均削减率分别为 52.21%、48.98%和 47.35%。下凹式绿地对降雨径流污染的削减过程可分为前后 2 个阶段：在渗滤介质和覆被植物的机械过滤与吸附等物理作用下，前期 1h 的径流污染削减规律符合一级动力学模式；在绿地土壤与覆被植物的共同作用下，后期径流污染削减规律可用二级动力学模式表示。降雨历时增加，延长了径流污染物的水力停留时间，提高了污染削减率。当降雨历时从大约 3h 增加到 20h 左右时，污染物的综合削减率从 40%上升到 65%[74]。

下凹式绿地属于多功能调蓄设施，灵活多样：如削减洪峰、减少水涝与调节的同时，可以削减洪峰、减少水涝、调节利用雨水资源、增加地下补给、创造城市水景或湿地，为动植物提供栖息场所，改善生态环境，发挥城市土地资源等[73]。下凹式绿地利用海绵城市具有的“渗、滞、蓄”等功能，减少雨水径流污染和面源污染，将初期雨水污染、面源污染控制在最低程度，进而实现黑臭水体控源截污的功能。下凹式绿地是海绵城市建设和黑臭水体治理有机结合的应用性技术，实施方便，施工简单，是一种易于推广的技术[75]。

1. 下凹式绿地的应用

（1）公园下凹式绿地（见图 10-2）

公园绿地面积大，植被截留雨水量有限，部分雨水仍需通过市政排水管网进行解决。这加大了城市排水管网压力，并增加建设投资。通过调整公园铺设材料、降低绿地建设高程、改变下渗层材质及绿地植被种类等，加大雨水的入渗能力，达到扩容城市“地下水库”的目的[75]。

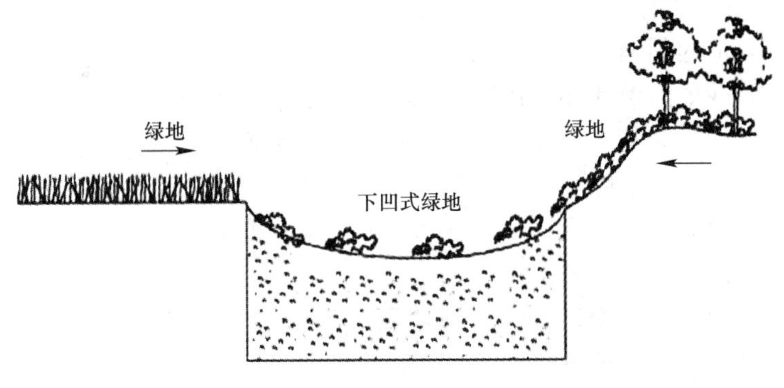

图 10-2　公园下凹式绿地

（2）小区下凹式绿地（见图 10-3）

小区地面硬化程度高，初期雨水径流量大，污染比较严重，对周边水环境产生较大的影响，且易产生内涝。因此，通过建设下凹式绿地和构建新的雨水系统，充分利用下凹式绿地的雨水调蓄入渗能力，达到削减洪峰流量的目的。

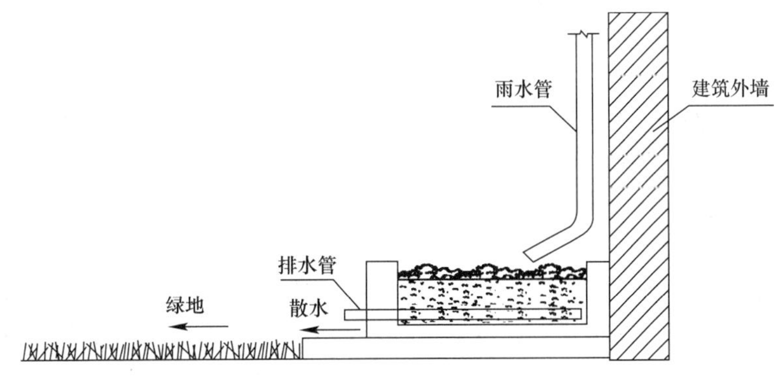

图 10-3　小区下凹式绿地

（3）道路下凹式绿地（见图 10-4）

硬化的道路地面导致初期雨水径流量大，无法排入绿地调蓄及入渗。同时，道路初期雨水污染较严重，对周边水环境产生较大的影响，且易产生内涝。通过调整道路绿地结构和雨水井的布设，可充分利用绿地的雨水调蓄入渗能力，削减洪峰流量、控制径流污染的能力。

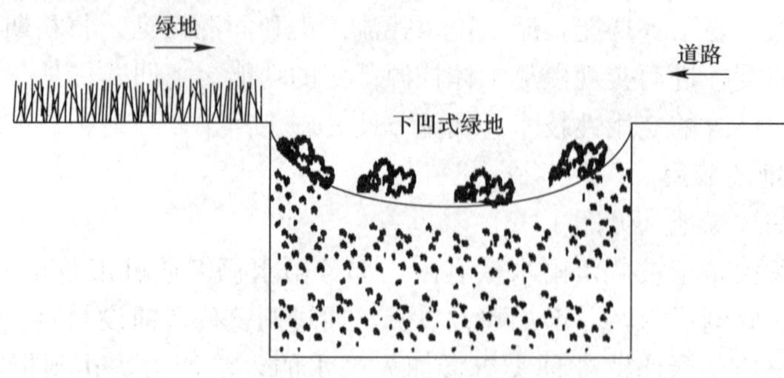

图 10-4　道路下凹式绿地

2. 下凹式绿地的影响

（1）对规划要求的影响

目前，下凹式绿地的设计都是在自划定的绿地范围内进行，调蓄面积受到影响。只能通过改变下凹深度满足调蓄容积，这种方式有点本末倒置[75]。

在城市建设的进程中，应在土地使用规划及景观规划中预留足够的绿地面积，为设置下凹式绿地预留足够的空间，尽量减小下凹深度，提高安全性。

（2）对景观的影响

下凹式绿地在利用过程中，其植被种类受到耐淹时间、下凹深度等的限制，其景观性受到影响。且目前下凹式绿地设计比较单调，很少考虑其景观绿化效果。

除此之外，下凹式绿地的建设对周边地块的建设产生一定的影响。因其下凹，其余景观与之衔接受到一定的限制，故影响绿地本应有的美化功能。

（3）对环境的影响

众多学者研究了土壤对雨水水质净化作用。下凹式绿地对城市暴雨径流初期雨水具有很好的净化作用。在水温 17～28℃条件下，当水力负荷在 $1.150m^3/(m^2 \cdot d)$ 以下时，出水能满足城市污水再生利用的水质标准的要求；当水力负荷在 $0.867m^3/(m^2 \cdot d)$ 以下时，出水能达到《地表水环境质量标准》GB 3838—2002 中Ⅳ类水质标准。

（4）优缺点

狭义的下沉式绿地适用区域广，其建设费用和维护费用均较低，但大面积应用时，易受地形等条件的影响，实际调蓄容积较小。

10.1.2　透水铺装

海绵城市是通过各种生态排水设施，使城市开发建设后的水文特征尽量接近开发建设前状态，可以有效缓解城市内涝，削减城市径流污染负荷。透水铺装系统属于海绵城市理念下的一种重要的源头控制技术[76]。由于城市地面硬化率高，渗透性能差，改变了地面原有自然生态形貌和水文特征，因此，海绵城市建设要把渗透放在第一位。这样，可以削减地面径流量，控制地面径流污染，进而减少面源污染。同时，雨水的下渗可以涵养地下水，补充地下水的不足，并通过土壤净化水质，改善城市微气候。目前，透水铺装系统已被广泛应用于人行道、广场、公园、停车场、轻载道路等领域。透水铺装系统的总体原则是收集、储存、处理雨水径流，进而通过渗透补充地下含水层，这对提升城市整体的水文调蓄功能具有重要意义[77]。从源头将雨水留下来然后“渗”下去，这也体现了海绵城市建设的核心设计理念。

利用透水铺装系统控制河道的面源污染不仅使黑臭水体得到有效的治理，同时与海绵城市的建设理念相契合。在河流两侧人流量少的人行步道和滨河路路面，可在路基上面铺设透水表层砖的方式进行透水铺装，以削减径流量。对于局部特殊地区，可按不小于0.5%的坡度坡向周围的绿地或透水路面。对于车流量较大的滨河路，可降低路两侧的高程，在路两侧设置简易的引水渠，使道路径流流入距离最近的下凹式绿地。

1. 透水性铺装结构

一般认为，透水铺装系统的结构，从上到下依次为：面层、基层、底基层、垫层，每层结构有不同的生态和结构功能（见表10-1，图10-5）。由于组成不同，常用面层材料分为：透水混凝土、透水沥青、网格、透水砖等。基层材料可使用砂、砾石、石灰岩、方解石等[78]。所以透水铺装系统的类型和结构多种多样。

透水铺装结构层　　表10-1

结构层	功能
面层	直接承受荷载层，透水，主要的净水层，抗磨，抗滑
基层	主要承受荷载层，渗水，储水，净水
底基层	防止地下水因毛细现象上升，承受荷载，净水，储水，渗水
垫层	防止地下水因毛细现象上升，保持结构系统的稳定性

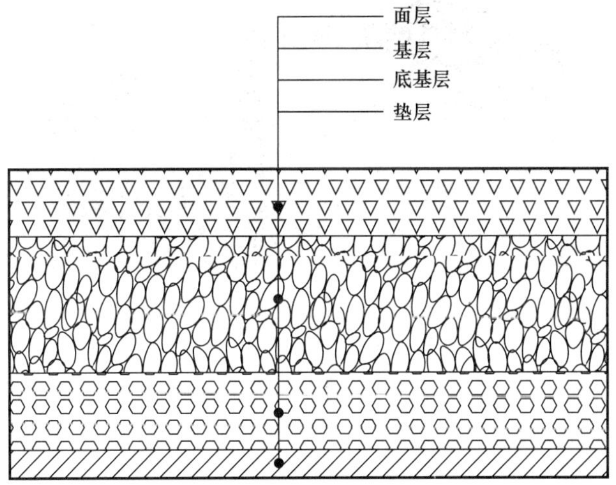

图10-5　透水砖铺装典型结构示意图[79]

2. 透水铺装系统对雨水径流量的控制

研究表明，建设前的自然生态系统可以截留、渗透、吸收80%的降雨。然而，城市化后的硬化地面大幅度增加，仅能截留20%的降雨，80%的雨水形成地表径流[80]。城市化使得地表径流量增加，行洪历时缩短、洪峰流量增加，造成严重的城市内涝问题（见图10-6）。2012年北京“7·21”事件，由于短时间暴雨而造成的洪涝灾害导致79人死亡，经济损失高达116.5亿元。2013年7月延安由于连续大暴雨引发的山洪暴发而导致42人死亡。2016年5月，广州成一片汪洋，全城被淹，地铁成水帘、公交水上跑。在5月10日，广州在2h内降雨量达到81.4mm，道路变河道，车库成水潭，广州进入水浸街模式。

另有研究表明，和传统的水泥硬化道路相比，透水铺装系统可以更有效地削减洪峰流量和迟滞径流排放事件，并使蒸发和表面水溅显著增多。Collins[81]等监测北卡罗莱纳州东部透水铺装和透水网格的地表径流情况，发现2种透水铺装系统可以储存6mm的降雨而不产生径流，即储存体积约占到中等降雨量的30%。透水铺装系统作为生态渗透设施，可将降雨渗透率由硬化路面的10%～15%增加到75%以上，大大降低地面径流量，削减洪峰，避免大暴雨或连续降雨造成城市洪涝灾害[82]。

(a)　(b)　(c)

图10-6　城市硬化后的问题

(a) 北京暴雨一片汪洋；(b) 延安大雨山洪暴发；(c) 广州水上公交车

3. 透水铺装系统对面源污染的控制

城市面源污染，是指城市地表污染物通过降雨和径流冲刷、溶解的作用，以地表径流的形式流入河流、湖泊、海湾、水库等受纳水体中，进而造成水体污染。根据2000年美国环保署报告，美国河流和湖泊中2/3的污染负荷来自于面源污染，并把地表径流作为引发江河湖海水体污染的第三大污染源。典型城市雨水径流中污染物主要包括营养物质（氮和磷）、重金属、悬浮固体（SS）、石油烃和病原体。不经过任何处理的雨水径流汇入受纳水体，会引发水体污染[76]，造成水质恶化，这也是形成黑臭水体的根源之一。因此，控制径流污染是黑臭水体治理的必要途径之一。

大量研究表明，透水铺装系统可以吸收、储存雨水径流，并通过吸附等功能显著地减少径流中污染物的浓度后，进而下渗补充地下含水层。Carsten[83]等通过测试得出，透水铺装系统可以有效地截留径流中溶解性重金属，在土壤中未检出重金属。虽然在土壤中检出了烃类，但浓度很低，未超过土壤中污染物的浓度范围。这说明，经过透水铺装系统渗透的雨水可以用于回灌地下水。这也体现了海绵城市的“渗、滞、蓄、用”等功能减少了雨水径流排放和面源污染，并将净化后的雨水回灌地下，能有效解决北方地区地下水水位下降，地基下沉的现象。

4. 透水铺装系统的应用

（1）透水景观铺装（见图 10-7）

传统的城市开发中，无论是市政公共区域景观铺装还是居住区景观铺装设计，很多采用的是透水性差的材料，导致雨水渗透性差。因此，透水铺装设计可实现雨水渗透，或通过水渠和沟槽将雨水引流至街道附近的滞留设施中。

图 10-7　透水景观铺装示意图

（2）透水道路铺装（见图 10-8）

传统城市开发建设中，道路占据了城市面积的 10%～25%。而传统的道路铺装材料也是导致雨水渗透性差的重要原因之一。除了景观铺装方面可以通过透水铺装实现雨水渗透之外，还可以将园区道路、居住区道路、停车场铺装材料改为透水混凝土，加大雨水渗透量，减少地表径流。渗透的雨水储蓄在地下储蓄池内，经净化后排入河道或者补给地下水，减少了直接性雨水对路面冲刷然后快速径流排水对于水源的污染[12]。

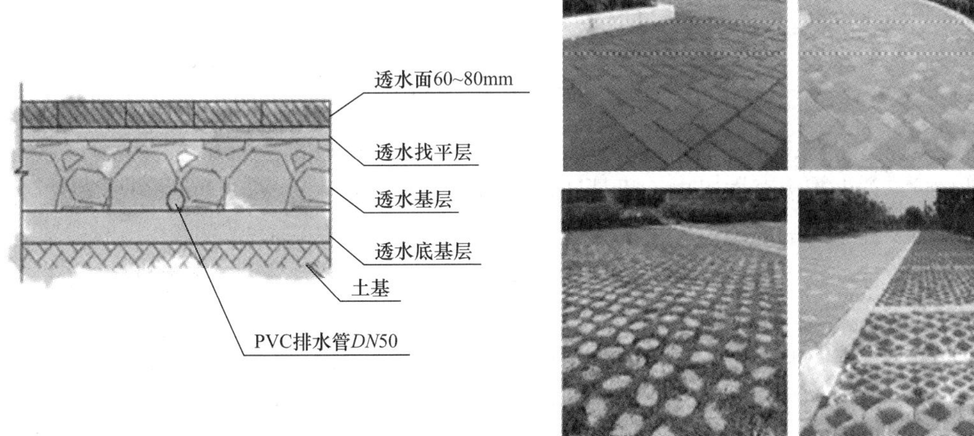

图 10-8　透水道路铺装示意图

透水道路铺装的优缺点：透水铺装适用区域广、施工方便，可补充地下水并具有一定的峰值流量削减和雨水净化作用，但易堵塞，寒冷地区有被冻融破坏的风险。

（3）陆家嘴金融城绿色透水街道案例

陆家嘴金融城内建筑高度密集、商业设施齐全、人流密集。因此，在该绿色透水街道示范段改造设计上，为了营造出金融城的空间风格特征，使其承受高密度人流的踩踏，创造出精致性的商务休闲空间，且硬度高、耐磨性好，经久耐用，需要铺装满足上述要求的透水材料。目前，市场上可以满足上述要求的铺装材料主要有花岗岩石材。但花岗岩是不透水材料。针对这一矛盾，本案例中选择了大面积的不透水材料（如花岗岩等）和小面积的透水材料（如彩色透水混凝土和透水路面砖等），作为该区域公共空间人行道的铺装改造材料。通过几种生态透水模式设计，解决了大量花岗岩铺装透水的问题，同时营造出宜人的步行空间环境[84]。

陆家嘴金融城生态透水铺装示范段一铺装透水模式设计见图 10-9。

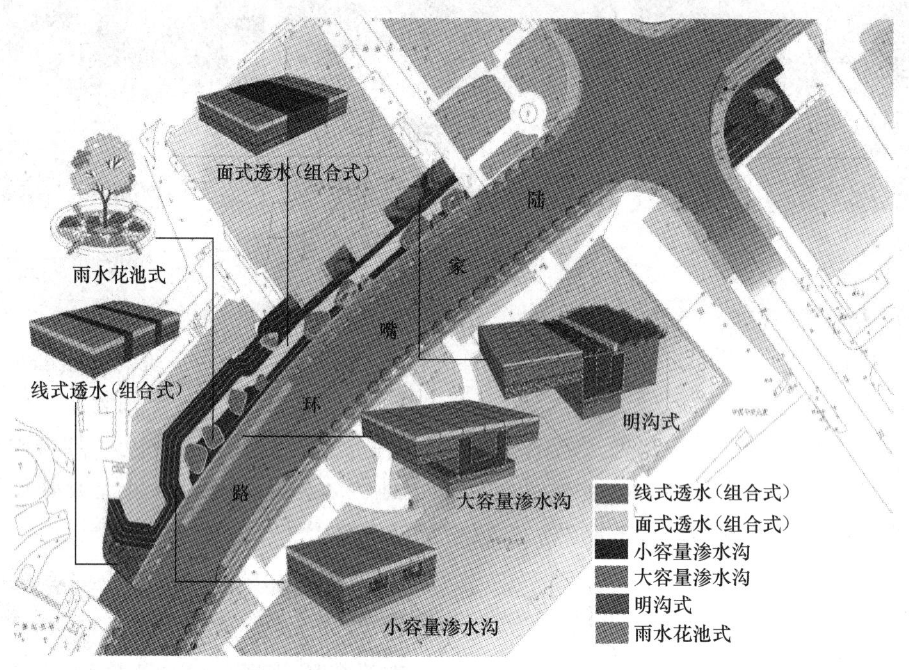

图 10-9　透水性铺装的纵向结构层

为了实现透水，将该示范段的人行空间分为两种类型：通行空间和边界空间。不论哪种空间类型，首先都需要在纵向上设计透水性结构以实现立体透水的目的。然后，针对两种空间采用 4 种不同的铺装透水模式设计。这些透水模式，先是通过不同类型的铺装材料的平面组合设计，然后将各种方式通过空间组合，实现了该路段人行空间透水模式的综合利用。

一般的人行道路断面结构可以分为：面层、基层、垫层、土夯实层，而导致道路不透水的主要在于面层和基层。因此，在本案例中（见图 10-10），面层采用的透水性材料（如透水烧结砖、砂岩、露骨料透水混凝土等）以及不透水花岗岩。面层采用的透水性材料（如透水烧结砖、砂岩、露骨料透水混凝土等）以及不透水花岗岩通过各种组合方式而形成平面形式（线式透水、面式透水、明沟式、雨水花池式），然后采用透水混凝土为基层，级配碎石为垫层。遇到下暴雨的时候，单一靠土壤透水排水容易导致垫层积水。因此，在碎石垫层每隔 2m 设置 R30PVC 万孔管。万孔管直接与大容量的排水沟相连，保证垫层不积水。同时为了增加结构稳定性以及过滤作用，在碎石层与土路基之间增加土工布。

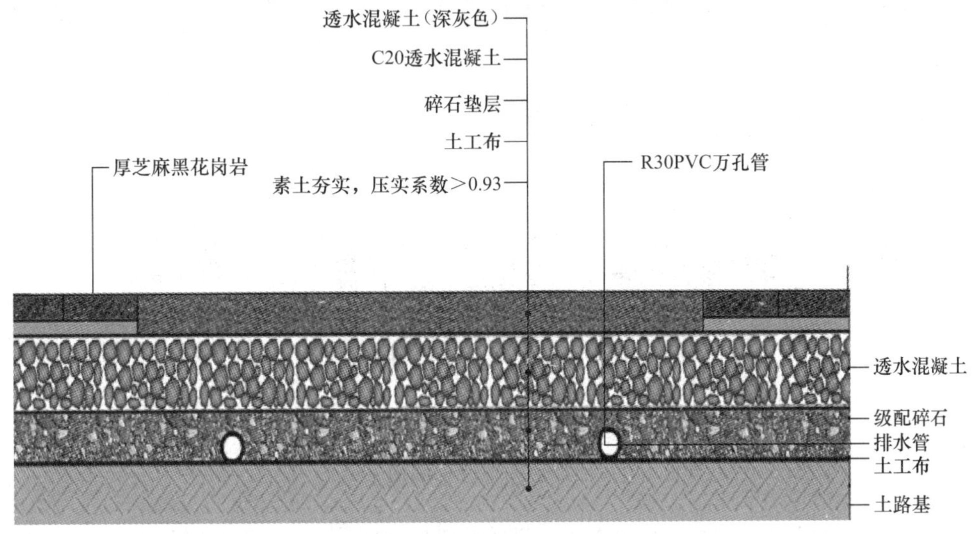

图 10-10　人行道结构断面示意图

下面，对陆家嘴金融城生态透水铺装示范段—透水模式系统进行介绍，透水铺装的组合设计见图 10-11。

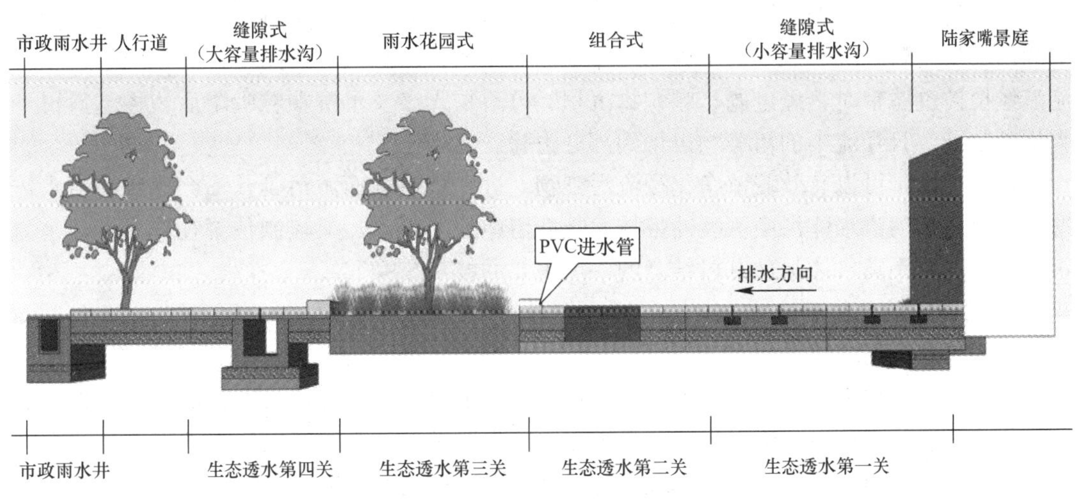

图 10-11　透水铺装的组合设计示意图

陆家嘴环路人行道的排水方向，是从陆家嘴景庭到市政道路上的雨水井。如果遇到比较大的降水，雨水在经过陆家嘴景庭旁边的缝隙式小容量渗水沟时，一部分雨水就从小缝隙中被排入明沟，然后再逐渐下渗，来不及排入明沟的雨水在通过组合面式透水时，又有一部分雨水将通过面层的露骨料和基层的透水混凝土和级配碎石等被渗入地下，多余的雨水中还有一部分会被雨水花池边上的进水管收集，然后被排入雨水花池，再被水生植物净化，最后逐渐被下渗。

最后一道关口就是通过缝隙式大容量渗水沟。通过该渗水沟上比较大的缝隙，将雨水排入其下面的明沟，再通过明沟内的透水结构层渗入地下。经过四重截流、储存与渗透，最后排入城市市政雨水井的雨量显著减少。因此，通过这种透水材料以及透水结构的组合设计，可以在降水量较大的情况下减轻市政雨水管网的雨洪压力。

10.1.3　植被缓冲带

植被缓冲带典型构造如图 10-12 所示。

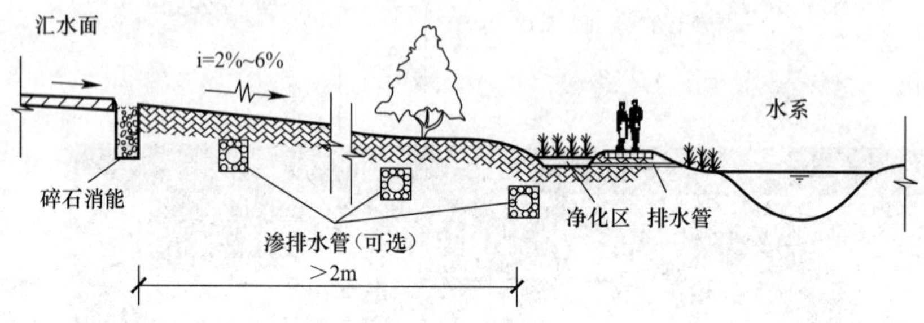

图 10-12　植被缓冲带典型构造示意图[13]

15～16 世纪植被缓冲带技术的应用实践在欧洲就已经开始。20 世纪 30 年代，缓冲带在美国广泛应用于防沙治沙。随着人类生态环境意识的发展，缓冲带的设计理念转向以综合提高生态环境，保证陆地生态系统的良性发展，提高和恢复生物的多样性为目标。同时，在应用过程中，缓冲带在面源污染控制上发挥了重要作用。

植被过滤带主要控制以薄层水流形式存在的地表径流。它既可输送径流，也可对径流中的污染物进行处理。从不透水面如（屋顶、停车场、加油站、道路等）产生的小流量径流流经植被过滤带时，经过滤、颗粒物沉积、可溶物入渗及土壤颗粒吸附后，径流量得到大幅度削减，且径流中的污染物也得到部分去除。

植被缓冲带可以有效截留净化径流污染物，进一步控制面源污染，不会导致河道水体恶化，缓解了河道水体污染。缓冲带技术既截留净化了雨水，又控制住了径流污染，是海绵城市建设与黑臭水体治理有机结合的一项重要的技术。

1. 缓冲带的分类

（1）坡地等高缓冲带

坡地等高缓冲带相当于等高植物篱。在设计上主要针对面源污染的控制。合理设置缓冲带的位置是其有效拦截雨水径流、发挥作用的先决条件。一般根据实际地形设置在下坡位置，与径流流向垂直布置。在坡地长度允许的情况下，可以沿等高线多设置几条缓冲带，以削减水流的能量。如果选址不合理，大部分径流会绕过缓冲带，直接进入受纳水体，其拦截面源污染物的作用就会大打折扣[82]。

（2）水体周边缓冲带

水体周边缓冲带一般沿河道、湖泊水库周边设置。利用植物或植物与土木工程相结合，对河道坡面进行防护，为水体与陆地交错区域的生态系统形成一个过渡缓冲。水体周边缓冲带可以实现对水质的保护，可以控制水土流失，有效过滤、吸收泥沙及化学污染、降低水温、保证水生生物生存、稳定岸坡。

2. 缓冲带的设计要素

科学地设计缓冲带是使其更好地发挥作用的基础。在设计中要考虑选址、规模、植被种类配置及管理维护4个要素[85]。

（1）选址：合理选址是缓冲带有效拦截径流、发挥作用的先决条件。根据地形实际，一般设置在坡地的下坡位置，与径流流向垂直布置；对于长坡，可以沿等高线多设置几道缓冲带，以削减水流的能量；溪流和沟谷边缘设置，建立最后屏障。如果选址不合理，大部分径流就会绕过缓冲带，直接进入沟、渠，缓冲带的作用就会大打折扣。

（2）规模：缓冲带的设置规模主要根据水土保持功效和农业生产效益综合考虑。如果缓冲带的位置属于荒地，则设置规模主要考虑水土保持效益；如设置位置属农田，则在考虑水土保持效果的同时还要考虑农业生产效益。在美国，永久性植被缓冲区域面积占所保护的农业用地总面积3%～10%，具体数目根据实际情况确定。

（3）植被种类配置：合理的植被配置是缓冲区实现控制径流和污染功能的关键。根据所在地的实际情况进行乔、灌、草的合理搭配，既要考虑采用以灌、草为主的植物在农田附近阻沙、滤污，又要安排根系发达的乔、灌以有效保护岸坡稳定、滞水消能，特别要注意的是配置植物种类时要考虑降雨和径流的时间分布规律，保证缓冲带既能在水量充沛时发挥功效，也能在水量较少时保存下来，达到缓冲带整体功能最强。

（4）管理维护：适当的维护如清理沉积物、修补损坏植被是保持缓冲区功能的重要保障。径流在缓冲区均匀分布时，缓冲带能发挥最大效益。在缓冲带建设初期或使用一段时间后，部分未建好或损坏的位置会出现汇流，造成“木桶效应”，影响整体功能的发挥。

在缓冲带应用中，需要重视乡土植物品种的使用，对外源物种可能带来的入侵危害需高度重视。在外来植物品种引进中需慎重，以确保生态系统的稳定。同时，设计单位也很重视在缓冲带植物品种选择中兼顾经济树种，尽可能提高土地经营者的收益。

综上所述，植被缓冲带适用于道路等不透水面周边，可作为生物滞留设施等低影响开发设施的预处理设施，也可作为城市水系的滨水绿化带，但坡度较大（大于6%）时其雨水净化效果较差。植被缓冲带建设与维护费用低，但对场地空间大小、坡度等条件要求较高，且径流控制效果有限。

10.1.4　生态驳岸

根据海绵城市建设目标的要求，雨水要通过“海绵体”的下渗、滞蓄、净化、回用，有效缓减城市内涝的压力，减轻水质污染。发展新型生态护岸，以充分开发利用新型海绵性材料，提高海绵体质的规模和质量的要求。

同时，在黑臭水体综合治理中，生态护岸利用植物或者植物与土木工程相结合，可以净化水体。在海绵城市建设中水体与土壤相互涵养的交换地带，增加水体下渗维持水体循环，营造生物栖息地。生态驳岸不仅对黑臭水体整治起到一定作用，也是海绵城市建设的重要一环。同时生态护岸具有防洪效应、生态效应、景观效应与环境效应，是对具有自然积存、自然渗透、自然净化功能的海绵城市的重要保障。

1. 蜂巢约束系统

蜂巢约束系统是近年来兴起的一种生态护岸形式（如图10-13）。采用蜂巢约束系统构

图 10-13　蜂巢约束系统结构

建的生态边坡，稳定性较强，耐冲刷，同时又能把陆生植物、挺水植物和沉水植物结合起来，形成完整的自然河塘生态景观。

蜂巢约束系统是一种蜂窝约束技术和高分子纳米合金技术的结合体（如图 10-14）。其蜂巢式三维网状物由聚合物宽带经超声波焊接而成。同时，在其网格内填充泥土、沙石或混凝土等材料，构成具有强大侧向限制和刚度的结构，具有良好的渗水和净化功能。

巢室边坡稳定与保护系统能隔离、加强并束缚坡面上方土层及填料，从而控制由水力和重力造成的坡体向下运动和滑移。具体优势和特点如下：

（1）形成有效的边坡保护，及对表土、植被和诸如沙子、砾石和更大岩石或石块等颗粒材料的有效的约束结构。

（2）填充混凝土的巢室，可形成内置伸缩缝的柔性混凝土垫。

（3）陡峭边坡，或有土工膜或硬土/岩石阻止钎固的边坡，或有松散碎石沙土无法钎固的坡面边坡和堤岸，坡顶锚固通过整根加筋带可提供额外的稳定性。

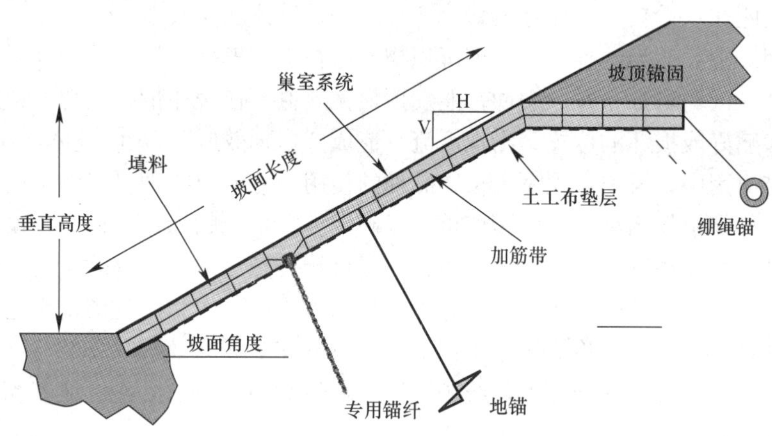

图 10-14　蜂巢约束系统结构示意图

采用生态驳岸进行黑臭水体治理的案例有很多。下面介绍雁栖湖生态驳岸进行水源地保护的案例（见图 10-15）。

（*a*）

（*b*）

图 10-15　雁栖湖生态驳岸（一）

（*a*）雁栖湖改造前河岸形貌；（*b*）雁栖湖改造中蜂巢约束结构

(c)

图 10-15 雁栖湖生态驳岸（二）

(c) 雁栖湖改造后生态形貌

雁栖湖为北京重要水源地，丰水期水位为 86.5m，枯水期水位下降比较大，落差近 1.5m。经常有游船和风浪对现有土质驳岸的破坏和塌岸现象。

雁栖湖生态驳岸，主要采用了巢室经专用锚扦进行安装固定，内部填充 8～15cm 卵石（间种水生湿生植物）。这样，解决了岸线消落带泥土进湖的问题，也解决了浪涌对驳岸的冲蚀和破坏。而且是带水作业，不对湖内水质产生污染，对径流污染有极强的截留净化功能，能有效地控制面源污染，防止被污染的雨水进入水体，以免黑臭水体进一步恶化，同时生态环保又方便施工，景观效果优。

2. 环保草毯技术

环保草毯如图 10-16 所示。针对土石混合边坡、贫瘠土质边坡，环保草毯技术可以很好地配合厚层基质喷附工艺施工。环保草毯具有保土、防晒、防雨水冲刷的良好特性，有利于营造种子快速发芽小环境，尽快形成植被，并且不用揭除，植物完全可以穿过植物纤维之间的空隙良好生长，植物郁闭成坪后草毯中的纤维腐烂分解形成进一步促进植物生长基质[86]。

3. 柔性生态袋

柔性生态袋如图 10-17 所示。它具有水土保持和防护固坡的作用。

图 10-16 环保草毯

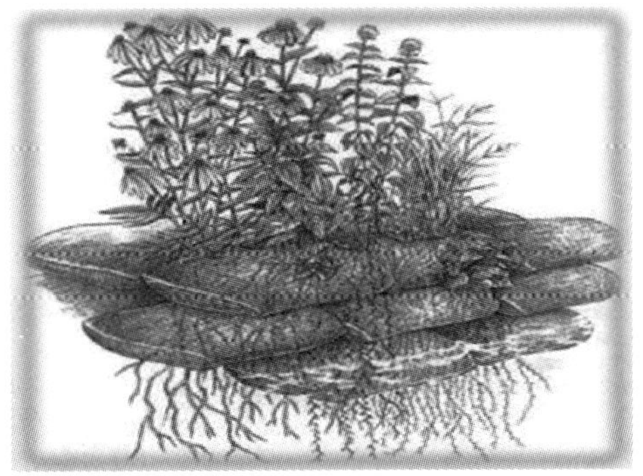

图 10-17 柔性生态袋

（1）水土保持作用

生态袋袋体由致密聚丙烯（PP）长丝无纺土工织物制成，具有良好的透水保土性能；装填种植土后，土保持能力强，能有效防治水流冲刷或降雨溅蚀作用而造成的水土流失。生态袋袋体对植被友善。植物可以从里面长出，也可以从表面扎根到袋体内，具有“固根保土”作用。

（2）防护固坡作用

1）植被对边坡的稳定性具有加固作用：植物根系对边坡具有“深根锚固”和“浅根

加筋”作用。

2）植被防护的水文效应

裸露的边坡表层经风吹、日晒、雨淋等原因产生风化，形成表面蚀沟。植被能够拦截高速下落的雨滴，消耗雨滴的动能，减少土粒的飞溅，降低溅蚀作用对边坡的影响。由于植被的覆盖，降低水流流速，植物根系分泌物以及腐殖质对土壤具有黏结作用，减弱水流冲刷和淋溶轻度，有效防止坡面水土流失，达到坡面稳定的目的。

4. 生态混凝土护坡技术

生态混凝土结构如图 10-18 所示。生态混凝土护坡技术是考虑了环境因素的新型护坡技术。它解决了护面硬化与生态化的矛盾，可广泛用于水利工程边坡治理和保护。

生态混凝土护坡的优势：①具有优越的力学性能；②具有良好的透水性、孔隙特征；③可实现植物生长、自然净化水质，促进自然生态环境。

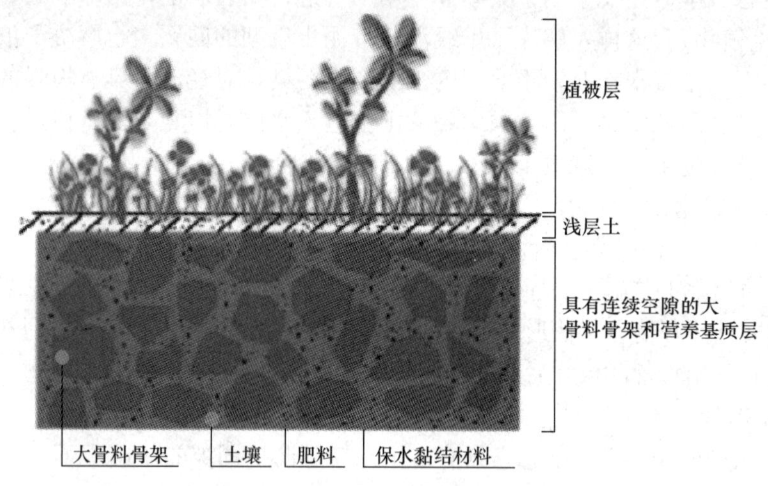

图 10-18　生态混凝土

5. 联体植生袋护坡技术

联体植生袋护坡绿化技术（见图 10-19），是通过在坡面上铺设、锚固联体植生卷材，

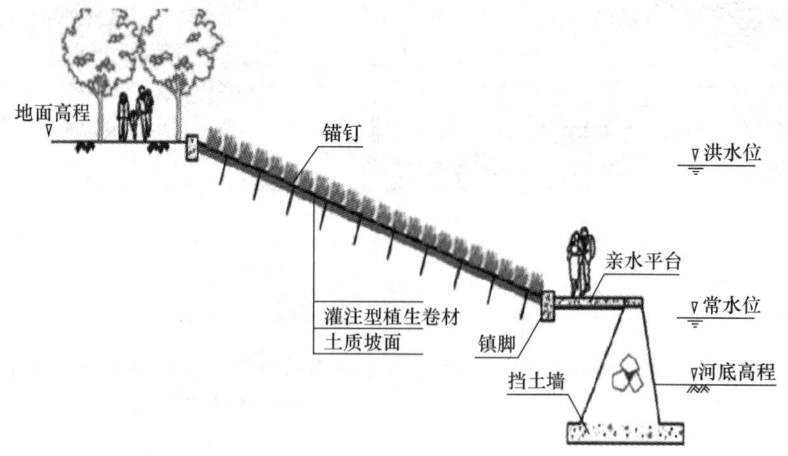

图 10-19　联体植生袋护坡

把种子和有机质资材以及发育基质，压送注入到联体植生卷材内，从而在各类边坡表面形成长期稳定的植物生长基础层。

联体植生袋护坡技术可使混凝土、浆砌石、岩石等硬质坡面以及其他无土壤地带的实现绿化，达到传统河道硬质护岸以及道路两侧高陡岩质边坡的生态修复目的，同时也能够提高土质边坡抗冲刷、抗雨水侵蚀及水土保持能力，构建原始自然型生态河道[87]。

10.2　集中性污染控制技术

10.2.1　人工湿地技术

具体落实海绵城市的“自然积存、自然渗透、自然净化”的可持续水循环净化的生态优先原则，针对黑臭河较大面积雨水的管理控制，人工湿地技术则是非常重要的技术措施之一。在城市建设中，结合河、湖、沼泽、洼地建设人工湿地，不仅高效地运用雨水“渗、滞、蓄、净、用”，而且利用“滞、蓄、净”的功能达到有效控制雨水的“排”或溢流，可减轻下游的排洪、排涝负担。

人工湿地（见图10-20），是由人工建造和控制运行的与沼泽地类似的地面，将初期雨水投配到经人工建造的湿地上，在初期雨水沿一定方向流动的过程中，主要利用土壤、人工介质、植物、微生物的物理、化学、生物三重协同作用，对污、废水进行处理的一种技术。其中，水生植物在人工湿地污水生态处理系统中发挥着十分重要的作用。水生植物能否发挥其最大的净化及应用潜力，关键在于植物种类的选择和植物物种间的搭配。特别是通过试验选择耐污性强、净化效果好、适宜其生存环境的植物种类是一项优先考虑的工作。目前，人工湿地已被广泛应用于黑臭河道治理的工程实践中。日本渡良濑蓄水池修建的人工芦苇湿地，不仅使得蓄水池水质得到明显改善，而且水体生物多样性也有所恢复。人工湿地作为城市黑臭河道水质净化工艺具有其独特的优越性。与传统水处理技术相比，人工湿地技术投资和运行费用较低、处理效果稳定、二次污染少。人工湿地系统是黑臭河治理和海绵城市建设相结合的水处理新技术，正在不断的研究、应用和发展之中。该技术应用于城市生态景观用水是一种新的探索，能形成动态水景观—“活水”景观，有其观赏价值和社会效益，有着实际的应用前景。

图10-20　人工湿地效果图

1. 人工湿地的主要类型

按水流特征，人工湿地处理面源污染与常规污水处理人工湿地类似，可分为表面流（SWF）、水平潜流（HSSF）以及复合式（CW）人工湿地；按流域特征，则可分为农业径流、城市径流、工业区径流以及采矿区径流处理人工湿地等类型[88]。

（1）表面流人工湿地结构（见图10-21）

表面流工艺特点是湿地表面经常保持均匀的薄水层，处理单元具有4%～5%的坡度，使雨水沿土床表面流动，水位较浅，一般为0.1～0.6m。在水面与空气之间可发生快速的气体交换。土壤表层是由气生根、水生根和枯植落叶等形成的根毡层，该层与水体中植物茎叶为微生物提供附着生长表面，以参与污染物的去除。

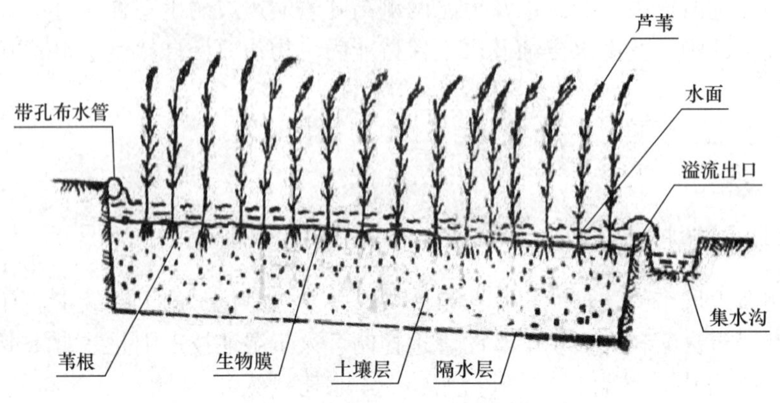

图10-21　表面流人工湿地结构

水体中氧气的来源主要是雨水流动时空气中氧气扩散，水生根也能传输部分氧气。雨水在布水区形成均匀推流；集水方式可以在终端使用慢流堰或在集水端的底层（地表面）安置多孔集水管[89]。

（2）地下潜流型人工湿地结构（见图10-22）

地下潜流构筑湿地是由一沟槽或床组成，底部为不透水材料以防渗漏。床内填充介质支持挺水植物生长。所用的介质包括岩石或碎石（直径10～15cm）、砾石及各种土壤。

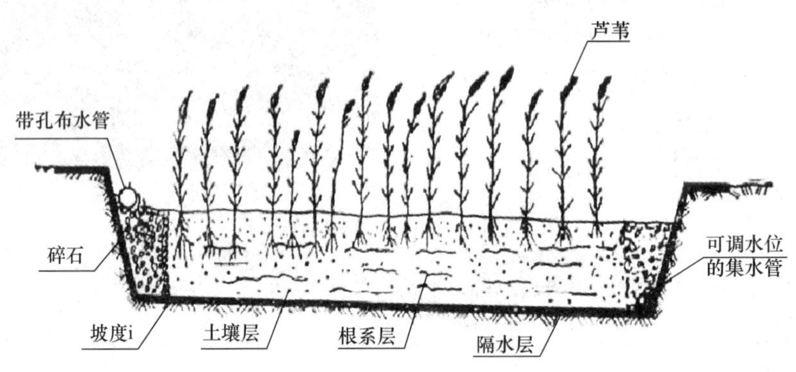

图10-22　地下潜流型人工湿地结构

地下潜流工艺与表面流工艺的相似之处在于地表布水，但由于水流路径和集水方式不同，因而其雨水处理机制也不同。地下潜流集水装置为地下暗管系统或侧渗沟系统。集水系统位于布水区以外1.5m处，暗管或侧渗沟深0.7～1.5m。雨水经水平和垂直方向渗滤，通过植物传输到根际的氧气有助于雨水的好氧处理。同时，由于土壤的物理、化学作用和土壤微生物的生化作用等，使该类系统处理效率较高，特别是对氮、磷等物质的去除率较高[89]。

表面流人工湿地系统中，雨水在湿地的土壤表层流动，水深较浅（一般在0.1～0.6m）。与潜流人工湿地系统相比，其优点是投资省，缺点是负荷低，占地面积大。潜流人工湿地系统，雨水在湿地床的表面下流动，一方面可以充分利用填料截留等作用，提高处理效果和处理能力；另一方面，由于水流在地表以下流动，保湿性较好，处理效果受气候影响较小，占地较小且卫生条件较好，建设成本较高，是目前欧洲国家大多采用的一种设计类型。

2. 水生植物的选择

目前，全球发现的湿地高等植物多达 6700 余种，而被用于湿地且产生效果的不过几十种，很多植物还从未试用过。现在国际上公认的湿地淡水水生植物优势品种有：宽叶香蒲、芦苇、苦草、软水草和狐尾藻[90]。选择植物时考虑的因素很多，但主要考虑以下几个方面：①耐污能力强、去污效果好；②适合当地环境；③根系的发达程度；④有一定的经济价值。

吴建强[90]等人研究表明，植物对污水净化的作用主要分为直接作用和间接作用。直接作用是指植物通过吸收、吸附和富集等作用直接去除污水中的污染物质；间接作用是指依靠植物根茎输送氧气，增强和维持基质的水力传输，影响水力停留时间以及根系表面附着大量微生物来去除水体中的污染物质。在以往的研究中，对芦苇、香蒲、菹草和浮萍等水生植物报道较多。这些研究主要侧重于植物的净化效果，较少顾及水生植物的景观功能，而对另一些具有较高观赏价值的水生植物研究相对较少。雨久花科梭鱼草属植物（见图 10-23），形态特征为：须根细而密，有地下根状茎，地上茎丛生，5℃以下地上部分枯萎，但可以依靠地下根茎越冬；入水深可至 30cm，全年绿色期约 200d，生长适应性强；蓝花串串，叶形雅致，是夏季优良的水生观赏花卉，适合池栽、盆栽、丛植和带植，也可作为河道水体治理的先锋植物。这些特征表明，梭鱼草不仅具有净化水体的功能，还兼具美化环境的作用，符合城市黑臭水体治理所需的同时具备景观效应及净化功能的要求，可以作为构建人工湿地的水生植物。

图 10-23　雨久花科梭鱼草

湿地是地球的自然之肾，人工湿地是都市的自然之肾。要充分认识它、建设它、保护它、合理利用和开发它。生态城市是指按生态学原理建立起社会、经济、自然协调发展，物质、能量、信息高效利用，生态良性循环的人类聚居地。它是技术和自然的充分融合，创造力和生产力得到最大限度的发挥，居民的身心健康和环境质量得到最大限度的保护。创建生态城市的形象要求在保护自然湿地的同时，大力保护和建造都市人工湿地。

创建海绵城市，应运用海绵城市的设计理念规划城市建设，以内河水系为海绵城市水体的景观构架，建造和发展人工湿地为镶嵌，充分展现人工水系交融，绿色辉映，使都市具有水体和植被的生态网络，确保自然生物与城市共生，让更多的都市居民接近自然、享受自然，实现人与自然高度和谐相处。

10.2.2　雨水处理调蓄设施

1. 初期雨水处理

（1）城市初期雨水收集处理的必要性

初期雨水是指从降雨形成地面径流开始，前 12.5mm（1/2 英寸）降雨形成的径流量，国外称之为 First Flush。城市初期雨水在降雨初期溶解了空气中的大量酸性气体、汽车尾气、工厂废气等污染性气体，降落地面以后，又由于冲刷沥青混凝土道路、雨污渠道中存积的污水、污泥及垃圾等，使得雨水中含有大量的有机物、病原体、重金属、油脂、悬浮固体等污染物质。因此，初期雨水的污染程度较高，通常超过普通城市污水的污染程度[91]。

同时，雨水径流污染属于非点源污染，具有突发性和非连续性。雨水污染的特点是：初期雨水中的污染物含量高，随着径流的持续，雨水径流的表面被不断冲洗，污染物含量逐渐减小到相对稳定的浓度。随着城市大气污染及地面污染的严重，雨水径流污染愈加严重，尤其是污染物较多的初期雨水。据调查，某些地区初期雨水的污染物指标最高值，已远远高于典型城市生活污水中污染物的浓度。北京市曾经对道路地面径流雨水污染情况进行过测试，与《污水排放综合标准》GB 8978—96 及《地表水环境质量标准》GBZB1—99 相比，SS、BOD_5 和 COD 指标的最高值均超出许多。可见，初期雨水携带的污染负荷相当高且难于控制，已经严重超出直接排放水体的标准[92]。

如果初期雨水直接排入河道或者自然水体中，将会对水体造成非常严重的污染，这也是造成水体黑臭的重要原因。同时这也是河道反复治理但效果不佳的一个重要因素。因此对初期雨水的减排处理是必要的。

（2）初期雨水处理设施

雨水初期处理设备是雨水收集系统中部分前期处理设备。雨水收集中的初期处理设备都有过滤的作用，通过多次过滤来达到雨水无垃圾物。

雨水收集初期处理设备如图 10-24 所示。雨水收集系统中的初期处理设备包括：截污挂篮装置、弃流装置（电动弃流装置）、自动过滤装置等。

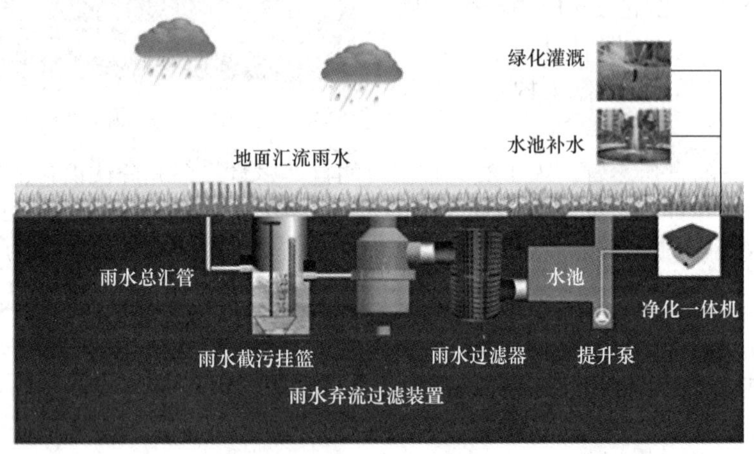

图 10-24　初期雨水处理系统

截污挂篮装置起到一个初期过滤的作用，主要应用于雨水收集系统与污水处理中。截污挂篮装置只拦截前期污染严重的垃圾，它有过滤网、提篮、外壳、挂钩。经过这几件设备巧妙的组合运用，能有效地拦截垃圾，但要定时清理过滤网。否则，过滤网垃圾过多会影响到截污挂篮装置应有的拦截效果。

弃流装置（电动弃流装置）运用比较广泛，因为它可以自动排放部分垃圾物，同时还可以进行初步过滤，它主要由过滤网、不锈钢球、收集管道组成。过滤网起到过滤作用。不锈钢球用来分泌污水然后通过收集管道排出。其工作原理是少量雨水冲击不锈钢球，球未关闭之前，直接通过排污管排出，雨水增大时不锈钢球自动关闭，使其改变方向，从而达到弃流效果。同时，电动弃流装置还增设了雨量计、PLC控制器。降雨结束之后，雨量计无降雨信号传输过来，PLC控制器将使雨水分流装置恢复原位，等待下一场降雨。该型雨水弃流装置可以精确地控制降雨前期污染较严重雨水的自动排放，可以对收集雨水进行过滤、排污，实现对后期更干净雨水的收集。

自动过滤装置，主要是使雨水流入收集方向，同时也起到排污作用。有排污作用的自动过滤装置设置了过滤网。另外，自动过滤装置壳体设有进水口、出水口、排污口，内部设置为伞状结构，伞状结构是实现雨水流入收集方向的关键。

三种设备都有一个共同点，那就是过滤。虽然都起到过滤作用，但是每个设备的用处各不相同，有着各自不同的长处与优势。我们只有把这三个设备按照先后顺序完美结合起来，才能实现完全过滤。

2. 中后期雨水调蓄

有关单位研究结果表明，大部分污染物集中在降雨发生后的20min到1h以内，1h以后水质好于V类水，那时就不是污水而是涝水了。通过初期雨水处理设施，主要将初期雨水截住，过了那段时间水质变好，污水变成涝水，就可以进入雨水调蓄池中进行储存。避免了径流污染直接排入水体，降低了水体的污染负荷。这是解决雨水中途缓排和末端控制问题的关键技术。同时，由于中后期雨水水质相对较好，可以进行简单处理后进行雨水资源化利用。

3. 雨水调蓄池分类

雨水调蓄池（见图10-25）按其结构形式可分为敞开式调蓄池和封闭式调蓄池。敞开式蓄水池一般适用于小区、公园以及河岸两旁。该调蓄方式主要与景观设计相结合，可建成稳定塘、雨水花园等形式。其特点是建造和维护费用低，且具有一定的美学价值，但占地面积相对较大。封闭式调蓄池分为地上封闭式和地下封闭式。地上封闭式调蓄池（如雨水罐、雨水池等）结构简单，调蓄方式灵活，但受季节的影响较大；地下式封闭调蓄池适用于地下空间资源较为宽松的区域，可充分利用空间高程，节省占地面积，地面部分仍然可铺设绿色植被和简易建筑物等，其容量稳定、可靠。

图10-25　雨水调蓄池

以上3种集蓄利用模式，均可与截污净化措施结合，保障一定的水质。如封闭式蓄水池可与弃流、沉淀设施合建，雨水经过管道初期弃流装置或弃流池，在沉淀池中沉淀后进入蓄水池主体单元或直接在蓄水池中沉淀后回用。对于敞开式蓄水池，则以植被浅沟、缓冲带或池中水生植物截污净化为主，雨水经过植被浅沟预处理后进入天然或人工水体中，由水生植物和生态堤岸进行更深一步净化。地震灾后重建中雨水系统规划及处置技术应用[93]。由此可以有效地控制初期雨水污染，防止其进一步污染河道。同时，利用海绵城市中“渗、蓄、净、滞”等设计理念，处理雨水污染问题。

10.2.3　深层隧道排水技术

根据对国外隧道排水技术的应用案例分析，从功能角度看，可分为“雨洪排放隧道”、“污水输送隧道”和“合流调蓄隧道”三种。“合流调蓄隧道”按照隧道在排水系统中的位置又可分为“在线调蓄隧道”和“线外调蓄隧道”两类[94]。

1. 雨洪排放隧道

雨洪排放隧道是指为避免城市洪涝灾害而建设的排洪通道。隧道尾端设有大型排洪泵站，最终出路是大江大河水体。典型代表是日本东京的“江户川深隧工程”（见图 10-26）。

“江户川深隧工程”将东京都十八号水路、中川、仓松川、幸松川、大落古利根川以及江户川等几大河流串联在一起，用于超标准暴雨情况流域的洪水调蓄和引流排放，调蓄量约 67 万 m^3。隧道尾端设有大型排洪泵站，排至东京湾，最大排洪流量可达 $200m^3/s$。

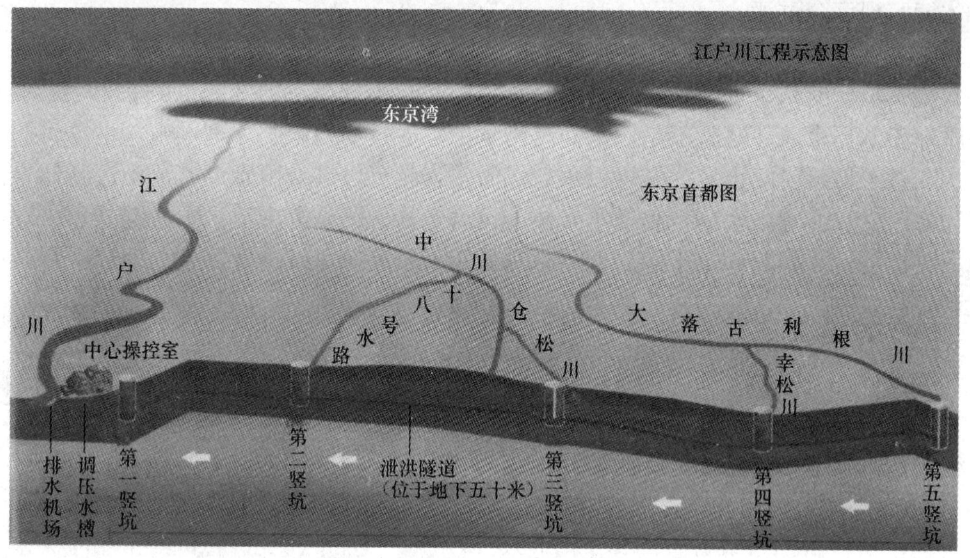

图 10-26　日本江户川隧道排水工程示意图

2. 合流调蓄隧道

合流调蓄隧道：主要是用于对合流污水、初期雨水的收集、调蓄和输送，最终送到污水处理厂处理。其主要功能是实现对合流污水的收集，控制合流制排水系统的溢流污染（CSO），缓解初期雨水面源污染。

（1）线外式调蓄隧道

线外式调蓄池，其运行过程为：正常情况下池子没有基础流量，因此，不影响排水系统原有运行模式。当暴雨径流充满系统原有排水管道而需要进行水量调蓄时，溢流至调蓄隧道中存贮起来，暴雨之后通过水泵提升返回排水管道，输送至污水处理厂，从而减轻甚至基本消除溢流水量，减轻河道污染。通过系统的优化设计，还有可能提高现有系统的排水标准。隧道设置地下排空泵，要求在 2～3d 将隧道排空即可。

线外式调蓄隧道的典型代表是瑞典首都斯德哥尔摩调蓄隧道。主隧道长约 7km，另外包括 7 条支线（约 4km）和 4 条输送隧道（约 1km）。隧道断面面积 $17m^2$ 的系统有

6.3km，断面面积 25m^2 的系统有 5.7km，能储存约 27.5 万 m^3 的水量，暴雨合流污水通过 36 条连接管进入隧道。

（2）在线式调蓄隧道

在线式调蓄隧道是相对于线外式而言的，是指隧道本身除调蓄功能外，也起着截流与输送合流污水的作用。在线式调蓄隧道是合流污水收集输送系统的一部分，其主要代表是美国芝加哥市隧道排水系统。这是芝加哥蓄洪隧道和地下水库工程（The Tunnel and Reservoir Plan，简写为 TARP）。TARP 由四个隧道系统组成，每个隧道系统包含水库、输水隧道（在线调蓄隧道）和污水处理厂 3 部分。TARP 计划包括 3 个水库、201km 输水隧道和 4 做污水处理厂。TARP 是一项旨在减少芝加哥大都会地区洪水风险的大型市政工程项目。这项广为人知的芝加哥深隧工程，在快速吸取多余雨水与防涝方面，完美地发挥了自身作用，

3. 深层隧道建设的作用

深层隧道作为大尺度的调蓄设施，它既具有可操作性，又具备防洪、排涝和控制溢流污染三方面的综合效益，还能将雨水资源化利用，缓解城市缺水问题。

水是宝贵的资源，我们要转变传统的以“防”和“抗”为主的观念，将“防”和“用”有机结合，实现雨洪资源利用的最大化。过去我们常常把洪水比作“猛兽”，避之唯恐不及，总是以泄和排为主。而深层隧道既能加强洪水的风险管理，给洪水以出路，又能将洪水资源化利用。同时我们必须坚持开源与节流并重，蓄、引、提、调、节等措施并举，才能实现由防汛抗洪为主向雨洪综合利用转变。以北京为例，北京年均降水总量大约为 100 亿 m^3，现在只有约 14 亿 m^3 左右的降水形成地表水资源。由此看来，我们对雨洪资源的利用还远远不够。

深隧工程不仅具有抗洪排涝功能，还具有控制溢流污染的能力。什么叫溢流污染，每次一下大雨，管道里的水来不及排走了，就一起冲进河涌，我们管它叫“溢流污染”。这也是河道产生黑臭的重要原因之一，溢流污染的控制也是黑臭水体治理的重要手段。

根据上海、杭州、深圳等城市的现场测试，河道水体溢流污染主要是来自三方面：一是地表径流污染，就是来自路面屋面的污染。它的污染物主要是 SS（灰尘、沉积物），占总负荷的 70.4%（假使河道中 SS 污染总量是 100，有 70.4 的灰尘沉积物是来自地表径流）；二是污水污染，生活污水本来是在地下跑的，雨水一来把它从管道里挤出来了。它的污染物主要是氨氮和总氮，其中氨氮占总负荷的 95.1%，总氮占总负荷的 74%；三是管网中的沉积物，只要注意观察就可以发现，天晴的时候管道里面塞满了各种垃圾、沉积物，下雨的时候一下全部冲出来，这部分污染物成分主要是 COD（化学需氧量），占总负荷的 65.2%，总磷占总负荷的 58.9%，BOD（生化需氧量）占总负荷的 62.2%。

也就是说，河道中的污染物，有六七成是来自于溢流污染。广州也做过实测，2011 年 6 月 26 日水务部门在东濠涌越秀桥断面进行实时测量，时间是早晨 6 点半，降雨 30min，河涌污染负荷非常高，COD 实测是 382mg/L，相当于Ⅴ类水标准的近十倍。因此控制溢流污染刻不容缓。

如何利用深层隧道进行调控。在小雨情况下，浅层管道就可以使溢流污水全部截流，不到地面上来；在中雨时，择机打开深层隧道的闸门参与排污，可以截留大部分溢流污水，这样就可以不污染河涌；在大暴雨的情况下，以涝水为主，大量的涝水进入主河道，

当水量超过主河道的泄洪能力时，用深隧给主河道帮忙泄洪排涝。调控原则是：当河道水位距离地表小于 0.6m 时就要开启深隧，一旦超过这个警戒水位，管道水位就会顶托，这个 0.6m 很关键。

深层隧道技术利用了海绵城市建设中“蓄、净、用”设计理念，将雨水留下来，将雨水重复利用。同时避免了溢流污染对城市河道的影响，这在黑臭水体治理中起到了极大的作用。深层隧道为构建生态海绵城市提供了一个新的建设途径。

10.2.4 国内外典型隧道排水工程实例

1. 广州深层隧道排水工程

(1) 工程概况

作为国内首条深层隧道排水系统（见图 10-27），它改善了广州的浅层排水系统，为拥挤的城市中心带来了新的排涝能力。广州地处我国南部，降雨量大、暴雨频繁。广州市政设计院针对广州市老城区“截污”、“初雨污染”和“内涝”三方面的排水问题，在保留并充分发挥现有排水系统和河涌水系作用的基础上，通过深隧道排水技术的应用，可以达到充分改善河涌水质，提高排水、排涝以及河涌水系排洪系统标准的目标，保障城市水安全。

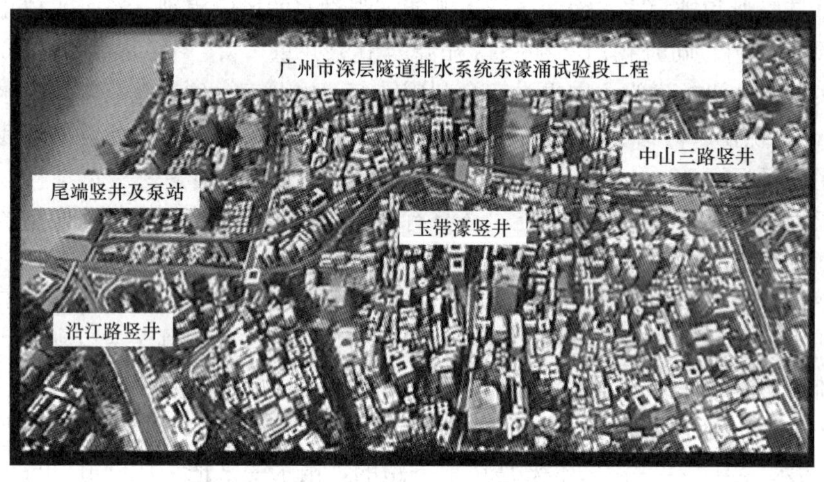

图 10-27 广州市深层隧道工程示意图

广州在地下 40 多米的地方挖一种大型的排水管道，即深层隧道的排水系统（施工图如图 10-28 所示）。该系统共 86.4km，提供 165.2 万 m^3 的调蓄容积，并结合竖井建设 5 座排涝泵站。建成一主七副和一厂，隧道总长 86.42km。深隧建成后，司马涌、西濠涌、东濠涌、沙河涌、猎德涌、深涌流域内及广园路渠箱等排水干渠排水标准提高到（市政）10 年一遇排水标准。整个深隧修建“一主七副”8 条深层隧道：在珠江前航道临江处建一条西起大坦沙、东至大濠沙岛的主隧道；沿重要河涌建 7 条分支隧道。7 条分支隧道分别是：1.9km 的荔枝湾涌分支隧道、3.6km 的西濠涌分支隧道、2km 的东濠涌分支隧道、8.3km 的沙河涌分支隧道、4.1km 的猎德涌分支隧道、6.1km 的车陂涌分支隧道；还有一条石井河分支隧道因为条件较好将修建 29.4km 浅层渠箱。此外，还将在黄埔区大濠沙岛建一座大型初期雨水处理厂，处理深隧收集的大量雨水。整天广州建设约 90km 的深层隧道，投资约 250 亿元。

（2）总体方案

1）平面设计

本方案起点设置在越秀桥西南侧绿化带内，沿越秀北路、越秀中路，越秀南路，东沙角路铺设直径 6.0m（外径 6m）的深层隧道，沿途避开东濠涌高架的桥墩及全球通大厦、东越雅居、金湾畔大厦、东堤水岸等高层建筑，终点设置在现状江湾补水泵站位置，并与江湾补水泵站合建深隧提升泵站，主要收集孖鱼岗涌、玉带濠、中山三路的合流污水，全长 1770m。

图 10-28　深邃工程施工图

2）纵断面设计

隧道起点标高为－25.55m，沿途下穿地铁一号线（管道标高－28.45），地铁六号线（管底标高－31），终点提升泵站管底标高为－31.36m，泵站扬程为 44m。

3）与浅层系统衔接

本方案与浅层系统衔接主要通过分别设置于深隧起点为位置，中山路与越秀中路交界处东南侧绿化带、全球通大酒店南侧旧越秀南小学三个地方的竖井以及沿白云路铺设的 d3000 合流管进行衔接，分别将东濠涌南段片区孖鱼岗涌（6.0×2.0）、中山路两个 d1200 合流管、玉带濠（4.0×3.0）以及百子涌（7.5×2.0）、东川路渠箱（2.5×1.7）五个主要的雨污合流管渠接入深隧，降低雨季越秀北路～越秀南路 d2200～d2400 合流管（截流倍数为 n=1.0）的排水压力，减少整个东濠涌流域的初雨对东濠涌、新河浦涌的污染。

2. 英国伦敦泰晤士河深隧工程

（1）城市概况

英国首都伦敦（london）位于英格兰东南部的平原上，跨泰晤士河，距离泰晤士河入海口 88km，市区面积约 1600km^2，人口约 750 万，属温带海洋性气候，年平均气温 10℃。年平均降雨量 1100mm。

（2）泰晤士深层隧道工程介绍

1）项目背景

伦敦目前采用截流式合流制排水体制，随着排水系统服务人口增加（由当时的 250 万增加至 750 万）和服务范围扩大（由 303km^2 扩大到 1600km^2），使得原来按排放 6.5mm 降雨设计建设的合流制系统目前只能承受 2mm 的降雨强度，因此导致泰晤士河溢流频繁。为解决泰晤士河沿岸合流制溢流污染现状，改善泰晤士河道水质，伦敦当局于 2007 年启动泰晤士深层排水隧道工程的建设。

2）工程规模与投资

隧道总长 35km，直径 7.2～9m，埋深 35～75m。

针对泰晤士河雨季溢流污染的现状，通过“雨污分流”、“可持续性城市排水系统”和“泰晤士隧道”3 种方案的比选论证，最终采用“泰晤士深层隧道”方案，该方案将在

Beckton 和 Hammersmith 之间的泰晤士河床下面建设一条长 35km、直径 7.2～9m，埋设深度 35～75m 的“深层排水隧道”，该工程建成后泰晤士河的溢流次数将由目前的每年 60 次减少到 4 次，从而大幅提高污水收集能力，有效减少合流制溢流带来的污染，有效地改善了泰晤士河的水体环境。

3）调度运行方式

如图 10-29 所示，旱季时，污水由合流管道系统收集，经浅埋的截污管道转输进入污水处理厂进行处理；雨天时，超过截污管道过流能力的合流水溢流排入深层隧道系统，调蓄抽排进入污水处理厂处理，当降雨强度进一步加大，超过深隧设计的截污倍数时，过量的合流水仍然溢流排入泰晤士河。

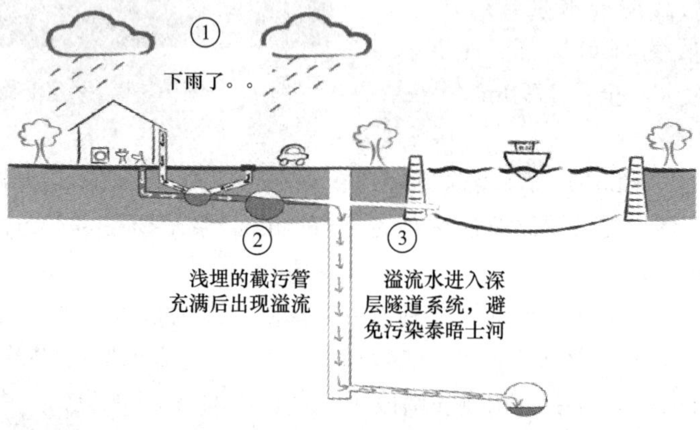

图 10-29　泰晤士深层隧道功能示意图

11 海绵城市建设与黑臭水体治理同步实施例析与经验成效

11.1 同步实施案例

11.1.1 案例一：广西南宁市那考河流域

南宁市海绵城市试点建设快速推进的背后是“点面统筹”综合施策的结果。自被确定为试点城市以来，南宁以“建城、治水、为民”为目标，坚持规划引领和问题导向，逐步探索出了打造区域综合海绵体的“南宁做法”。南宁市先后出台了《南宁市海绵城市规划建设管理暂行办法》、《南宁市海绵城市 2015 年工作方案》、《南宁市海绵城市试点建设工作绩效考评方案》等多个政策措施，增强工作保障。为了项目及时落地，研究出台项目技术标准、工程建设内容等多个标准规范，实现了规划引领。

一是围绕既定目标，严格按照计划推进项目建设，确保每个环节都有人抓、都有人管；二是坚持问题导向，着力破解项目推进中遇到的难题，各项目责任单位和部门做到心中有一本账，对项目情况如数家珍，对问题及时报告协调解决；三是密切配合、协调推进，各责任部门和单位做到既分工负责，又密切协作，真正形成齐抓共管的工作格局；四是狠抓质量效果，切实加强工程质量监督和全过程管理，杜绝出现“假海绵”情况。在黑臭水体治理方面，进一步巩固扩大治理成果，防止整治后的河段再出现黑臭水体现象。

2015～2017 年期间，建设海绵城市示范区面积 54.6km^2，总投资达 87.71 亿元，涉及水生态修复、公园绿地、道路广场、公共建筑、居住小区和排水管网建设等项目 203 项。

1. 项目基本情况

那考河流域治理作为国内首个内河流域治理 PPP 项目，是市政府向国家申报“海绵城市”示范区范围内的项目，也是 2015 年以来全国首个开工建设的水流域治理 PPP 项目，对南宁建设“海绵城市”，打造“花样南宁”具有重要意义[95,96]。

那考河项目自 2015 年 3 月底开工，项目红线范围南起规划的茅桥湖东湖，沿线经过湘桂铁路、长堽路、厢竹大道、药用植物园、昆仑大道，北至环城高速路，治理河道全长约 6.35km，总投资约 11.9 亿元。通过采取河道治理、截污治污、河道补水、景观环境、海绵建设、信息化管理等措施，彻底改变植物园段河道及其周边的环境状况，达到 50 年一遇行洪标准、河道水质清澈、两岸环境美化的效果[97]（见图 11-1）。

图 11-1 那考河湿地公园

2. 治理方案和技术手段

（1）工程主要从四方面落实海绵城市建设要求。

那考河流域治理海绵城市分区建设如图 11-2 所示。

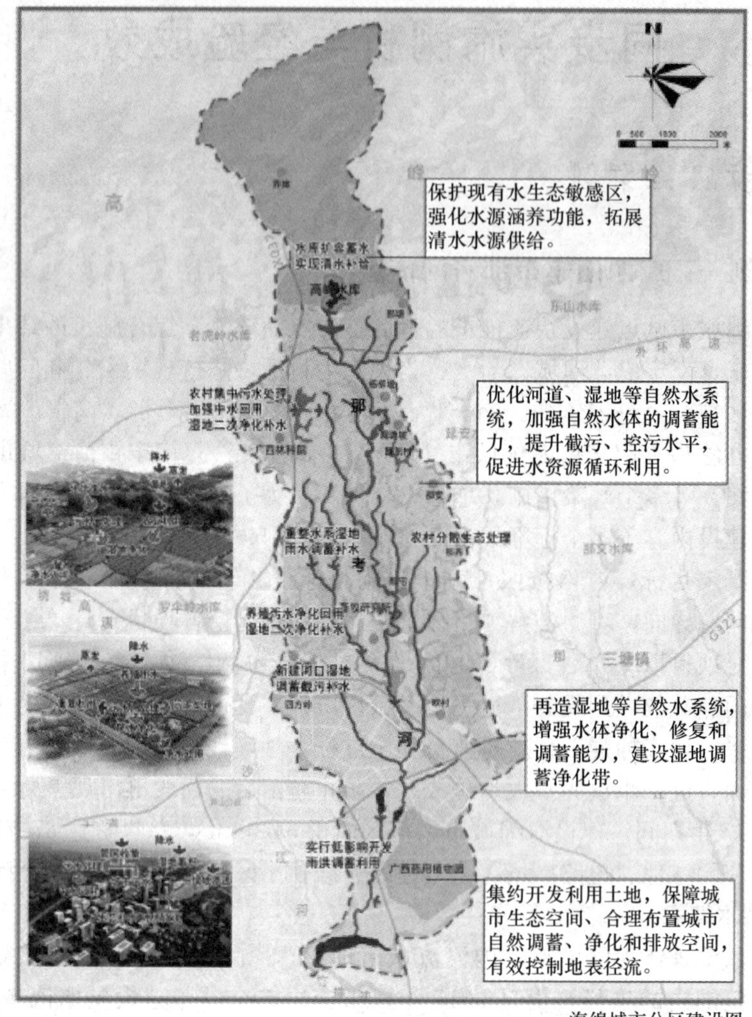

图 11-2　那考河流域治理海绵城市分区建设图

1）通过河道断面改造与生态建设、恢复和改善那考河天然水系结构与生态系统，增强河道行洪排涝能力；

2）那考河沿岸景观带内系统性地建设了大量下沉式绿地、雨水湿地植草沟、透水路面等海绵城市设施（见图 11-3）；

3）那考河沿线各溢流排水口因地制宜地设置了稳定塘、旋流沉砂器等调蓄净化设施，尽可能地保证溢流雨水净化处理后方可入河（见图 11-4）；

4）配套建设了海绵城市设施信息监控系统。

建设内容包括河道整治、截污治理、生态修复、污水处理厂、沿岸景观、“海绵城市”、信息化管理等工程（见图 11-5）。

图 11-3 那考河沿岸植被

图 11-4 那考河沿岸

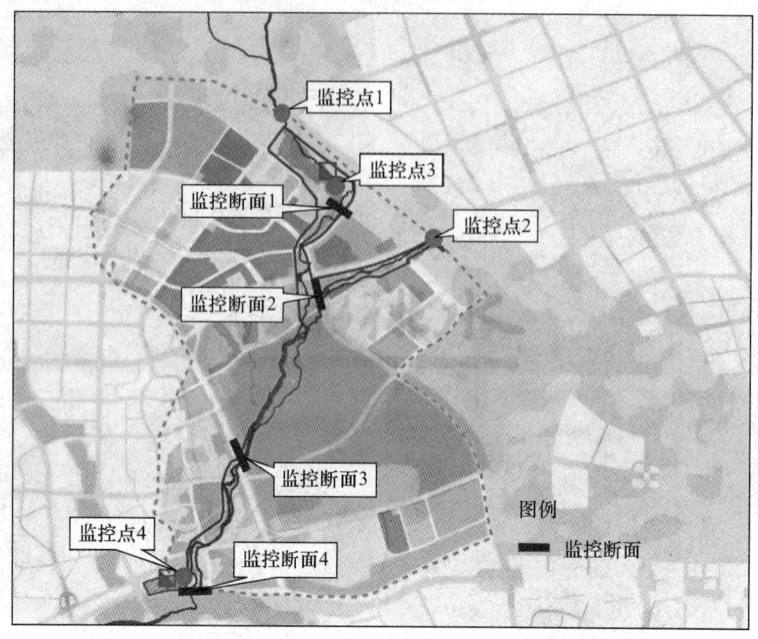

图 11-5　那考河干流及支流的监控断面

（2）典型技术手段：

1）净水梯田（见图 11-6）

图 11-6　净水梯田效果图

北京某集团提出的“净水梯田”在南宁那考河项目中发挥了显著的作用。净水梯田是借鉴了传统农耕哈尼族村寨的梯田。梯田式人工湿地由两个复合垂直流人工湿地加一个相当于表面流入人工湿地的坡地组成。整个系统采用 PVC 板材制成，周边密封，其上栽种生态植物，打造生态化净水梯田。垂直流人工湿地具有较强的有机物去除能力。其中，不溶性有机物通过沉淀、过滤作用被填料或植物根系截留下来，然后被湿地中的微生物、原生生物及后生动物加以利用；梯田式人工湿地具有高效的脱氮除磷效果，湿地中的坡地能够实现水体的自动复原，提高了后续系统的硝化能力及去除其他污染物的能力[98]。

2）岸内湿塘（见图 11-7）

图 11-7 岸内湿塘

湿塘一般由进水口、前置塘、主塘、溢流出水口、护坡及驳岸等构成。湿塘有时可结合绿地、开放空间等场地条件设计为多功能调蓄水体，即平时发挥正常的景观及休闲、娱乐功能，暴雨发生时发挥调蓄功能，实现土地资源的多功能利用。

本项目因地制宜设置岸内湿塘，紧邻主河道，旱季以及小雨时以湿塘形态存在，当遭遇二十年一遇洪水位时，水体没过驳岸与河道连成一边形成湖泊，用于存蓄洪水，延缓洪峰，以减轻下游泄洪压力[99]。

3. 治理效果

综合整治后的那考河，将“色”“香”“味”俱全，呈现出鸟语花香、水清岸绿的自然生态景观（见图 11-8、图 11-9）。据悉，那考河沿岸景观工程设计主题为“那色生香，花样南宁”。其中，“那”——是那考河沿岸景观滨水绿地；“色”——是沿岸植物群落色彩乔灌木；“生”——是运用“海绵城市”手法展现生态绿地；“香”——是“万米桂花溪谷、千棵朱槿水岸”的香气沁人景观效果[100]。

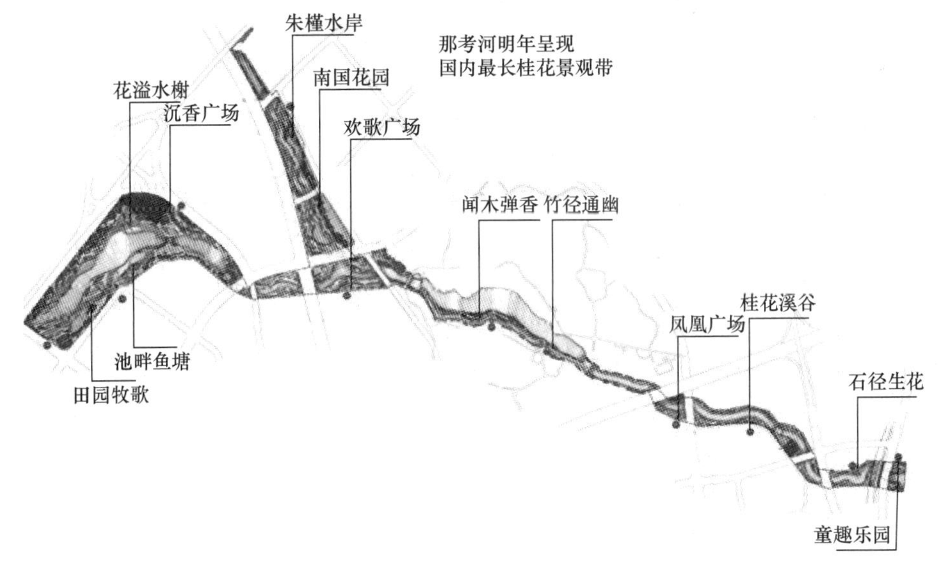

图 11-8 那考河流域规划景观带示意图

通过打造“万米桂花溪谷、千棵朱槿水岸”景观，在河道两岸错落栽种桂花树（“桂”）、朱槿（市花），并以东盟和壮乡风情雕塑散布其中，花开红粉白相间，花香飘溢两岸，“万米桂花溪谷”成为国内最长的桂花景观带和南宁的城市新名片[101,102]（见图 11-9）。

图 11-9　治理前后的那考河对比

4. 存在的问题

考察发现，这一典型项目中也有“美”中不足，项目参与中的甲乙双方也存在着风险认识不足、重视不够等问题[101]。

(1) 项目启动时间仓促，竞争不充分。上海济邦投资咨询有限公司董事长张燎表示，项目从 2014 年 12 月底正式启动到确定投资人，仅用了两个多月的时间。这一方面说明南宁市在推动项目开展过程中的高效，但另一方面可以看出时间的仓促，从资格预审只有 4 家企业通过。可以看出一定程度上的竞争不充分，在工程规划决策、按效付费细则落实、投资测算上存在着一定的问题。张燎建议，希望南宁在接下来的河道治理项目中，能在时间上充足考虑，给予社会投资人更多的时间以及参与空间，让项目竞争更公平、更充分。

(2) 地方政府在某些认知上存在不足。福建农林大学公共管理学院副院长苏时鹏表示，目前在环境治理 PPP 项目落地的过程中，很多地方政府还很不成熟，一心只想搞环境工程，但对 PPP 认识还很不足，环境绩效也就无从谈起。另外，服务价格的确定是 PPP 项目交易结构中的核心问题，也是一直以来难以解决及专业度较高的问题。苏时鹏表示，在那考河项目中，很核心的一点突破即是按效付费，有相应的惩罚机制，但是没有相应的激励机制，在调动企业的积极性上有些遗憾。

11.1.2　案例二：贵安新区南明河流域治理

2014 年 1 月 6 日，国务院批复同意设立国家级新区贵州贵安新区。贵安新区是全国唯一以生态文明建设为定位的国家级新区，被定位为“山水之都，田园之城”，但长期以来却一直面临着水环境高度敏感、资源性和工程性双重缺水、防洪排涝压力较大等 3 大问题[103]。

贵安新区海绵城市建设包含 8 大类 67 个工程项目，总计投资 46.7 亿元，其中 2015 年计划建设完成 3 个项目，面积为 0.32km^2，计划开工建设 14 个项目，面积为 6.47km^2，计划投资 9.08 亿元。围绕“打造全国海绵城市贵安样本”的目标，贵安新区率先探索建设“全国首个规划建设运营管理考核一体化的海绵城市示范区、全国首个建设前后径流量不增加的国家级示范区、全国首个制定城市开发径流排放管理和收费制度的国家级示范区”，将“渗、滞、蓄、净、用、排”措施落实到试点项目 498 个地块内，实现“自然积存、自然渗透、自然净化”，为国家海绵城市建设提供示范意义[104,105]。重点实施封山育林、生态修复、水源保护、水源涵养“四大工程”。新区内有 109 条中小河流、5 个主要水源湖库（红枫湖、百花湖、阿哈水库、花溪水库和松柏山水库），湿地面积占 24%，地表河流域面积占 80%，年平均降雨量在 1100mm 以上。良好的“先天条件”，为建设“海绵城市”提供了必需的“海绵体”。按照规划，贵安新区“海绵城市”示范区位于新区中心区，项目规划面积 19.1km^2。同时，大力实施“五区八廊百园”“十河百湖千塘”等重大工程，治理河道 12km，增加水域面积 3km^2。水体相连、青山环绕、绿地交融的“万水千山”生态格局正在贵安形成。据了解，贵安新区确定年径流总量目标控制率为 85%、雨水替代城市供水比例为 24%、城市大排水雨水系统设计重现期为 30 年一遇、防洪标准为 100 年一遇[104,106]。

为切实推进试点区域内海绵城市建设，2016 年贵安新区将通过推出新型城镇化发展基金、企业债券、资产抵押、政府与社会资本合作等多种模式，继续为贵安新区海绵城市建设提供资金保障。同时研究筛选出一批适合 PPP 运作模式的项目，并加快推进贵安新区污水厂网一体化 PPP 项目，尽快完成政府招标工作，成立 SPV 公司，使贵安污水厂网一体化 PPP 项目引入社会资本，投入运营使用。不仅如此，贵安以制度建设为保障，从规划管控、水环境保护、水资源利用、水安全管理、资金与投融资、考核评估等 6 个方面，编制完成《贵安新区直管区海绵城市建设项目规划建设管理暂行办法》、《贵安新区直管区生态环境负面清单制度》等 16 项管控制度。保障海绵城市建设理念在规划建设各环节的落实，建立完善的山水林田湖气保护机制，对水资源利用进行管控，完善洪涝灾害防治措施，保障海绵城市建设资金专款专用[107]。

1. 项目基本情况

南明河发源于贵州省安顺市平坝县林卡乡白泥田，全长 118km，流域面积 6600km^2，自西向东贯穿贵阳市区，是贵阳市人民的母亲河。其中，南明河在贵阳市境内约 100km，从花溪水库到乌当区新庄的城区段有 36.4km，分别接纳陈亮河、麻堤河、小车河、市西河、贯城河等支流后汇入乌江，是流经贵阳市区最大的一条河流，也是汇水区域内最大的排水和行洪通道。

南明河水系如图 11-10 所示。

由于贵阳的经济快速发展，南明河流域人口大幅增加，南明河不堪重负，污染状况触目惊心（见图 11-11）。沿河两岸近百个生活污水和工业企业排污口，每天向河中倾泻大量生活污水和工业废水；沿岸到处是生活垃圾，破旧的棚户区遍布河道两岸[108]；同时，由于沿线截污沟年代久远，部分截污沟破损严重，污水泄漏进入河道，长期的淤积使河水变质发臭，再加上雨污分流系统不完善，枯水期缺少补充水，造成部分支流无水可流，基本处于死水状态，河水水质严重恶化，进入市区的河段已下降为劣Ⅴ类水体[107,109]。

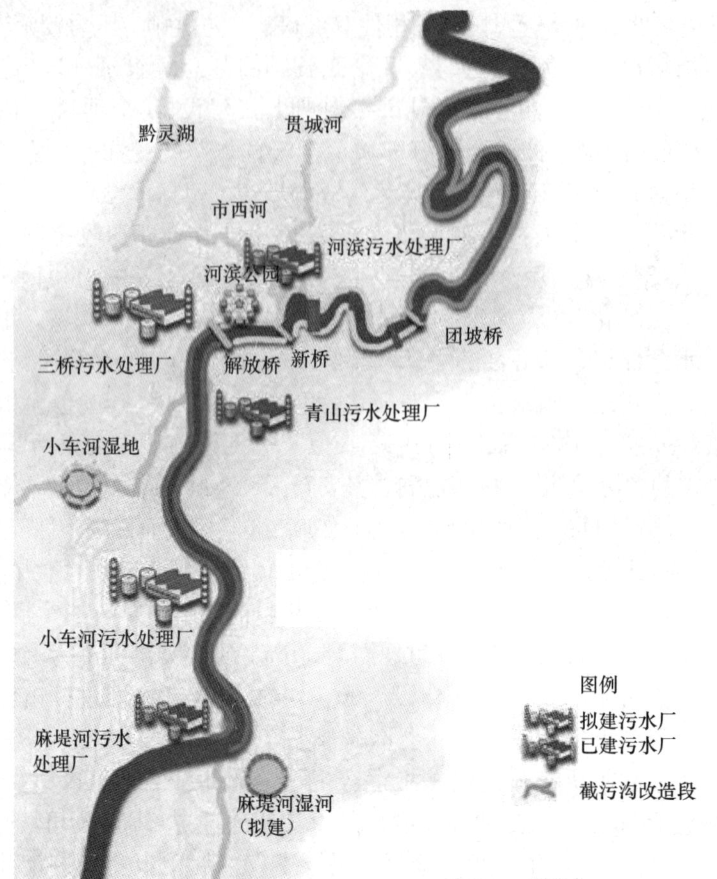

图 11-10　南明河水系示意图

图 11-11　南明河整治前水环境现状

南明河水环境综合整治中期工程投资约 42.8 亿元，涵盖收集处理系统完善、河道内源污染控制、河道面源污染控制措施及自净能力提升、河道异味综合治理、污泥资源化中心建立及河道两侧景观打造与文化提升 6 大块 12 个子项目[110]。其中，麻堤河、青山、小关、河滨 4 座污水处理厂及配套管网建设投资约 96932 万元，污水处理厂升级改造投资约 12914 万元。为实现河道污泥集中处置，新建的污泥处置中心投资约 6510 万元，仅此三大项目共 11.6 亿元的投资就超过总投资的四分之一。此外，还有一个项目的资金投入最大也最重要，那就是生态治理。此项“大工程”预计投入 13.4 亿元，在南明河两岸新增人工湿地和绿化带处理分散的污水，同时在河底种植沉水植物等，实现河水的自我净化，让南明河成为贵阳市的生态景观河[111]。其他投资用于截污沟改造、河道。

南明河治理的总技术路线如图 11-12 所示。

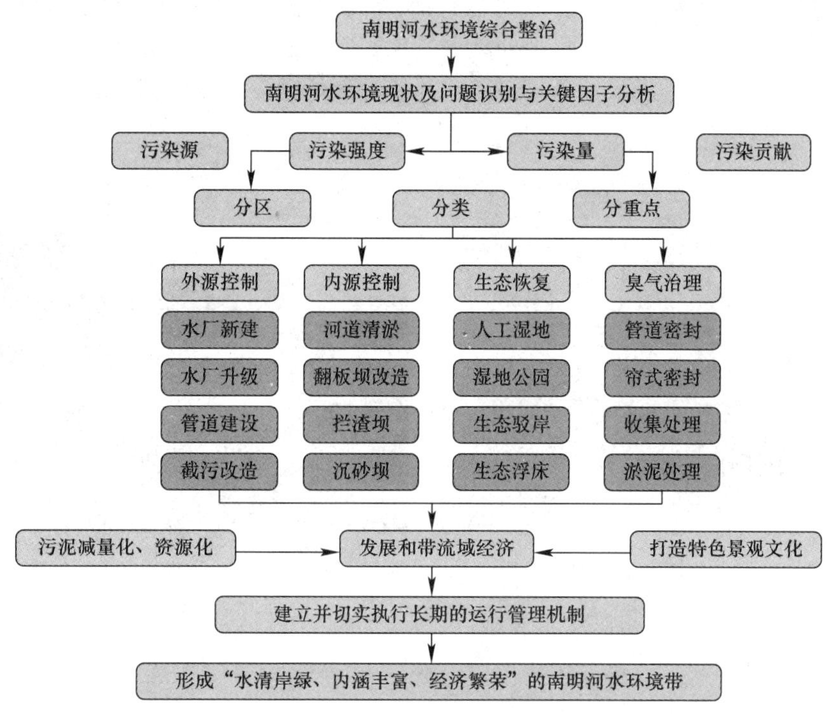

图 11-12　南明河治理的总技术路线

2. 治理方案和技术手段

（1）南明河分阶段治理目标及阶段投资情况

第一阶段目标（2012 年 10 月～2013 年 5 月），完成南明河城区段（三江口　红岩桥）截污沟改造、清淤、防淤、河道生态治理、翻板坝改造、沿岸景观整治、灯光亮丽、监控平台建设，完成市西河等五条支流第一阶段治理项目，启动麻堤河、青山污水处理厂的建设，有效改善南明河城区段水质及河水感观效果，提升城区段景观和文化效果，实现初步“救急”效果。（第一阶段总投资约 186865.63 万元，截止 12 月 30 日施工产值 117300 万元。）

第二阶段目标（2013 年 5 月～2014 年 12 月），新建南明河流域新庄二期等六座污水处理厂，新庄一期等六座存量污水处理厂的提升改造，市西河、小黄河等五条支流的提升改造，南明河主河道生态强化提升治理，控制支流水系恶化，使南明河核心段水质基本达到景观环境用水标准，初步建立具备自身恢复能力的流域生态系统。总投资估算约 251798.73 万元。其中，干流综合整治项目 62286.68 万元、支流综合整治项目 53742.05 万元、污水处理设施建设 135770 万元。

第三阶段目标（2015 年 1 月—2023 年 12 月），启动并完成主城区主要排污范围内的截污、纳污及雨污分流体系；南明河外源污染削减 80%以上，内源污染削减 90%以上；支流污染得到完全控制与治理；整个流域体系建立完善的综合生态水环境体系，具备较强生态恢复能力，主要水质指标达到三类水体标准[112]。

（2）技术手段

1）污水收集与下沉式污水处理系统（见图 11-13）

通过对南明河沿岸截污沟进行防渗改造，局部破损截污沟改截污管，对排水大沟汇入截污沟处进行沉砂、拦渣、截污、密封改造等措施，完善了南明河的污水收集与截污系统；污水处理依照“适度分散、集中处理、就地回用”的原则。大大减少了收集管网与中水回用管网投资，节约了污水处理厂占地，并使污水处理设施成为城市环保的一张靓丽的名片[113]（见图 11-14）。

图 11-13　青山污水处理厂顶部安装电热板

图 11-14　污水处理厂上面的市民公园

2）河道清淤、防淤与防洪蓄水系统

对南明河主河道及支流进行生态清淤（见图 11-15），并在主河道布置河底排污管系统和河底干预系统，有效地解决了河道排洪和清污。

3）河道生态修复

综合运用生态驳岸（见图 11-16），跌水曝气、砾石透水坝等手段，结合适当的挺水及沉水水生植物，对河流污染物进行生物降解和修复，并将生态元素、景观元素、文化元素、经济元素巧妙地融入南明河带区域，营造生态型南明河[113]。

图 11-15　南明河整治中河道清淤

图 11-16　南明河整治后河道生态驳岸

4）臭气综合治理

结合截污沟及排水大沟改造完成臭气收集，并采用先进的离子除臭及生物除臭工艺。其中，生物除臭更采用了国际领先的填料配方及技术，彻底解决南明河截污沟的臭味问题。

5）景观与文化体系

结合南明河承载的历史和文化，与景观文化体系相辅相成，利用当今先进的照明技术和设备，打造出“公园彩都”、“筑城广场”、“民族水韵”等美好画卷（见图 11-17），营造出南明河的自然之美和历史文化沉淀。

图 11-17 南明河整治后航拍图

南明河整治要想实现其长远可持续生态效应，须积极融入生态治理理念，且应结合贵阳市湿地公园建设和诸多环保工程，如城市雨-污水分离（雨水排入河道，污水从专门管网进入污水处理厂）、设置翻水坝或曝气池增加河流溶氧量等环保措施[114]。另外，加强贵阳市民保护母亲河的环保意识教育和相关法律政策制度建设也显得十分重要。总之，实现南明河生态化，才能真正意义上符合国家关于贵阳市生态文明示范城市建设目标[115]。

3. 治理成效

第一阶段项目顺利通过了由政府、专家、市民代表组成的验收组验收。基本消除干支流淤泥、干流黑臭、修复河道的生态功能，美化了河段景观，水质得到了明显改善，劣Ⅴ类水质由 51%下降到 17.4%[115]。南明河治理前后对比效果如图 11-18 所示。

图 11-18 南明河治理前后对比图

二期一阶段项目内容实施后，南明河干流水质较一期竣工时有大幅提升，藻类和水生植物都得到一些恢复，各断面 COD 浓度基本达到地表水Ⅲ类标准；大部分断面氨氮指标达到Ⅳ类标准；总磷指标基本接近Ⅳ类标准。目前，劣Ⅴ类水体进一步下降到 7.0%，Ⅴ类水体继续提高至 26.8%，Ⅳ类水体继续提高至 31.6%[109]。

4. 存在的问题

南明河清淤隔几年就进行一次，而且淤泥一次比一次的多，应该从根源上下手，切勿治标不治本。建议对排水口等污染源进行改造，一方面，从源头上治理，实现雨污混流的改造；全面普查管网，从系统上解决污水问题；对于污染源无法查清的排污口，采用沿河截排的工程措施；对小区和工业企业发整改通知。原有的排水口（包括城区地表水排入河道内的雨水管排水口和地表径流排水槽）通过建设湿生环境等措施将这些排水口进行改造，使之具有净化功能，在视觉上也有自然的美感；另一方面，水体的黑臭又是无氧时厌氧菌作用的结果，因此对河流水体采用人工曝气的方式进行充氧，加速水体复氧过程，提高水体中好氧微生物的活力。在河道内结合景观措施设施，布置一些人工曝气装置，如浮水喷泉、太阳能曝气机等来提高水体的氧含量。

11.1.3　案例三：浙江省嘉兴市流域治理

早在2011年，国家水专项办公室就把嘉兴列为示范城市，并设立了“河网城市雨水径流污染控制与生态利用关键技术研究与工程示范”研究课题。该课题的主要内容就是研究如何将低影响开发技术运用于嘉兴海绵城市建设。传统的建设理念造成了城市快排的排水模式，嘉兴也是这样，城市中70%的雨水未经任何处理就直接排入河道中，一方面造成了河道的污染，另一方面破坏了原有的水文平衡，使城市热岛现象加剧。

嘉兴市海绵城市建设试点示范区占地面积18.44km^2，包括旧城改造示范区域（含城中片合流制区域）、南湖重点保护示范区域、已建新城改造示范区域、未建新城建设示范区域等四类区域，涉及住宅小区改造、公共建筑改造、公园绿地改造、市政道路改造、再生水厂（含调蓄池）项目、雨水管道及立交泵站改造类、生态廊道类、水系疏通类、排水管网普查和修复、示范区监测设施建设类10大类工程等建设项目116个，总投资约51亿元[116]。

根据浙江省省委十三届四次全会提出的“五水共治”，结合嘉兴市治水工作实际，目前嘉兴市已起草制定《关于推进“五水共治、治污先行”工作的实施意见（征求意见稿）》。该实施意见分六个方面，主要围绕“清三河、两覆盖、两转型”目标，明确了2014～2016年、2017～2018年、2019～2020年三个阶段的目标及工作内容，明确了五大保障措施，即组织领导保障、项目落实保障、资金到位保障、人才科技保障、工作考核保障。

根据《嘉兴市城乡生活污水治理三年行动计划（2015～2017）》，针对城乡污水基础设施“小马拉大马”的问题，实施“管网配套、能力提升、提标改造、污泥处置”四大工程，打破县域分割、城乡分割、条线分割，全力构建由7个主副城区、44个建制镇、433个新社区、1101个传统保留村组成的城乡一体化污水收集网络，确保到2017年，城区污水收集处理率提高到95%，城乡一体化污水收集处理率提高到80%以上，争取走在全省乃至全国前列[117]。

1. 嘉兴基本概况

在2014年嘉兴市上下通过“清三河”，控源头，促转型，从重点领域入手，着力治理水污染。市政府制定“嘉兴市“清三河”行动方案”，建立半月进度统计、每月排名公布、季度督查暗访、年度抽查考核等制度，推行“统一编号制、全程跟踪制、验收销号制、考核奖惩制”，组织开展了“清三河”大会战、百日攻坚战。全市1806条、1066.16km黑臭河全部治理完成；1338条、847.77km黑河臭河得到治理，分别占总数的97.3%、95.3%，其中黑臭河治理长度居全省首位，河容河貌明显改观[118]。

在强力控源头上，全市新建污水管网594km，实施雨污分流改造63.5km，推进集中式污水处理厂提标改造，新增污水入网企业4152家。在强力促转型上，深化养殖业转型升级，生猪存栏量从2月底的288.97万头减少至91.25万头，6874家50头规模以上养猪场污染得到治理，“村收、镇聚、县处理”的死亡动物无害化收集处理机制基本建成。

嘉兴市海绵城市建设区域见图11-19。

2. 治理方案和技术手段

（1）治理方案

为了更好地展示嘉兴海绵城市建设施工阶段的动态、成效等，推动海绵城市建设的顺利进行，确保如期完成目标任务，项目部采取精细化管理，从施工质量、进度、安全、环境保护、社会稳定五个方面发力，打造“五位一体”海绵城市工程建设。

一是要根据设计图纸及规范标准，严格把控施工质量；二是要根据市海绵办部署，按期完成施工计划；三是要落实安全生产制度，确保安全施工；四是要低影响开发建设，保护生态环境；五是要加强宣传与沟通，保障社会稳定。

嘉兴市整治前的污染情况如图 11-20 所示。

（2）技术手段

1）雨水湿地（见图 11-21）：针对嘉兴对面源污染控制要求较高及土壤渗透性差的特点，掺入净水厂污泥颗粒填料具有较好的增渗控污效果，因此，在雨水花园设计中，考虑用净水厂污泥颗粒填料作为重要的掺入剂，既经济又环保。

图 11-19　嘉兴市海绵城市建设区域

图 11-20　嘉兴市整治前的污染情况

2）植草沟（见图 11-22）：本工程的植草沟为传输型植草沟，设置在道路旁及绿地广场周边，将雨水径流输送至增渗型下凹式绿地。

图 11-21　环城北路边的雨水花园

图 11-22　中环南路改造后的路边景观

3）“下沉式”绿地（见图 11-23）：“下沉式”绿地不下沉，可以在绿地上种植女贞（常绿乔木）、乌臼（落叶乔木）、海滨木槿（灌木）等植物。

4）生态驳岸（见图 11-24）：以嘉兴植物园为例，河边的驳岸建设成缓坡形，可提供 10 万 m^3 的调蓄量。

图 11-23　“下沉式”绿地和透水铺装

图 11-24　改造后的生态驳岸

3. 经验成效

嘉兴建海绵城市的好处是在“五水共治”基础之上实现水生态修复更明显，水环境改善更有效，水资源利用更科学，水安全保障更合理。和“五水共治”相比，海绵城市的治水理念更系统，全新技术主要体现在低影响开发雨水系统构建方面。

（1）在规划编制上，嘉兴市立足水乡特点，重点围绕水生态保护和水环境改善等方面来进行，目前《嘉兴市海绵城市示范区建设规划》已完成编制、《嘉兴市中心城区海绵城市专项规划》已通过专家评审，同时启动编制《嘉兴市绿地系统规划（修编）》《嘉兴市水系规划（修编）》等相关规划。

（2）在制定技术体系上，嘉兴结合实际情况，出台了技术管理规范。目前《嘉兴市海绵城市建设试点（示范区）考核监测和典型设施监测评估方案》《嘉兴市低影响开发设施标准图集》已完成专家评审，《嘉兴市低影响开发设施施工、验收、养护技术规程》等已完成初稿。另外，还结合嘉兴水文、地质等特点进行技术创新，研发适合嘉兴海绵城市建设的新技术。

（3）嘉兴市在海绵城市建设中，还将“五水共治”“老旧小区改造”“城市道路治堵”“城市有机更新”等工作有机结合起来，协同推进，并让老百姓参与其中，使其充分体会到海绵城市建设的实效。

到2014年底，基本消灭垃圾河，黑河、臭河消灭50%，消灭垃圾河6496km，整治黑臭河4660km，新建污水管网3130km；2015年底，黑河、臭河消灭80%以上；嘉兴市新增城镇污水收集管网1200km，基本建成县以上城市污水处理厂污泥处置设施；采取“纳入城镇管网”、“就地分片处理”、“分散独立处理”、“湿地处理利用”等方式，因地制宜处理农村生活污水；到2016年底，基本消灭全市境内黑河、臭河，实现“水清、流畅、岸绿、景美”的河容河貌，在上游来水水质稳定改善的基础上，实现“基本消灭劣五类水体，市域四类水为主体，提高三类水比重”的目标[119]。

嘉兴市水体改造后景观如图11-25所示。

4. 存在的问题

嘉兴地区的水系为太湖流域的一个组成部分并位于太湖流域的末端，区域内水流四通八达并都为过境水。由于太湖流域的水环境质量下降，加上素有丝绸印染之乡的盛泽地区大量印染污水涌入市区，运河东段又受上游余杭大量污水进入，这些都对嘉兴地表水水质恶化带来一定程度的影响，针对取水口的污染物指标，嘉兴地处下游，水源地水受上游污染，处于劣五类水质。

图11-25　嘉兴市水体改造后景观

11.1.4　案例四：海南省海口市美舍河流域治理

海口市是一个濒海沿江的海滨城市，地形地势低平，汛期受热带风暴和台风影响，经常产生强度大、范围集中、持续时间长的强降雨，洪水和风暴潮往往伴随台风而至，造成多条道路雨水排放不及时而积水，极易产生内涝（见图11-26）。

逢雨必涝已成为海口的一个老大难问题。在2015年11月举行的2015中英建筑论坛上，中国城市规划设计研究院水务分院资源能源所所长、住房和城乡建设部海绵城市建设技术指导专家委员会委员王家卓认为，建设海绵城市可应对海口内河内湖的水质污染问题，建议海口可借旧城改造的契机，采取PPP模式建设海绵城市，并使之与排水防涝设施相辅相成，改善海口内涝情况。

图 11-26　台风过后的公交站牌

几年来，海口水环境综合治理煞费苦心。一是实施市中心区水网动力工程；二是实施市中心区污水排放口截流并网工程；三是实施美舍河引水干渠工程；四是实施白沙河整治及鸭尾溪—五西路明渠水体还清工程；五是实施金牛湖净化工程；六是实施沙坡水库周边、龙塘饮用水源保护区与永庄饮用水源保护区等水环境面源污染治理[120]。

按照《海口市水域综合整治工作方案（2015～2017 年）》，河口溪的规划整治是对河道进行裁弯取直，清淤后护砌，整治为宽 14m，深 3.2～3.65m，总长约 1.4km 浆砌矩形断面。

这个水域综合整治方案还计划有序组织开展美舍河、鸭尾溪、龙珠湾、大同沟等沟渠湖泊的清淤。2015 年下半年着手美舍河清淤，2016 年开展鸭尾溪水系清淤，2017 年是龙珠湾、大同沟等水体的清淤。其中，美舍河清淤示范工程从海府一横路以北至东风桥下游约 300m 河段止。

饱受暴雨之患已久的海口，被国务院确定为近年来内涝灾害严重、社会关注度高的 60 个城市之一。2017 年 3 月，住房和城乡建设部办公厅与国家发展改革委办公厅印发《关于做好城市排水防涝补短板建设的通知》，要求 60 个城市低洼地段、道路集中汇水区域、重要市政基础设施等易涝点，逐一明确治理任务、完成时限、责任单位和责任人，工程重点包括地下排水管渠（管廊），雨水源头减排工程，城市排涝除险设施以及城市数字化综合信息管理平台。针对海口内涝严重，水体治理缺乏科学性的问题，指导和规范海口市海绵城市规划建设工作，加强城市雨水径流源头控制和城市降雨面源污染控制，合理确定海口市海绵城市建设的目标和指标，因地制宜的进行“渗、滞、蓄、净、用、排”等海绵城市建设工程措施，依据相关法律、规范及规定，特编制《海口市海绵城市专项规划》。海绵基础设施建设规划：

水安全保障规划：规划至 2030 年，城市排水防涝能力得到显著提升，能有效应对 50 年一遇降雨。新建排涝泵站 15 座、雨水行泄通道 12 条、雨水调蓄设施 28 座，建立较为完善的城市雨水管渠体系，开展城市内河水系综合治理工程。

水环境综合整治规划：规划至 2030 年，内河水质指标达到或优于Ⅳ类水标准。新增污水处理厂（站）7 座，扩建污水处理厂 1 座，对河道沿线排水口进行全面摸排和治理。

水生态修复规划：对城市内河进行水域空间修复、内源治理、水动力改善、岸带修复、滨水海绵设施建设等水生态修复工程，规划至 2030 年，内河水系生态岸线比例达 50%。

水资源利用系统规划：构建多水源互备、多系统连通、水源地保护、分区供水的供水安全保障格局。强化非常规水资源利用，规划至 2030 年，雨水资源利用率≥1.5%，污水再生利用率≥30%。

海口市长倪强认为，治水应处处以生态为出发点，协调好河与人、河与城的关系。2017 年 2 月，海口美舍河湿地公园 5 个示范点同时开工，着力治理水污染，恢复湿地生态。

海口市海绵城市建设格局如图 11-27 所示。

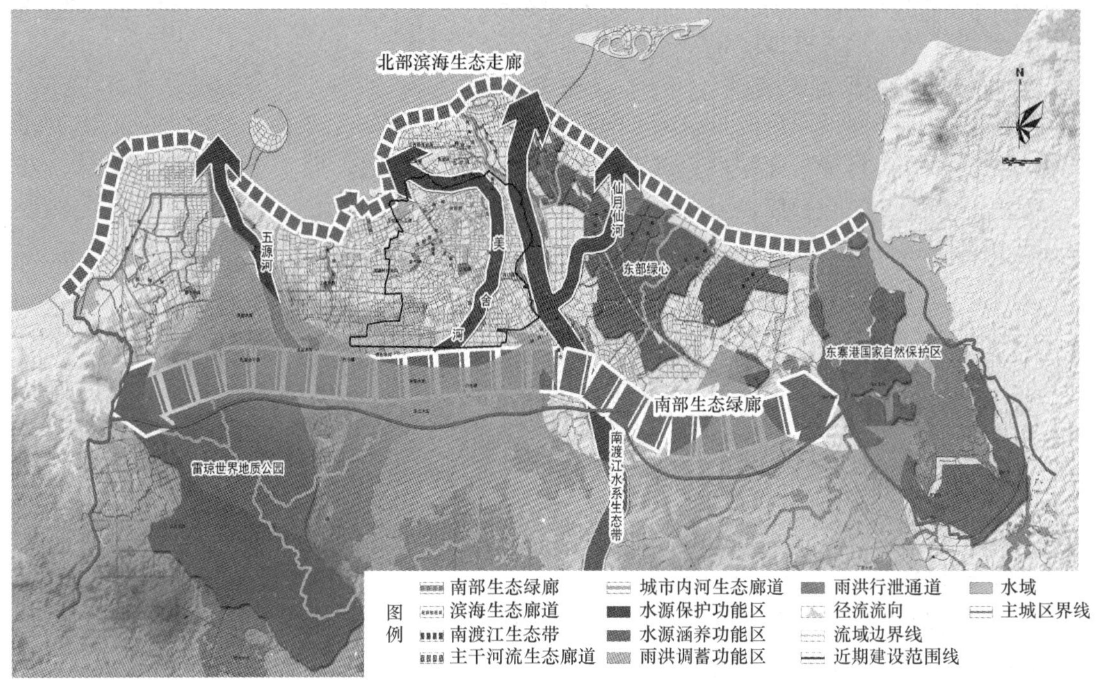

图 11-27 海口市海绵城市建设格局构建图

1. 项目基本概况

美舍河是海口市中心区东部一条河流，从上游的沙坡水库至入海口，全长 23.86km，流域面积为 50.16km^2。它发源于海口市南部羊山地区，呈圆弧状流经永兴、城西、府城、白龙 4 个乡镇及街道，在和平北路桥东侧流入海甸溪，最终从新港码头归入琼州海峡。多年来底泥沉积、河流浑浊、鱼类死亡、臭味难当……这些略显尴尬的“关注”背后是长达 17 年的艰辛治理[121]。

海口市水务局相关负责人解释，这一带过去没有污水管道。自东环铁海口东站建设以来，椰海大道周边少量污水无法进入龙昆南路的污水管道，没了去处，只好暂时进入美舍河（见图 11-28、图 11-29）。据说，早几年椰海大道两侧居民不多，而城市开发的速度与污水同时增长。

图 11-28 附近住户将水排入美舍河

图 11-29 美舍河丁村段河道里被人种上了蔬菜

中国城市规划设计研究院相关技术人员介绍，美舍河水体治理选取国兴大道、长堤路上游500m段、白龙南至东风桥、凤翔公园、高铁沿线5个生态示范段，“选取的都是有代表性的河段，从而形成可推广和可复制的模式。”

2. 治理方案和技术手段

（1）美舍河治理采用“控源截污、内源治理、生态修复、景观提升”的多元系统水环境提升战略，立足打造贯穿城区南北的重要水生态景观廊道，以实现“水清、岸绿、景美、民乐”的综合治理目标。

1）控源截污+内源治理

近期：系统梳理，截污见效。

中期：追根溯源，清污分流。

远期：修复基础，长效治理。

2）生态修复+景观提升

固本：健康水体系统构建。

还原：生态补水海绵城市。

入画：水清岸绿景观灵动。

（2）技术手段：

1）人工种植（见图11-30）：美舍河从入海口一直到国兴段的水体都有一定盐度，均具备种植红树的条件，已开始选定栽种红树。

2）人工湿地技术（见图11-31）：美舍河湿地公园凤翔段梯田湿地采取人工湿地水净化技术，让劣五类水经过潜流湿地变成三类水。

图11-30　人工种植红树

图11-31　美舍河凤翔公园梯田湿地

3）树岛（见图11-32）：是指把美舍河两岸的硬质驳岸破除后，将其割裂成块，引来河水环绕四周，再种上苗木，就像以树为主的岛。

4）一体化污水处理设备（见图11-33）：设备密闭异味小；噪声小；占地面积小；3台日处理废水量达到500m^{3}的一体化处理设备，总共占地面积仅488m；脱磷脱氮效果好，效率可以达到98%。

3. 经济成效

美舍河治理是一个系统、综合的治理模式。已从海绵调蓄、控源截污、分级净化、科学运营、循环利用、人水共融等方面着手修复[122]，建成湿地公园（见图11-34），实现“水清、岸绿、景美、民乐”，并把美舍河及周边原本“脏、乱、差”实现资源再造，让人民最大化受益。

图 11-32　美舍河湿地公园凤翔段树岛鸟瞰

图 11-33　截污工程一体化污水处理泵站安装

"美舍河治理，是'海绵城市'理念和'经营城市'理念的完美结合。未来，要继续推动海口其他水体的治理，可以借鉴美舍河的经验。"北京大学建筑与景观设计学院院长俞孔坚说。三亚市园林环卫管理局邓新兵也表示："美舍河的生态修复经验，是三亚'双修'经验的升级版，这是一种可推广、可模仿的经验，相信海口的城市修补、生态修复在这些经验的带动下，会走得更快、更美。"

图 11-34　改造后的美舍河国兴段

4. 存在的问题

海口中心城区 2017 年列入改造的 16 个易积水路段，有的要把桥梁涵洞拉直，有的得结合旧城改造系统重构排水管网系统，有的要在早些年没有铺设地下管网的重要干道下新建排水干管。中国城市规划设计研究院相关技术人员认为，解决积水不得不采取这些工程措施，但单一的措施已经不能满足城市的需求，且牵制了城市的发展。

美舍河 5 个示范点的生态改造已经取得了一定的海绵效果，但要补的短板还有很多。解决海水顶托的难点非一日之功，何时开闸放水、何时关闸启动泵站，也不是凭经验就能拿捏得准确。

11.1.5　案例五：新加坡碧山宏茂桥公园和加冷河道修复

新加坡地处热带地区，拥有接近 500 万人口，没有天然的地下蓄水层和广阔的土地，人均水资源占有量居世界倒数第二位，年降雨量大约为 2400mm，降雨持续时间短、分布面积小，收集和储存雨水的土地特别有限，超过 50%的淡水都来自马来西亚。20 世纪 60 年代初期，由于过度的城市开发和显著的人口增长，使得城市面临着干旱、洪涝灾害和水源污染问题，因此建造了包括碧山公园附近的加冷河混凝土河道在内的很多沟渠和排水沟，以减轻洪水泛滥。

新加坡从 2006 年开始推出活跃、美丽和干净的水计划—"ABC 计划"（Active Beautiful and Clean Waters Program，ABC），除了改造国家的水体排放功能和供水到美丽和干净的溪流、河流和湖泊之外，还为市民提供了新的休闲娱乐空间（见图 11-35），并提出了一个新的管理可持续雨水管理的水敏城市设计方法（也被称为ABC在新加坡水域设计的亮点）来管理可持续雨水的应用[123,124]。

1. 项目基本概况

作为海岛城市，新加坡没有天然的地下蓄水层和广阔的土地。尽管这个岛国处于热带地区、降雨量丰富（年降雨量约2400mm，伦敦600mm），但是用来收集和储存雨水的土地特别有限。20世纪60年代初期，由于过度的城市开发和显著的人口增长，使得城市面临着干旱、洪涝灾害和水源污染问题。因此，新加坡建造了包括碧山公园附近的加冷河混凝土河道在内的很多沟渠和排水沟，以减轻洪水泛滥。加冷河作为新加坡最长的一条河流，10km长的加冷河贯穿中心岛，从皮尔斯水库流向滨海水库，是城市供水体系统的一部分（见图11-36）。

图11-35　新加坡碧山宏茂桥公园和加冷河道

图11-36　加冷河总平面图

加冷河-碧山公园是ABC方案下的旗舰项目之一。该项目占地62ha，花费4500万欧元，于2012年2月建成。加冷河碧山公园建成于1988年，作为新加坡最受欢迎的大型城市公园，每年接待游客超过300万人次。碧山宏茂桥公园展示了一种新的热带城市水文景观处理方式。这种方式满足了新加坡水独立供给与洪水暴涨治理的双重要求，同时，在紧凑的城市中创造出了河岸生态系统。但园内的设施并不能满足市民，随着公园附近的住宅区人口密度持续增加，公园本身的生物多样性相当单调，植被稀少，存在安全隐患和缺少休闲娱乐空间。在开发之前，加冷河的混凝土身躯将公园和生活社区清晰的分割开来，这种状态亟待改善。因此，为了满足市民和游客的不同需求，它需要进行一系列的改造和修葺。公园旁边的加冷河混凝土渠道，需要升级来满足由于城市化发展而增加的雨水径流的排放。因此，这些计划被综合在一起，进行此项重建工程[125]。

2. 重建方案和技术手段

（1）重建方案

在此项目中，62km^{2}的公园空间被重新设计，以适应河流系统固有的动态过程，其中包括水位波动和宽度，同时为公园游客提供了丰富的休闲娱乐机会。2.7km的加冷河从笔直僵硬的混凝土河道被改造成3.2km的蜿蜒自然河道（见图11-37）。

（2）技术手段

1）土壤生物工程技术（见图11-38）：采用（植被、天然材料和土木工程技术的组合）来巩固河岸和防止土壤被侵蚀的工程。这一项技术的应用是热带地区首创的，为动植物创造了栖息地，公园里的生物多样性增加了30%。

图 11-37　河道改造以及园区修复

2）生态工法技术（见图 11-39 和图 11-40）

生态工法技术，是指将植物、天然材料（如岩石）和工程技术相结合，稳定河岸和防止水土流失。与其他技术不同的是，生态工法技术中的植物不仅仅起到美观的作用，更是起到了重要的结构支撑的作用。这种技术安装成本低，并且从长远利益看，比僵硬的混凝土河道更具有可持续性和长期的经济效益。

图 11-38　土壤生物工程技术

3）生物净化群落（见图 11-41）：生态净化植物群落将周围池塘中的水体循环净化。公园上游有生态净化群落，栽种精心挑选的植物品种，过滤雨水和污染物、吸收水中的营养物质，达到减少雨水径流污染、净化水质的目的，能有效进行水质净化，同时美化环境；净化后的水输送到宏茂桥水上乐园，最后流到池塘，整个水循环系统完整、有序[125]。

图 11-39　稳定河岸的生态工法

图 11-40　硬质混凝土河道拆除后循环利用

图 11-41　生态净化群落示意图

3. 经验成效

（1）设计团队与公园和水利部门考虑重新使用传统方法来最大化满足土地，经济和人文需求。这种拆除运河混凝土沟渠，修复自然河道的大胆举措，不仅使其花费比运河改造设计减少了15%，同时还增大了容量，使其超过了目标承载能力。同时河流也成为公园的一部分，增加了社区对城市水系统的亲和力，达到海面城市和河道水体的完美结合（见图 11-42 和图 11-43）。

图 11-42　河道改造前后对比图

（2）雨水管理设计，增加城市韧性

最能彰显该项目创新性的就是，在将混凝土水渠改建成自然河道的同时，融入了雨水管理设计。这为城市的发展提供了无限可能，比如在管理河流和雨水、自然与城市相结合、提供市民休息娱乐场所等方面（见图 11-44）。

图 11-43　左侧新近修复的自然式河道与后侧老旧的混凝土沟渠对比

城市一直以来被认为是大自然的对立面。而如今，需要将二者融为一体。城市的韧性需要增强，因为气候变化容易导致洪灾，而干旱期则极大地影响了城市发展。修复性的设计为已然开发成熟的城市区域注入了新的活力，每年前来游玩的参观者多达 6 百万人。这座公园已成为新加坡象征性的符号，同时也为水敏性城市设计树立了典范。这个创新项目的一体化概念能够帮助新加坡等城市更好地面对未来的挑战。它能够有效地对于雨水进行处理、有助于净化市民的饮用水；能让植物和动物种群回归城市；它还能够为市民创造更多娱乐休闲的场所，并提供更多亲近大自然的机会。

图 11-44 暴雨前后碧山宏茂桥公园

11.1.6 案例六：德国莱茵河和伊萨河流域的治理

德国小流域治理［注释：关于小流域的概念目前尚无统一标准，美国将集水面积小于 $1000km^2$ 的流域称为小流域。欧洲各国则将集水面积在 50～$100km^2$ 以下的流域称为小流域（或称荒溪）。我国的小流域综合治理单元一般为数平方公里至几十平方公里但一般不超过 $50km^2$］[123]。

德国采取的主要措施如下：

（1）高度重视治理工作

由于政府的领导人把小流域治理作为环境保护、国土整治的重要内容及改善山区人民生活、旅游、休息、疗养等条件的重要措施，政府根据自然保护的有关法律，每年拨出大量资金开展小流域治理，并责成水利部门设立专门机构，配备各类专业人员共同进行小流域综合治理。

（2）详尽调查研究小流域现状

德国水利部门曾组织地质、地貌、土壤、地植物、林业、农业、水利工程、遥感、计算机等方面的专家，于 1974 年完成了全国山区小流域现状调查及危险性分类的工作。因此，德国全国小流域的类型有多少需要治理、综合治理措施的配置比例、小流域治理的工程量等，均有详尽的资料。这些资料是小流域治理规划设计的重要依据。

（3）集中治理与综合治理并重

尽管德国经济实力雄厚，每年用于小流域治理的经费不少，但他们仍然强调按小流域逐条地集中治理与综合治理相结合，有多少钱办多少事，而不是大面积铺开。

（4）发展生态自然工程

德国的小流域治理虽然由水利部主管，但他们并不热衷于在沟道修建大型建筑物，例如大型拦沙坝、护岸丁字坝、导流堤等。相反地，他们大力推广模仿自然景观的水利工程措施。在他们看来，自然界本来已经形成了优美的、稳定的生态系统，只是在人类不合理的开发利用情况才遭到破坏，失去了平衡。

他们在坡面以恢复植被的绿化工程为主，很少采用钢筋混凝土修建护坡工程。对于缓坡农地，采用水土保持作用大的作物、轮作制度及水土保持耕作法，尽量避免修梯田。在沟道中，尽量采用低坝、非钢筋混凝土坝（如干砌块石、浆砌块石、铁线石笼、抛石护岸）及生物堤坝。对于沟道的侧向冲刷，他们尽量避免采用砌石护岸、挡土墙等工程，而是使沟坡形成天然的稳定坡度，然后营造防冲护坡林。

国外从 20 世纪中期开始探索河流生态修复，旨在减少工程措施对河流生态系统的影响，已有一些研究和实践。

1. 项目基本概况

莱茵河是欧洲最重要和最著名的河流之一。发源于瑞士境内阿尔卑斯山，自南向北穿越瑞士、奥地利、德国、法国、卢森堡、比利时和荷兰后流入北海。全长 1320km，流域面积 185000km^2。其流域人口高度密集，工业化程度非常高，干流沿岸有 6 个世界闻名的工业基地，是欧洲和世界重要的化工、食品加工、汽车制造、冶炼、金属加工、造船工业中心。沿岸人口和工业高度集中，产生大量含耗氧物质、重金属、有毒污染物的生活、工业污水，部分污水直排河道，严重污染了莱茵河水质（见图 11-45 和图 11-46）。

图 11-45　1986 年剧毒物污染莱茵河事故

图 11-46　莱茵河事故中瓦尔德霍夫号货船倾覆

保护莱茵河国际委员会（International Commission for the Protection of the Rhine, ICPR）是莱茵河环保工作的跨国管理和协调组织，于 1950 年 7 月 11 日在巴塞尔成立。成员国包括瑞士、法国、德国、卢森堡和荷兰。该组织的主要任务有 4 项：①根据预定目标，准备国际的流域管理对策和行动计划以及开展莱茵河生态系统调查研究；对各对策或行动计划提出合理有效的建议；协调流域各国家的预警计划；综合评估流域各国行动计划效果等。②根据行动计划的规定，做出科学决策。③每年向莱茵河流域国家提供年度评价报告。④向各国公众通报莱茵河的环境状况和治理成果。

莱茵河行动计划（Rhine Action Program）以生态系统修复作为莱茵河重建的主要指标。

莱茵河流域图见图 11-47。

2. 治理方案河技术手段

（1）治理方案

1）通过抽吸河底底泥，从莱茵河中清除了大约 1t 的农用化学品（农药），同时总共对约 4000m^2 的面积进行了净化处理；将抽吸出的污染混合物暂时存放起来，以后再进行无害化处理。利用活性炭对同时抽出的水进行过滤和净化，然后再送回莱茵河。

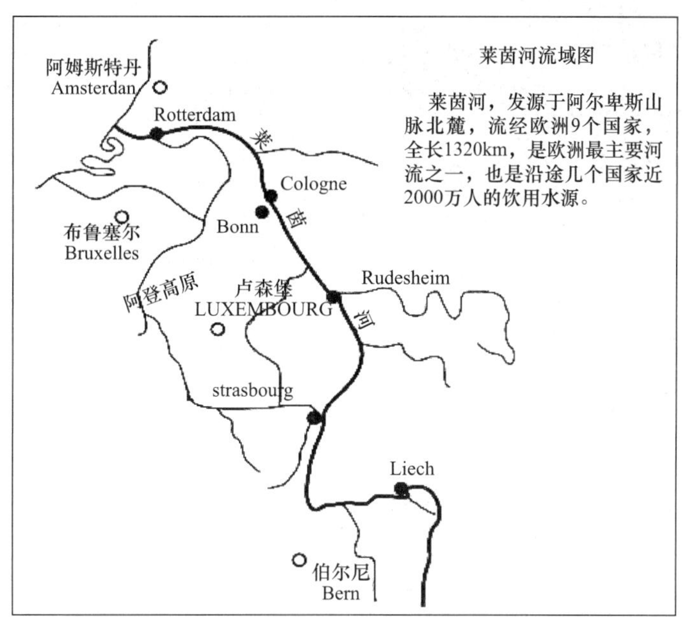

图 11-47 莱茵河流域图

2）从源头上严控污染源，控制各种污染物入河。两岸的工厂生产必须先接受政府严格检测，确认对环境没有影响才可以投产。通过建立污水厂、垃圾处理厂，采用新的环保设施手段，处理工厂排放物。

3）促进各成员国达成共识。莱茵河是个大生态系统，各国息息相关，须一致行动。委员会最高决策机构是每年一次的各国部长工作会议，而负责落实的执行会议几乎每周一会。各国分工治理，费用各自承担。沿岸各国在莱茵河流域已经建立了一整套监测预警系统，采用先进的监测手段，对河水进行监控。

4）尽量以“自然方式”治理，恢复河流自然生态系统。

（2）技术手段

采取“污水电梯”、绿色堤岸、河道治理等措施修复河道。“污水电梯”是指在地下 45m 深处建设提升泵站，将河床内历史积存的大量垃圾及浓稠污水送到地表，分别进行处理处置。绿色堤岸是指在河道两边种植大量绿色植物并设置防护带，既改善河流水质又改善河道景观。河道治理是指配合景观与污水处理效果，拓宽、加固清理好的河床，并在两岸设置雨水、洪水蓄滞池。

3. 经验成效

治理后的莱茵河河流水质与河道景观得到了显著改善（见图 11-48 和图 11-49）。其中有四条治理经验值得效仿[126-128]：

首先，制定了畅通无阻的跨流域协调机制。莱茵河流域的九个国家，制定了一个莱茵河日常养护“国际公约”，并成立了由 12 人组成的保护莱茵河国际委员会，委员会主席由成员国的相关责任人轮流担任。在理念上达成共识，管理上注重效率[126]。

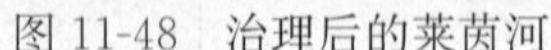

图 11-48　治理后的莱茵河

图 11-49　治理后的莱茵河

其次，充满智慧的制度化设计。据悉，莱茵河流域现有通报检测站点数十个，设立的注册通报员上百人。这些设立在沿河自来水公司、矿泉水公司、食品加工厂等“用水敏感企业”的通报员，随时密切监测莱茵河水质的变化情况，发现水质稍不符合规格，就会立即报告相关监测部门，及时采取处置措施。

第三，让流域下游国家唱主角。按照制度设计，尽管委员会主席按照规定期限轮转，但委员会的秘书长却总是荷兰人。因为荷兰是莱茵河最下游流经的国家，在河水污染问题上最具有发言权。而且，荷兰由于受到污染危害可能性最大，所以，对于治理莱茵河的决心和责任心最为强烈。

第四，从立法角度看：

风险预防原则。在德国现行环境法规中，风险预防是一项最基本的原则，其核心内容被表述为“社会应当通过认真提前规划和阻止潜在的有害行为来寻求避免对环境的破坏”。例如，德国在 1975 年制定了《洗涤剂和清洁剂法规》，规定了磷酸盐的最大值，又于 1990 年对含磷洗涤剂加以明文禁止，有效避免了含磷洗涤剂和化肥的过量使用，遏制了莱茵河的富营养化趋势；

污染支付原则。德国最早提出“谁污染谁买单”的主张，通过充分运用经济手段，来保证环保法规的法律效力。因为对于流域管理中的外部不经济问题，法律化的经济手段最为有效。德国在 1976 年制定了《污水收费法》，向排污者征收污水费，对排污企业征收生态保护税，用以建设污水处理工程。同时，相关法规令污染企业得不到银行贷款，企业声誉和形象也会受到影响，这就促使企业不得不重视环境利益；

广泛合作原则。环境管理涉及每一个人的利益，理所当然需要公众的广泛参与，以使环保政策得到普遍的认同和执行。德国在 1994 年颁布了《环境信息法》，规定了公众参与的详细的途径、方法和程序，在立法上保证公众享有参与和监督的权力。公众参与水资源利用、保护的途径包括听证会制度、顾问委员制度以及通过媒体或互联网获取监测报告等公开信息，这就保证了流域管理措施能够切实符合广大公众的利益。公众环保意识高涨，以各自不同的方式自动自觉地保护莱茵河，成为对流域立体化管理的重要组成部分[127]。

11.2　国内外经验

11.2.1　国内经验

水利部印发了《关于水生态系统保护与修复的若干意见》等文件，住房和城乡建设部制定了《城市水系规划规范》。2015 年和 2016 年，财政部、住房和城乡建设部、水利部分两批确定了 30 个试点城市。试点的目的是通过在区域性片区探索落实海绵城市建设理念，形成一套可复制、可推广的做法、经验、机制和建设模式。

1. 缓解内涝问题，改善生态环境

海绵城市建设确实能够明显提升城市排水防涝能力，有效缓解城市内涝灾害。比如：

（1）2017 年 7 月，北京市出现特大暴雨，雨量和 2012 年“7·21”基本持平，甚至更多。但是，由于北京市按照海绵城市建设理念，城市内经过改造的城区，改善雨水管道的排水条件，没有再出现内涝积水，提高排水系统的效率；规划治理河道，解决河道洪水位顶托高水管道的问题保护和改善城市生态环境

（2）陕西省西咸新区在沣西新城试点区域实施海绵城市建设后，可以实现雨水原位收集、净化及回用，有效缓解城市内涝。在同样的降雨条件下，沣西新城无明显内涝，而对面的沣东新城则出现大面积内涝，形成了鲜明对比[129]。

（3）2017 年 5 月下午，海口突降暴雨，积水路段最多曾达 22 处，积水严重处一度超过 50cm。暴雨考验下，美舍河 5 个生态修复示范段“从容”应对，水位保持正常，显示出了“海绵城市”生态治水理念对于保障水安全的功效。

（4）浙江省嘉兴市地处平原河网地带、地下水位高、土壤渗透性差等地质水文特点，积极开展技术和产品创新，寻找适合嘉兴的新技术、新材料、新工艺，目前已取得 13 项技术专利并运用到实际工程中[117,119]。

首先是积水排涝问题明显缓解。解决了试点区域内 9 个内涝积水点问题，近年汛期试点区域内无明显内涝。其次是建筑与小区海绵化改造初现成效。目前示范区内已完成项目 31 个，改造完成后总体年径流总量控制率达到 79%；雨水管道排水标准达到 2 年一遇；年径流污染平均削减率（以 SS 计）达到 47%。

2. 促进新兴产业发展和技术进步

海绵城市建设和黑臭水体治理不仅能够带来环境的改善，还能促进产业发展和技术进步。比如：

（1）贵州省贵安新区依托海绵城市建设试点，建立了中英生态文明创新园，与有关企业成立了新型透水材料的生产基地；且参与南明河流域治理项目的某公司拥有流域水环境治理系统技术、全下沉污水处理系统、污泥资源化处理处置、精确曝气系统等核心技术系统。

（2）广西壮族自治区南宁市建设了海绵城市产业园，吸引国内海绵城市相关生产企业入园，构建新的经济增长点；那考河流域治理项目由某公司提供膜组件与膜装置，建造 MBR，目前出水主要指标均达到地表Ⅳ类标准，作为补水排入河道，从根本上改善了那考河水质，恢复水体生态环境[99]。

（3）陕西省西安市沣西新城研发了全国首台“海绵城市 LID 换填土拌合设备”，且已经正式投产使用，此台设备保证了换填混合土配比的可计量和程序化操控，大大提高了原材料的利用率和生产效率，充分满足了海绵城市建设施工需求。

（4）湖南省常德市海绵城市建设试点，某公司通过一年多时间自主研发的树脂混凝土排水沟和路缘石，通过湖南省以及上海检测机构的检测，产品质量达到了欧洲 EN1433 标准，可与德国亚科及米亚的产品媲美，其价格不到德国产品的一半。

3. 提高宜居环境，让城市回归自然

贵州的"海绵体城市"的理念（见图 11-50），努力将绿色规划，融化到每一个发展细节，并用这种可持续发展理念消除各种急功近利、铤而走险的做法。将生态文明落地、落实、落小：考虑外在形象，更关注生态形象；关注政绩需要，要尊重自然规律。努力通过生态性的规划，留住城市固有的生态结构、自然环境、原貌风貌等自然性元素，创造"相看两不厌"的默契、安静与和谐[105]。

西咸新区在海绵城市建设中，把雨水综合利用作为重点，让雨水"停一停、流一流、渗一渗"，通过沣河、渭河、斗门水库等实现湿地海绵修复，构建河湖水系体系；通过渭北帝陵风光带、周秦汉古都风光带及生态农田实现生态海绵保育，构建绿色生态本底；通过道路林带、街头绿地及城市公园形成城市海绵建设体系，构建城市绿网格局。在西咸新区沣东新城，依靠斗门水库和沣河湿地，已经呈现出绿带环绕的城市景观和自然清新、充满活力的生态环境。在西咸国际文教园农业中央公园，通过保留原始村落和大面积农田，打造出一个体验乡情农趣，回归自然田园的特色公园；西咸新区空港新城太平湖景区依托水景、田园等生态基础，以文化、健康、商务办公、现代农业为核心功能，将建立新一代复合型生态公共空间（见图 11-51）。

图 11-50　贵安新区海绵城市建设效果图

图 11-51　西咸新区海绵城市建设

宁波海绵城市建设（见图 11-52），自 2009 年以来该区域经历了若干次台风暴雨的考验，证明其建成效果达到了海绵城市的基本要求，为江南平原水网地区集中成片新区的海绵城市建设树立了标杆。宁波海绵城市建设，以坚持问题和目标为导向，因地制宜，实现具有宁波特色的建设效果[130]。例如，慈城古县城海绵城市建设以保护为主，再现古人治水理念；在新区以目标为导向体现集中成片效应；对于老城区以问题为导向，解决群众关注的热点问题，结合小区综合整治，让海绵城市建设给群众有更多的获得感；此外，努力打造农村地区、生态保护区等非典型区域的海绵改造模式。海绵城市试点建设将注重集中联片效应，项目建设围绕"一核、四片、多点"展开，即以 2.84km^2 慈城新区官山河以西核心片区海绵城市提升改造为中心，同步推进建成区天水家园以北地段、谢家地段海绵化改造以及慈城新城生态区、姚江新区保留区基础设施生态环境建设，全力构建"以点扩面、集中成片"的试点区海绵城市建设格局[131]。

迁安市海绵城市建设（见图 11-53），按照"系统建设、分区实施、类型全面、重点突出、成效可见"的基本原则，在 21.5km^2 示范区域内，实施建筑与小区、绿地和广场、道路与管网、给水与污水处理、能力建设等 5 大类 189 项海绵工程，已开工 74 项[132]。各工程与河、湖等自然水体之间相互融合，形成一个完整的“海绵”生态系统，能够共同发挥效应。雨水来临，落到建筑小区、绿地广场、道路及绿化带后，通过城市管网、泵站、调蓄池等迅速排出并在不同区域或自然水体蓄积。同时，有效改善升级城市污水处理设施，提高出水水质。

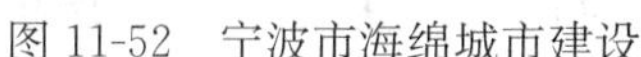

图 11-52 宁波市海绵城市建设

图 11-53 迁安市海绵城市建设

总结：海绵城市建设是指通过加强城市规划建设管理，充分发挥建筑、道路和绿地、水系等生态系统对雨水的吸纳、蓄渗和缓释作用，有效控制雨水径流，实现自然积存、自然渗透、自然净化的城市发展方式。黑臭水体治理是实现河流的多功能目标，目的是解决生态学和景观方面的缺陷，恢复河流生态功能。海绵城市建设和黑臭水体治理是多部门运营管理的联动工程，主要涉及住房和城乡建设、发展改革、水利、财政、规划、国土资源、环境保护等部门。建设宜居城市，以及后期维护生态环境亟需全民参与，并提高可持续发展的意识。

11.2.2 国外经验

为了建设富有魅力的滨水空间和充满生机的河流，日本及韩国河流生态化整治工程基本可归纳为以下三点：一是在满足防洪和水资源利用的同时尊重自然的生态多样性；二是依照现存的自然条件，建设和恢复良好的水生态环境；三是采取有效的工程措施和管埋措施，创造河流人工生态系统，同时尽最大努力保护自然生态系统。

德国是最早对城市雨水采用政府管制制度的国家，目前已经形成针对低影响开发的雨水管理较为系统的法律法规、技术指引和经济激励政策。在政府的引导下，目前德国的雨洪利用技术已经进入标准化。

莱茵河的治理经验告诉我们，治理江河污染，靠的不仅是文件、制度、规定以及资金，更为重要的是，应解决缺乏跨流域协调机制、制度化设计以及让流域下游地区充当主角的政策等问题。

德国埃尔廷根一宾茨旺根段多瑙河河流修复工程以新的理念、先进的数字技术和量化方法研究、设计河流景观并进行施工。将水力学的研究、河流景观设计和景观建造等不同过程环环相扣，在保证多瑙河防洪安全的前提下，对恢复水质、维护和修复河流自然生态和自然景观具有良好的效果。为河流修复多学科之间的交叉提供了参考，也同样提醒着我们，河流修复是一项系统工程，需要多方面协调共同完成，这样的河流治理效果才经得起时间的检验。

与此同时，德国实施“家庭承包河流制”有以下五个特点：实行自愿原则，因为唯有自愿，他才会乐意去做，才会持之以恒；承包家庭要与政府河流管理部门签订合约，规定双方的权利、义务，以备日后的检视和督查；参与的家庭成员要进行专业培训，学会如何管好自己所负责的那段河流，如学会使用测试工具对水质进行采样检测，以坚守承包河流的职责，发现自己承包的河流发生污染现象，及时上报“环境警察”，共同会诊，查源；当地政府按照承包的时间长短和河流长短，给予家庭政策优惠，如按比例少缴纳每个月的工资税等。

瑞士水治理的最大特点是对保护对象差异化，使有限的资源发挥其最大的作用。为了保护河流与湖泊水系水质，法律规定不能将未处理的工业和生活废水直接排入附近任何水体，连近湖建筑物上的雨水也必须经屋檐排水槽引入地下，经过处理后才可排入水体。由于实施了严格的环境保护，瑞士全国几十条河流、上千个湖泊常年清澈透明，且水质全部符合饮用水标准。

美国的城市雨水管理总体上经历了排放、水量控制、水质控制、生态保护等阶段，雨水管理理念和技术重点逐渐向低影响开发（LID）源头控制转变，逐步构建污染防治与总量削减相结合的多目标控制和管理体系。①立法严控雨水下泄量：美国国会积极立法保障雨水的调蓄及利用，同时，美国联邦和各州还通过总税收控制、发行义务债券、联邦和州给予补贴与贷款等一系列的经济手段来鼓励雨水的合理处理及资源化利用。②强调非工程的生态技术开发与综合应用：美国的雨水资源管理以提高天然入渗能力为宗旨，最为显著的特色是对城市雨水资源管理和雨水径流污染控制实施“最佳管理方案”，通过工程和非工程措施相结合的方法，进行雨水的控制和处理，强调源头控制、强调自然与生态措施、强调非工程方法。

日本是个水资源较缺乏的国家，政府十分重视对雨水的收集和利用，早在1980年日本建设省就开始推行雨水贮留渗透计划，近年来随着雨水渗透设施的推广和应用，带动了相关领域内的雨水资源化利用的法律、技术和管理体系逐渐完善。日本雨水管理围绕多功能调蓄设施推广应用经历了以下阶段：准备期（20世纪70年代），政府对多功能调蓄设施进行了一些研究和示范性的应用；发展期（20世纪80年代），政府对多功能调蓄设施开展广泛的应用并进行经验总结；飞跃期（20世纪90年代），多功能调蓄设施得以广泛应用，在多方面取得了显著成效。

12 海绵城市建设与黑臭水体治理存在的误区与建议措施

海绵城市建设意在疏通自然之筋络，建立生态基础设施。当前海绵城市建设中存在的误区有：理解不到位，没有从区域、城市和街区多个尺度系统去解决问题；没有真正理解海绵城市建设理念的精髓，未能将海绵城市建设中绿色基础措施与传统的灰色雨洪基础设施科学合理地结合起来，仍然未能达到海绵城市建设的目的；部门隔阂，有些城市的观念陈旧，阻碍海绵城市建设工程；被商家错误引导，以为铺渗透地砖和管道及蓄水罐就可以代表海绵城市，没有真正疏通自然之筋络，也没有打通水系之间的联系；投资渠道不畅，只热衷争取国家补助，没意识到这是每个城市自己的义务；误以为建设成本很高，被社会投资商夸大工程，PPP 模式不健全；资本主导，技术支持缺乏。

12.1 海绵城市建设误区与建议

12.1.1 对海绵城市建设工作难度认知不足

一些试点城市对海绵城市建设的艰难程度还认识不足。申报成功城市的试点区域一般既包括改造难度极大的老旧城区，也包括部分新城区与待建区，在两三年内完成超过 $15km^2$ 的试点区域建设与改造，普遍涉及数百个改造与新建项目的规划设计、施工建设和运行评估。不仅项目数量大、周期短，还必然涵盖各种灰色基础设施和绿色基础设施的选择和合理组合，甚至还可能涉及河道、湖泊及流域的综合整治，如何尽快、有序地完成实施方案的整体规划，科学、有序、全面开展各个项目的设计及施工建设，是一项异常紧迫又有很大难度的工作。而且，不同区域也都面临不同的建设风险和落实困难。

对于不少城市老旧城区改造项目，一方面，绿地率很低，难以提供充足的地上空间布置低影响开发或绿色雨水基础设施；另一方面，还面临已建绿地的改造、市政道路空间和竖向关系的改造、合流制区域管网的提标改造、水涝点整治、涉及许多不同部门的协调、市民对大范围改造的理解和支持等综合性难题。

新城区虽然绿地率相对较高，但建筑与小区普遍景观条件较好，高层建筑多，不仅面临建筑内排水雨落管断接、景观改造阻力大和提升空间小等专业问题，公共空间大范围改造工程对城市正常运行造成的影响和对居民的干扰，也会面临市民的抵触情绪甚至投诉压力等，成为推进的障碍。

对于待建城区，地块开发建设时序与海绵城市建设期限的匹配、已拿到土地开发许可的建设项目如何强制落实控制指标，也都是海绵城市建设的难题。而且，接下来编制具有强指导性、实施性的专项规划，大量项目的具体设计招投标、施工建设，推行 PPP 模式，质量监督和保障，评估验收准备等安排，都是各城市尽快推进和落实海绵城市建设工作的焦点和难点。

总而言之，旧城和新城的海绵城市建设，都会面临主、客观两方面许多的巨大困难和障碍。缺乏对这些困难和障碍的清晰认知，以及高效的制度突破和安排，高效率的应对策略，将会极大地影响后续工作的有效开展。

12.1.2　对海绵城市内涵的理解模糊不清

从部分试点城市的实施方案、实施计划与近期工作进展来看，存在对海绵城市的内涵、低影响开发雨水系统与排水防涝、径流总量及径流污染控制等基本概念的认识模糊不清。

一方面，狭义低影响开发措施的功能和适用范畴被有些人忽视或夸大，即完全依赖或完全否定灰色基础设施。客观来讲，已建城市条件错综复杂，务实有效、可持续的排水系统解决方案很难简单地依赖单一的灰色或绿色设施。毫无疑问，完全依靠灰色设施不符合“海绵城市”的基本理念和建设要求[2]，而在已建城区大范围的改造工作，受绿地率、管网条件及地面竖向关系等许多因素的限制，不考虑现实条件，一味追求绿色雨水基础设施也如天方夜谭，不仅增加实施难度，还可能拖延建设周期、增加投资甚至根本无法落实。

另一方面，排水防涝与海绵城市的关系也亟待明晰。

如一些城市的申报实施方案中，将海绵城市的建设内容狭义地局限于低影响开发分散式设施，而忽视了如多功能调蓄公园、管网提标改造、合流制区域内涝和污染控制等一系列综合方案和设施的建设。

12.1.3　对设施功能、控制目标和指标的片面理解和僵化操作

海绵城市涉及新的突破性的控制目标和指标。“渗、滞、蓄、净、用、排”即精炼地概括海绵城市建设的多目标、多途径特征，如何科学地认识这六字的内涵至关重要。

但从一些城市实施方案看，存在理解僵化、认识不清的问题，进而影响实施方案的合理性。例如，在制定海绵城市建设的实施方案和各类项目的分配时，将这六字截然分开对项目进行安排，就存在明显的不合理性。一方面，显然是不了解或忽视大多数低影响开发设施多功能的特点。以典型的生物滞留设施为例，该技术不仅包括渗透、滞蓄、净化、雨水综合利用等多种功能；同时，它还必须具有溢流排放之功能以防止水涝，即，仅一种小设施就体现了上述“六字方针”；另一方面，在一个具体的项目甚至项目中的一个子系统流程中，也是由多功能的许多设施所组成。而且，在实际的雨水系统中，径流总量、雨水利用、径流污染控制乃至排水防涝指标，也多是交织在一起，或者具有密切的联系和耦合关系，而不是截然的分开。因此，海绵城市实施方案或专项规划中，需要特别注意避免僵化分割控制指标与项目建设方案，而是要根据具体条件的不同，根据各种设施的特点、适用性和多功能特征，综合分析和选择，进行系统的优化组合，及项目的总体安排。

此外，对“下沉式绿地率”、“透水铺装率”等控制性指标，也需要科学地理解，结合不同项目具体条件，和其他量化控制指标，合理地来应用。

12.1.4　PPP 模式与海绵城市建设和运行维护的特点和要求如何相适应？

由企业和政府共同参与投资建设和运行管理 PPP（Private-Public-Partnership）模式

受到国家的高度重视，也是海绵城市建设试点的重要内容。首轮试点申报中，开展 PPP 模式的城市额外奖励达到 10%，也是这次申报与建设试点的热点与难点之一。

PPP 模式不是简单的融资渠道，更不应成为地方政府转嫁责任和财政负担的途径。海绵城市建设的 PPP 模式，必须针对海绵城市各类项目的特点，及不同企业的自身条件和优势，探索建设/运营等不同的阶段、面对政府/开发商等不同责任主体下的运作，否则很难形成持续的市场化推进力。举例来说，城市水厂及管网系统的建设、维护与管理等，一些企业具有相对成熟的运营经验，可通过水费分成和政府购买服务方式获得长期盈利，比较适合直接作为 PPP 项目。但长期来看，需要探索和解决雨水排放显性或隐性收费的问题。而某些旧城小区、道路雨水系统改造项目，没有长期可持续的收入，建设阶段政府投资难辞其咎，运营阶段也需要综合考虑物业交割和特许经营等不同的管理方式。

事实上，上述一些困难或误区都是由于对海绵城市的内涵与系统的复杂关系缺少科学理解和清晰认识，如果不能清晰理解并妥善处理这些问题，会直接造成海绵城市建设内容的混乱和缺陷，对未来海绵城市的建设推广造成负面影响。

12.2 黑臭水体治理误区与建议

12.2.1 污染源治理与生态治理不同步

大部分河道水质恶化的主要原因，是沿线点源和面源的排入。河道生态治理设计时，有些设计往往只关注生态措施的应用，而对引起水质恶化的源头未采取措施。污染源治理与生态治理不同步，治标而不治本，即使采用更多更先进的治理措施也达不到好的效果，水质仍会继续下降，因而导致水生动植物难以存活，生态系统无法在此环境下构建成功，强化净化措施的作用有限且费用较高，无法体现河道生态治理的精神和目标。

因此，在设计时应分析河道的主要污染来源，并对主要污染源采取截流纳管、就地处理、沟渠净化、湿地净化等措施，有效降低入河污染物量后再开展生态治理，这样才能事半功倍。

12.2.2 不重视河道的流通问题

“流水不腐”体现了流动水体的净化能力及水质维持能力。但是，有些设计不重视河道的流通问题，对断头浜或者不流通的水体，根据现场情况采取生态护岸、植物构建、强化净化等生态措施，以期达到水质改善的目标。这些措施可能会达到预期的效果，但其稳定性不能保证，且运行维护管理工作量较大，运行费用高。

因此，在设计时应积极探寻水体流动的方案，如水系沟通，利用涵管、新开挖沟渠等连通水系；水体循环，采用循环泵、搅拌机等改善水体流态，将水体循环流动起来；合理调度，利用外河水位差使水体流动，充分利用流水的自净能力及水质维持能力改善水质。

12.2.3 过度强调陆域景观设计

陆域景观能充分展现河道水体的治理效果，给人们留下美好的印象。而水生态系统位于水下，肉眼难以判别其水生态系统的完整和好坏，也无法判定水质改善程度。所以，有些设计过度强调陆域景观设计，将生态治理的资金大部分用于陆域景观的建设。陆域绿化带设计的主题鲜明，美轮美奂，而忽视水下生态的构建，本末倒置，偏离了河道黑臭水体生态治理的总目标。

我们是在治河，还是在搞绿化？我们要认识到陆域景观园林化和景观化并不意味着生态化，思想要从“注重景观”转变到“生态与景观并重”，加强陆域及水域生态理念的体现，特别是要发挥陆域绿化的生态拦截缓冲功能。

12.2.4　河道本底调查不全面

传统的河道治理本底调查主要收集水文、泥沙、地质、规划、征地移民、地形等方面的资料。河道生态治理除以上资料外，还需要对河道的污染源、水质、水生态、底泥、陆域植物群落、水工构筑物调度运行等资料进行收集，必要时还需对水质，水生态、底泥等开展补充监测和调查。目前，大部分河道生态治理时很少对河道本底进行全面调查，至多收集水质方面的资料，对其余资料收集较少，或者收集不到相关的资料，而补充调查费用较高，建设方不愿意承担。

因此，河道本底资料不全面，很难对河道生态系统存在的问题进行正确诊断，无法说明生态系统受损及缺失的主导原因。因此很难根据实际情况制定出针对性强、可行性好的生态治理方案。

12.2.5　忽视其他生境的构建

目前，从事河道生态治理的设计单位大部分是水利行业的，许多单位尚未配套生态、环境专业方向，或者有从事生态、环境设计的人员，对河道生态治理内涵理解不够深刻，部分设计人员认为河道设置了生态型护岸就是进行了生态治理，配上植物治理后就是生态河道了，其他的均按照规划断面进行设计，忽视其他生境的构建。

12.2.6　生态护岸与周边功能定位不符

生态河道建设中，采用了许多新型建筑材料来替代传统的水泥和混凝土构建护岸或挡墙。在提高河道美观效果的同时，也增加了水陆系统的交互性，体现了新材料的生态亲和性。亲水性材料多种多样，主要有天然材料（木桩、柳枝、土坡等）、生态织物（生态袋、椰壳纤维毯等）、格宾网、土工合成材料（土工格栅、土工网等）、多孔性生态砌块等，这些材料外形及特征均不相同。有些设计在河道穿越农村段采用较为刚性的护岸材料，使河道看起来较为生硬，与周边地块景观不相容；而在城镇区域的护岸中使用柳枝等材料，虽然生态性较好，但是城镇人口密集，安全性相对较差。

因此，我们在选用护岸材料时，一定要先掌握河道周边的地块功能，选择与之能配套的护岸材料，才能凸显出河道的生态性。

12.2.7　未根据水质随意配置水生植物

相邻河道的水质及水生动植物的生长情况受入河污染源不同、河底地形各异及人类干扰等影响表现出不同的特性。有些设计人员对于同一个地区内的河道，不管生态系统受损的主要原因，不考虑其水质、水生态现状的差异和对现有植物的保留及保护，配置的水生植物基本是一致的，无针对性的配置水生植物，无法体现河道生态治理的特点，不利于植物群落的恢复和生态系统的构建。

12.2.8 完全排斥使用硬质挡墙

传统河道治理中硬质挡墙的使用，阻隔了水陆生态系统的物质、能量的交换，从生态角度讲弊端较大。但是，硬质挡墙结构安全性好，占地面积小，优势也很突出。河道生态治理是在确保防洪安全性的前提下实施生态措施的，防洪是河道的基本功能，护岸结构稳定性是第一位的。

河道生态治理中如遇到河道窄、过流量大的河段，为了确保护岸安全，无须完全排斥硬质材料，可适当使用硬质挡墙或硬质材料与生态材料组合而成的挡墙结构。同时在局部河段设置生态补偿区，适当放宽河道，采用亲水性好的生态型材料建设护岸，使该段河道的水陆物质能量交换集中在该区内予以补偿。

我国传统的河道治理一直以“除水害、兴水利”为目标努力，主要是对河道进行清淤、建设或者加固堤岸，裁弯取直，修筑大坝，新挖河道，辅以河道岸坡的水土保持等一系列工程措施。虽然能满足人们对于防洪、排涝、供水、灌溉、娱乐、航运等多种需求，但是也带来了严重的负面影响。河道生态治理的理念是大势所趋。问题、误区很多，但共同努力、共同总结，坦然面对出现的误区，避免让他人重复误区才是我们努力的方向。全国各地在河道生态治理的探索中，也有比较好的案例与探索，为生态河道建设起到了很好示范作用，也为我们的误区敲响了警钟。但工程设计上依旧还有误区存在，许多地方值得进一步探讨和完善，需不断深入研究，营造出人与自然真正和谐相处的生态河。

参考文献

[1] 鞠茂森. 关于海绵城市建设理念、技术和政策问题的思考 [J]. 水利发展研究，2015，15 (3)：7-10.

[2] 章林伟. 海绵城市建设概论 [J]. 给水排水，2015，(06)：1-7.

[3] 吴丹洁，詹圣泽，李友华，等. 中国特色海绵城市的新兴趋势与实践研究 [J]. 中国软科学，2016，(01)：79-97.

[4] 中华人民共和国住房和城乡建设部组织编制. 海绵城市建设技术指南——低影响开发雨水系统构建（试行）[M]. 中国建筑工业出版社，2015.

[5] 车伍，赵杨，李俊奇，等. 海绵城市建设指南解读之基本概念与综合目标 [J]. 中国给水排水，2015，(8)：1-5.

[6] 张伟，车伍. 海绵城市建设内涵与多视角解析 [J]. 水资源保护，2016，32 (6)：19-26.

[7] 李俊奇，任艳芝，聂爱华，等. 海绵城市：跨界规划的思考 [J]. 规划师，2016，(05)：5-9.

[8] 郑昭佩，苏萍. 中国海绵城市建设面临的问题及对策研究 [A]. 2015 年水资源生态保护与水污染控制研讨会 [C]. 中国海南海口：2015：5.

[9] 王建龙，王明宇，车伍，等. 低影响开发雨水系统构建关键问题探讨 [J]. 中国给水排水，2015，(22)：6-12.

[10] 李欣琪. 基于海绵城市建设的小区雨污分流改造探讨 [J]. 江西建材，2016，(22)：35.

[11] GB 50014—2006（2014 年版），室外排水设计规范 [S]. 北京：中国标准出版社，2006.

[12] 王文亮，李俊奇，王二松，等. 海绵城市建设要点简析 [J]. 建设科技，2015，(01)：19-21.

[13] 住房和城乡建设部印发：《海绵城市建设技术指南——低影响开发雨水系统构建》[J]. 建设科技，2015，(01)：10.

[14] 丁年，胡爱兵，任心欣. 城市排水防涝综合规划中雨水径流控制目标及方法研究 [A]. 城乡治理与规划改革——2014 中国城市规划年会 [C]. 中国海南海口：2014：10.

[15] 车伍，张鹍，张伟，等. 初期雨水与径流总量控制的关系及其应用分析 [J]. 中国给水排水，2016，(06)：9-14.

[16] 袁宗汉. 新型雨水篦子对城市径流初期雨水水量控制与水质控制效能研究 [D]. 重庆大学，2016.

[17] 李辉，李娜，俞茜，等. 海绵城市建设基本原则及灰色与绿色结合的案例浅析 [J]. 中国水利水电科学研究院学报，2017，(01)：1-9.

[18] 靳筠. “海绵城市”建设功能下的西北地区景观设计研究 [D]. 西安建筑科技大学，2016.

[19] 刘达，肖飞. 对水生态文明建设背景下城市中小河流治理的几点思考 [J]. 水利发展研究，2015，(11)：22-27.

[20] 张青萍，李晓策，陈逸帆，等. 海绵城市背景下的城市雨洪景观安全格局研究 [J]. 现代城市研究，2016，(07)：6-11+28.

[21] 刘建华，刘小芳，李旭东，等. 天津市建筑与小区海绵城市设计要点及案例分析 [J]. 中国给水排水，2016，(22)：108-111.

[22] 马越，姬国强，石战航，等. 西咸新区沣西新城秦皇大道低影响开发雨水系统改造 [J]. 给水排水，2017，(03)：59-67.

[23] 张书函. 北京：海绵城市建设的技术理论与实践 [J]. 建设科技，2015，(13)：13-15.

[24] 蒲思川，冯启明. 我国水体污染的现状及防治对策 [J]. 中国资源综合利用，2008，(05)：31-34.

[25] 城市黑臭水体是怎么形成的？[J]. 环境经济，2015，(Z3)：38.

［26］ 王旭，王永刚，孙长虹，等．城市黑臭水体形成机理与评价方法研究进展［J］．应用生态学报，2016，(04)：1331-1340．
［27］ 黄思曈，张建．生态节水理念在村镇规划中的应用［J］．给水排水，2014，(5)：125-128．
［28］ 胡洪营，孙艳，席劲瑛，等．城市黑臭水体治理与水质长效改善保持技术分析［J］．环境保护，2015，(13)：24-26．
［29］ 杨宇，周述琼，濮阳雪华，等．海口黑臭水体治理主要问题与治理思路［A］．2017 第九届河湖治理与水生态文明发展论坛［C］．中国陕西西安：2017：5．
［30］ 朱晨东．当代多自然型城市河流的设计与实践［J］．水利规划与设计，2005，(02)：23-25．
［31］ 徐德琳，邓自发，欧阳琰，等．河道生态修复的前沿领域［J］．中国城市林业，2008，(05)：25-27．
［32］ 刘恒，涂敏．对国外河流健康问题的初步认识［J］．中国水利，2005，(04)：19-22．
［33］ SimpsonJNorrisRBarmulaL，others．AusRivAS-National River Health Program［J］．1999，
［34］ 陈煜权，胡伟．河道生态建设反思及关键问题研究［J］．安徽农业科学，2012，(28)：13957-13959．
［35］ 庇古．福利经济学［J］．社会福利：理论版，2015，(6)
［36］ Lloyd，W．F．Two Lectures on the Checks to Population［J］．2015，
［37］ Hardin，G．The Tragedy of the Commons Science 162［J］．Journal of Natural Resources Policy Research，1968，162 (13) (3)：243-253．
［38］ 李健，钟惠波，徐辉．多元小集体共同治理：流域生态治理的经济逻辑［J］．中国人口·资源与环境，2012，22 (12)：26-31．
［39］ 朱喜群．生态治理的多元协同：太湖流域个案［J］．改革，2017，(02)：96-107．
［40］ Ostrom，E．Polycentric systems for coping with collective action and global environmental change［J］．Global Environmental Change，2010，20 (4)：550-557．
［41］ 余敏江．论生态治理中的中央与地方政府间利益协调［J］．社会科学，2011，(9)：23-32．
［42］ 王猛．府际关系、纵向分权与环境管理向度［J］．改革，2015，(8)：103-112．
［43］ Cumberland，J．H．Efficiency and Equity in Interregional Environmental Management［J］．International Regional Science Review，1981，10 (2)：325-358 (34)．
［44］ 贾康，苏京春．“十三五”：中国直面“中等收入陷阱”［J］．人民论坛，2015，(27)：40-45．
［45］ 副主任，松．清．野．中国实现新常态的重大瓶颈：水资源不足［N］．中国经济时报 2015-06-12：012．
［46］ 郑晓南，黄文龙．基于世界“被忽视疾病”新药研发的 PPP 模式——国际抗疟药风险联盟 MMV 案例分析［J］．研究与发展管理，2010，22 (6)：64-70．
［47］ 甘琳，傅鸿源，刘贵文，等．基于项目可持续性表现评价模型的公私合作制模式［J］．城市发展研究，2010，17 (2)：104-109．
［48］ 高镜清，燕启社，黄五星，等．富营养化水体中铵态氮对金鱼藻生长的影响［J］．长江流域资源与环境，2011，(05)：611-616．
［49］ 范卫林．西北地区城市景观水体的水质改善技术研究［D］．西安建筑科技大学，2008．
［50］ 张龙涛．城市景观水体水质模拟和改善技术研究［D］．西安建筑科技大学，2008．
［51］ 王宏波，张振．社会治理是系统的社会工程［J］．西安交通大学学报（社会科学版），2015，(03)：73-78．
［52］ 刘勇，刘燕，朱元荣，等．河道硬化与生态治理探讨——以贵阳市南明河为例［J］．环境与可持续发展，2015，40 (1)：157-159．
［53］ 薛晓飞，李涛，邵雪峰，等．贵阳南明河水环境综合整治项目治理思路与第一阶段实施成效

[A]. 湖泊湿地与绿色发展——第五届中国湖泊论坛 [C]. 中国吉林长春：2015：4.
[54] 史建国. 浑河流域水环境综合治理模式研究 [J]. 现代农业科技，2011，(10)：279-281.
[55] 陈杰，黄凌. 城市河道综合整治与河道生态景观 [J]. 水电与新能源，2012，(03)：75-78.
[56] 于琦. 从河流整治谈城市治河理念 [J]. 中华建设，2013，(11)：124-125.
[57] 陈能乡. 实例分析城市河道整治与生态水景观建设 [J]. 湖南水利水电，2011，(03)：58-60.
[58] 郑兴灿. 再生水用于城市景观水体的案例分析 [A]. 全国城市污水处理情报网 2006 年会暨城市污水再生利用高级技术研讨会 [C]. 2006：
[59] 赵越，姚瑞华，徐敏，等. 我国城市黑臭水体治理实践及思路探讨 [J]. 环境保护，2015，(13)：27-29.
[60] 张喜玲. 城市病的形成机理研究 [D]. 河北大学，2013.
[61] 谢严. 跨行政区域水污染治理机制研究 [D]. 辽宁大学，2012.
[62] 朱强，任汇东，任良志，等. 景观水体治理技术的研究 [J]. 环境科学与管理，2009，(05)：88-92.
[63] 王悠，易伟斌. 论“水十条”对中国水体污染防治的意义 [J]. 环境科学与管理，2016，(08)：192-194.
[64] 逯元堂，宋玲玲，高军. PPP 模式下黑臭水体治理依效付费机制思路与框架设计 [J]. 环境保护，2016，(23)：35-37.
[65] 樱子. 首部国家级市政基础设施规划发布明确“十三五”12 项重点任务 [J]. 中国勘察设计，2017，(06)：12-13.
[66] 吴耀兴. 长沙市城区热岛成因及绿地系统缓解热岛效应研究 [D]. 中南林业科技大学，2010.
[67] 陈俊. 河道综合治理在城市建设中的意义 [J]. 现代物业（上旬刊），2012，(04)：108-109.
[68] 仇保兴. 城市黑臭河道治理协同海绵城市建设 [J]. 建设科技，2016，(01)：14-17.
[69] 钟云清，范逸峰. 城市河道生态建设与治理探讨 [J]. 中国水运（下半月），2012，(01)：148-149.
[70] 丁飞跃. 城市河道水环境生态治理研究 [D]. 浙江大学，2015.
[71] 江红梅，王正中，王东刚，等. 城市河流综合治理与生态建设探讨 [J]. 西北农林科技大学学报（自然科学版），2008，(01)：223-228.
[72] 许志兰，廖日红，楼春华，等. 城市河流面源污染控制技术 [J]. 北京水利，2005，(04)：26-28+60.
[73] 程江，杨凯，黄民生，等. 下凹式绿地对城市降雨径流污染的削减效应 [J]. 中国环境科学，2009，(06)：611-616.
[74] 杨栩. 城市绿地对降雨径流及其污染物削减研究 [D]. 天津大学，2012.
[75] 方俐. 下凹式绿地的应用及影响 [J]. 能源与环境，2015，(05)：84-85.
[76] 李迎军，王民，陈巧红. 基于低冲击开发理念的城市水系统规划研究 [J]. 河南水利与南水北调，2011，(22)：19-21.
[77] 王俊岭，王雪明，张安，等. 基于“海绵城市”理念的透水铺装系统的研究进展 [J]. 环境工程，2015，(12)：1-4+110.
[78] 石永善，孔丹华. 探讨现代城市市政道路改造工程的设计 [J]. 科技与企业，2012，(14)：243+245.
[79] 袁媛. 基于城市内涝防治的海绵城市建设研究 [D]. 北京林业大学，2016.
[80] 李沙沙，李国锋，张斌，等. 微型海绵给药系统研究进展 [J]. 中国实验方剂学杂志，2012，(02)：244-247.
[81] Collins，K. A.，W. F. Hunt，J. M. Hathaway. Hydrologic Comparison of Four Types of Per-

meable Pavement and Standard Asphalt in Eastern North Carolina [J]. Journal of Hydrologic Engineering, 2008, 13 (12): 1146-1157.

[82] 叶志敏，尹璇. 滨岸缓冲带削减非点源污染试验研究 [J]. 科技资讯，2006，(28)：250-251.

[83] Mohajerani, A., J. Bakaric, T. Jeffrey-Bailey. The urban heat island effect, its causes, and mitigation, with reference to the thermal properties of asphalt concrete [J]. Journal of Environmental Management, 2017, 197

[84] 刘月琴，林选泉. 人行空间透水铺装模式的综合设计应用——以陆家嘴环路生态铺装改造示范段为例 [J]. 中国园林，2014，(07)：87-92.

[85] 史志刚. 美国的水土保持与植物缓冲带技术 [J]. 江淮水利科技，2006，(06)：5-6.

[86] 贾衍邦. 环保草毯：修复生态美化城乡 [J]. 城乡建设，2015，(08)：52-53.

[87] 赖佑贤，彭瑜，肖孟富. 海绵城市建设中黑臭水体整治的技术探讨 [J]. 水资源开发与管理，2017，(01)：38-41+34.

[88] 曹笑笑，吕宪国，张仲胜，等. 人工湿地设计研究进展 [J]. 湿地科学，2013，(01)：121-128.

[89] 田卫. 表面流人工湿地净化污水的应用研究 [D]. 吉林大学，2004.

[90] 吴建强，阮晓红，王雪. 人工湿地中水生植物的作用和选择 [J]. 水资源保护，2005，(01)：1-6.

[91] 朱志伟，叶春明. 上海市初期雨水处理设施评估指标权重研究 [J]. 数学理论与应用，2014，(03)：89-95.

[92] 陈忠. 冶炼厂初期雨水收集的探讨 [J]. 中国西部科技，2013，(11)：48-49.

[93] 李俊奇，向璐璐，刘洋. 地震灾后重建中雨水系统规划及处置技术应用 [J]. 市政技术，2009，(02)：133-135.

[94] 杨凡平，艾书荣，袁兆巍. 边坡深层排水施工技术研究 [J]. 中国高新技术企业，2012，(Z1)：32-33.

[95] 周孝，冯中越. 流域治理引入 PPP 模式探析——以广西壮族自治区南宁市那考河建设项目为例 [J]. 城市管理与科技，2017，(01)：32-35.

[96] 于丽. 那考河：一个 PPP 项目的实践样本 [N]. 中国财经报 2017-05-04：005.

[97] 乔妙妙，中. 南宁：打造“会呼吸”的海绵城市 [N]. 中国城市报 2017-05-15：017.

[98] 刘改妮，季海波，王鹏腾，等. 基于水环境容量的那考河水污染治理方案 [A]. 2015 年中国环境科学学会学术年会 [C]. 中国广东深圳：2015：6.

[99] 苏晨明，苏华清. 综合整治城市水环境建设现代生态文明城市——以广西南宁建设“中国水城”实践为例 [J]. 学术论坛，2013，(04)：191-196.

[100] 陈己力，本. 曾. 蒙. 推广“那考河模式”做全国治水先行者 [N]. 中国改革报 2017-05-05：003.

[101] 牙韩彰. 把人与自然和谐相处作为基本目标——学习习近平总书记视察广西重要讲话的体会 [J]. 当代广西，2017，(09)：20-22.

[102] 整理，中. 乔. 那考河打造南宁新名片 [N]. 中国城市报 2017-05-01：015.

[103] 李薛霏，李. 贵安新区加快打造经济新高地建设城乡统筹示范区 [N]. 贵州日报 2017-06-16：008.

[104] 李中迪，本. 贵安新区打造会“呼吸”的海绵城市 [N]. 贵州日报 2016-06-04：002.

[105] 孙晓蓉，本. 贵安新区打造海绵城市新样本 [N]. 贵州日报 2015-04-14：001.

[106] 邱胜. 一座会“呼吸”的城市——贵安新区海绵城市建设观察 [J]. 当代贵州，2017，(14)：34-35.

[107] 贵阳：系统整治南明河改善城市水环境 [J]. 中国建设信息，2014，(23)：11-13.

[108] 贵阳投资上亿元治理南明河 [J]. 城市道桥与防洪，2004，(02)：28.

[109] 豆文君. 南明河：生态河流的回归之路 [J]. 当代贵州，2016，(32)：30-31.

[110] 王菊，陈凡，雷阵，等. 南明河水环境综合治理状况及处理措施研究 [J]. 贵州水力发电，1999，(01)：55-60.

[111] 党安志，潘虹，陈椽. 贵阳南明河浮游植物调查与水质评价 [J]. 哈尔滨师范大学自然科学学报，2008，(02)：97-100.

[112] 谢春，周婕，张华. 南明河贵阳城区段不同断面水质分析 [J]. 贵阳医学院学报，2011，(02)：165-167+170.

[113] 刘勇，刘燕，朱元荣，等. 河道硬化与生态治理探讨——以贵阳市南明河为例 [J]. 环境与可持续发展，2015，(01)：157-159.

[114] 记者刘志强. 贵阳综合整治南明河 [N]. 科技日报 2002-04-23：.

[115] 林红兵，本. 贵阳南明河：清流胜当年 [N]. 中国建设报 2015-10-20：001.

[116] 王贤萍. 嘉兴市海绵城市建设实践与探索 [J]. 中国给水排水，2016，(14)：33-35+47.

[117] 鲍金波，记. 张. 通. 嘉兴海绵城市建设吹响“集结号”[N]. 嘉兴日报 2015-12-28：001.

[118] 杨梦晗，中. 记. 嘉兴：海绵城市建设全民打水仗 [N]. 中国建设报 2017-03-08：009.

[119] 褚红伟，记. 丁. 实. 徐. 通. 姚. 共同推进“智慧嘉兴·无线城市”建设 [N]. 嘉兴日报 2011-11-11：001.

[120] 赵志忠，叶心媛，朱敏捷，等. 海口市美舍河城区段沉积物中重金属的分布特征及其污染评价 [J]. 江苏农业科学，2014，(04)：303-307.

[121] 刘贡，本. 从美舍河“透析”你所不知道的水 [N]. 海南日报 2015-04-01：A05.

[122] 周义龙. 海口生态城市建设的分析和探讨 [A]. 生态文明·绿色崛起——第四届中国（海南）生态文化论坛 [C]. 中国海南海口：2010：5.

[123] 杨朝晖，褚俊英，陈宁，等. 国外典型流域水资源综合管理的经验与启示 [J]. 水资源保护，2016，(03)：33-37+110.

[124] 孙帅，陈如一. “花园城市”新加坡城市水系综合设计研究 [J]. 华中建筑，2013，(07)：25-29.

[125] 德国戴水道设计公司. 新加坡碧山宏茂桥公园与加冷河修复 [N]. 中华建筑报 2013-06-04：012.

[126] 张璐璐. 论莱茵河流域管理体制之运作 [D]. 中国海洋大学，2011.

[127] 周刚炎. 莱茵河流域管理的经验和启示 [J]. 水利水电快报，2007，(05)：28-31.

[128] 姜彤. 莱茵河流域水环境管理的经验对长江中下游综合治理的启示 [J]. 水资源保护，2002，(03)：45-50+70.

[129] 李肇娥，郭鹏，吴鹏，等. 现代田园城市总体城市设计——西咸新区建设中国特色新型城镇化规划实践 [J]. 城市规划，2014，(06)：77-82.

[130] 夏洋，曹靓，张婷婷，等. 海绵城市建设规划思路及策略——以浙江省宁波杭州湾新区为例 [J]. 规划师，2016，(05)：35-40.

[131] 叶晓东. 海绵城市实施途径及规划应对策略研究——以宁波市为例 [J]. 上海城市规划，2016，(01)：51-57.

[132] 刘宏伟，本. 迁安造“海绵”不差钱 [N]. 中国建设报 2016-03-08：012.